DE LA FÉLÌCITÉ

PUBLIQUE.

Nil desperandum.......
HORAT.

TOME II.

A PARIS,

DE L'IMPRIMERIE DE CRAPELET.

1822.

DE LA FÉLICITÉ

PUBLIQUE,

OU

CONSIDÉRATIONS SUR LE SORT DES HOMMES
DANS LES DIFFÉRENTES ÉPOQUES DE L'HISTOIRE;

PAR LE MARQUIS DE CHASTELLUX.

NOUVELLE ÉDITION,
AUGMENTÉE DE NOTES INÉDITES DE VOLTAIRE.

TOME SECOND.

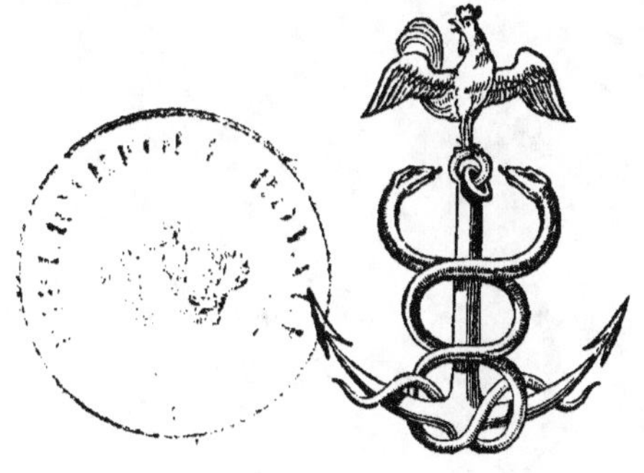

A PARIS,
CHEZ ANTOINE-AUGUSTIN RENOUARD.

M. DCCC. XXII.

DE LA FÉLICITÉ

PUBLIQUE.

TROISIÈME SECTION,

OÙ L'ON TRAITE DU SORT DE L'HUMANITÉ PARMI LES NATIONS MODERNES.

CHAPITRE PREMIER.

Du gouvernement féodal.

(a) Sɪ la félicité des peuples était étrangère à leur législation, et si les conventions grossières qui ont servi de règle aux nations barbares, avaient disparu de la surface de la terre comme leurs mœurs et leurs usages, il serait sans doute bien inutile d'entrer ici dans aucun détail sur ces temps reculés, qu'on regarde comme le berceau de nos dynasties modernes : mais nous devons nous rappeler une observation faite plus haut; c'est que pour se former une idée juste des véritables principes qui servent de base aux gouvernemens, ou, pour mieux dire en-

(a) *Excellent, à mon gré.*

core, de l'esprit qui les anime, il faut examiner attentivement les circonstances dans lesquelles ces gouvernemens ont été établis. Et quels peuples ont plus que nous conservé les traces de leur première origine ? Si les Français qui sortent d'une représentation d'*Andromaque* ou de *Mérope*, se croient les rivaux des Grecs, qu'ils entrent chez un notaire, qu'ils lisent le premier acte, le premier contrat de vente qui tombera sous leurs mains, ils reconnaîtront dans les mots de *fief*, de *suzeraineté*, de *vassalité*, qu'ils ne sont que les héritiers des Goths ou des Lombards. Des jeunes gens sortant de l'académie, ou peut-être même des écoles de philosophie, vont applaudir avec enthousiasme un acteur devenu l'idole du public : vous croyez voir des Athéniens au théâtre ; mais l'un d'eux dans ses transports a froissé le coude de son voisin ; ils se querellent, sortent et s'égorgent ; et voilà nos Grecs changés en Sicambres ou en Scandinaves. Si nous étudions nos lois, si nous observons nos usages, quel mélange continuel de préjugés et de raison, de politesse et de barbarie ! Nous ressemblons assez à ces animaux redoutables qu'on s'est efforcé d'apprivoiser : on les voit avec plus de surprise que de plaisir ; quelque impression de terreur se fait encore sentir à l'aspect de leurs jeux les plus innocens, et ce n'est qu'en pensant à leur férocité naturelle qu'on est touché de leur douceur. Quoi qu'il en soit, ne nous laissons pas rebuter par les objets désagréables dont nous allons nous occuper. Qu'importe ce que nous avons été, si nous n'avons pas à rougir de ce que nous sommes? Ne vaut-il pas mieux avoir à déplorer qu'à regretter le temps passé? Et dans quelque endroit de la carrière qu'on soit parvenu, celui qui avance lentement n'est-il pas plus sûr d'atteindre le but que celui qui rétrograde? Que nos observations, loin de nous décourager, justifient donc notre siècle, en nous apprenant pourquoi nous ne sommes pas encore plus avancés. Faisons connaître à ces hommes, assez infortunés pour douter s'il peut exister un bon gouvernement, une société heureuse, que toutes les sociétés, que tous les gouvernemens qu'ils ont sous les yeux, sont établis sur les principes et d'après les mœurs de ces peuples barbares, que nous regardons avec raison comme les fléaux du monde. Est-ce avec de pareils matériaux qu'on pouvait construire le plus beau, le plus régulier de tous les édifices? Et qui peut effacer les premières impressions données? Les Spartiates furent de vrais sauvages pour les Ilotes; et l'univers épouvanté put reconnaître encore les brigands de Romulus dans les destructeurs de Carthage et de Numance.

On parle des législations, on loue les établissemens politiques; et cependant les hommes n'ont en général pour loi que l'exemple, et pour règle que l'habitude. Or, qui donnera cet exemple, qui formera ces habitudes, si ce n'est celui qui est trop ignorant pour connaître des modèles, et trop barbare pour être soumis à des usages? Ne craignons donc pas de remonter trop haut, si nous voulons nous former une idée des peuples puissans qui, partageant entre eux l'Occident de cette petite partie du globe qu'on nomme l'*Europe*, sont le monde entier aux yeux de la philosophie et de la raison.

Français, Anglais, Espagnols, Italiens, Allemands même, nous avons tous une pareille origine; car il n'importe guère que nous descendions des Sicambres ou des Bructères, des Scandinaves ou des Vandales; nous sommes tous également la postérité de ces peuples barbares qui ont ravagé la terre. Nulle nation autoctone (*b*). Nos pères ont tous conquis le pays que nous habitons (*c*); ou du moins, si les nations vaincues ou soumises ont continué d'être la source des races futures, elles avaient cédé leurs droits, leurs usages, leur nom même aux vainqueurs. Or, cette seule différence dans la formation des empires établit à jamais toutes celles qui se trouvent de nos jours entre nos lois et celles des anciens.

L'histoire du monde ne paraît nous présenter que deux grandes époques, deux races bien distinguées dans l'espèce humaine : l'une qui s'est propagée par des défrichemens et des émigrations, en consénqence d'une multiplication simple et naturelle, et

(*b*) *Totalement.*

(*c*) *Êtes-vous sûr de venir d'un Goth?*

c'est ainsi que les Phéniciens ont peuplé * les côtes
de l'Europe et celles de l'Afrique ; l'autre, qui sortant tout armée et comme par enchantement du
sein des glaces et des déserts, est venue dévorer le
travail de la première, à peu près comme ces armées de sauterelles, qui paraissant tout à coup sans
qu'on sache d'où elles viennent, consomment dans
une nuit la subsistance d'un peuple entier. L'une
ressemblait à ce fleuve bienfaisant dont les inonda-
tions progressives vont féconder les campagnes les
plus reculées ; l'autre, à un torrent qui s'enfle dans
une nuit, brise ses digues, et renverse tout ce qui
s'oppose à son passage. Il est aisé de voir que la
première, sage et bienfaisante dans ses principes,
fut bientôt corrompue par ses succès. La nature,
encore dans sa jeunesse et dans sa fécondité, s'empressa trop de répondre aux premières sollicitations
des hommes. Placés, je ne sais comment, dans les
lieux les plus convenables à leur espèce, ils n'ha-
bitèrent de la terre que ses jardins. Il ne fallait pas
moins que le despotisme, l'ambition, la guerre civile,
et tous ces fruits trop hâtifs du développement de
nos passions, pour les forcer à chercher des asiles
dans des sables brûlans, ou sur des montagnes gla-

* La première édition portait : Ont peuplé l'Europe et
l'Afrique. Et voici la note de Voltaire (*d*) :

(*d*) *Quoi ! il n'y avait personne en Europe, en Afrique, et dans le reste
de l'Asie !*

cées. Ne pourrait-on pas dire que toute nation qui vit dans un climat rigoureux, est originairement une nation de proscrits, un peuple de fugitifs (e)? Si vous voyez le palmier végéter avec peine dans les campagnes ombragées par des chênes robustes, ou quelques chênes faibles et timides croître parmi les palmiers, dites que ces bizarreries sont le fruit de l'art, l'ouvrage de la curiosité des hommes. Peut-être si la nature eût été seule consultée, la Suède produirait des sapins, l'Allemagne des chênes, Saint-Domingue des ananas, et l'Asie des hommes. Peut-être aussi que les hommes et les arbres peuvent s'accommoder de différentes températures, et qu'ils viennent seulement plus beaux et plus forts dans les climats qui leur conviennent le mieux; car sur cet objet comme sur tant d'autres, que sait-on? que peut-on assurer? Il nous suffit d'observer du moins que dans le premier âge du monde, les établisse-mens des peuples se sont faits par émigration et par colonies (f); et dans le second, par invasions et par conquêtes. De là, deux principes de gouvernement absolument opposés; de là cette organisation toute nouvelle des sociétés politiques, assez sem-

(e) *Grande question. Les Lapons et leurs rennes, qu'on ne trouve qu'en Laponie, sont-ils proscrits? L'herbe de Laponie est-elle proscrite? Les nègres sont-ils proscrits? N'est-il pas évident qu'ils habitent leur climat primitif?*

(f) *Les arbres, les animaux sont-ils des colonies?*

blables à celle que les philosophes donnent à l'univers, où une partie est active, et l'autre passive; où l'une donne, et l'autre reçoit la forme : *Novus rerum nascitur ordo.*

Mais ce nouveau gouvernement, mais la législation de ces peuples barbares n'est guère plus connue que leur origine; et cependant que de volumes écrits sur cette matière! On avait tout lu, tout examiné, tout restitué, tout éclairci; on avait fouillé dans les trésors poudreux des cloîtres; toutes les chroniques et toutes les chartres avaient été mises à contribution, lorsque Montesquieu est venu jeter un jour nouveau sur cette matière; et Montesquieu lui-même a été réfuté avec succès. C'est peut-être que ces auteurs n'ont pas assez donné d'étendue à leurs observations : semblables aux astronomes avant la découverte de Dolond, ils se servaient de lunettes qui n'avaient pas assez de champ. Plusieurs n'ont considéré que le gouvernement féodal; et dans cette étude, ils n'ont vu que Charlemagne et les Français. D'autres, donnant toute leur attention aux premiers conquérans des Gaules, ont voulu qu'une armée de Sicambres fût le prototype de tous les gouvernemens modernes. Quelques-uns observant des traces de féodalité dans presque toutes les lois qui sont parvenues jusqu'à nous, ont confondu les époques, prétendant que ce qui avait existé à l'avènement de Hugues Capet, était aussi ancien que la monarchie; comme si des Barbares pouvaient être jurisconsultes, et si

toute la loi écrite n'était pas pour cela même une loi
moderne [1]. Quelques autres enfin, se livrant à des
recherches plus exactes, ont cru trouver le bout du
fil, et tracer l'origine du gouvernement féodal.

Comme on ne peut prononcer les noms des Boulainvilliers, des Dubos, des Montesquieu et des Mably, sans témoigner le plus grand respect pour les
lumières de ces savans auteurs, on n'oserait se per-
mettre ici aucune observation, si en se combattant
réciproquement ils ne nous avaient pas prouvé
1°. qu'ils ont pu se tromper; 2°. que l'érudition ne
suffit pas pour trouver la vérité. Pour nous, dont
l'objet est de soumettre à notre examen tout ce qui
peut influer sur la félicité des hommes, il nous convient particulièrement d'observer quel a été en général l'esprit des Barbares qui ont envahi nos contrées occidentales. Or, pour remplir cet objet, il
nous paraît nécessaire de distinguer le gouvernement féodal en deux époques. Dans la première,
nous ne verrons que la conséquence nécessaire de
ce genre de conquête, particulier aux nations du
Nord; conquête qu'on peut considérer comme une
émigration armée, par laquelle une nation ne cher-

---

[1] Il y a quelques lois écrites antérieures à Charlemagne;
mais c'est à lui que nous devons la rédaction et l'amplifica-
tion de ces mêmes lois. L'auteur des *Variations de la Monarchie française* remarque que dans la nouvelle collection des
lois saliques, ce prince augmenta le prix des compositions.
Voyez tome II, page 54.

che pas un agrandissement, mais seulement un établissement; conquête qui n'ajoute pas un domaine
au peuple victorieux, mais qui lui en donne un
nouveau, où la force, qui a été le principe de l'ac-
quisition, devient aussi le seul principe de la conservation et de l'administration. A cette vue générale, on en peut encore ajouter une autre : c'est
l'esprit d'égalité qui régnait parmi les nations septentrionales; circonstance importante qui influa principalement sur la forme du gouvernement qu'elles
établirent; car il est aisé de voir que des conquérans, tels que l'histoire, ou plutôt la fable, nous
peint Osiris et Bacchus, maîtres absolus de leur
armée, avant de l'être des peuples qu'ils devaient
subjuguer, auraient envahi l'univers entier, sans y
laisser les moindres vestiges d'un gouvernement
pareil à celui que nous soumettons à nos recherches.

C'est à cette grande révolution que toutes les
nations de l'Europe ont subie, que nous devons rapporter le changement principal dans les mœurs
comme dans les opinions, dans la police comme
dans la législation : elle a suffi pour renverser toutes
les idées anciennes, pour intervertir le progrès naturel des lumières, et pour faire rétrograder l'esprit humain, que l'expérience conduisait lentement
dans les sentiers de la raison. Cependant, si, portant des regards plus attentifs sur tous les objets
qui nous environnent, nous voulons en démêler et
en assigner l'origine; si nous nous attachons sur-

tout à reconnaître toutes les nuances par lesquelles nous autres modernes nous différons des anciens; si nous prétendons même nous rendre compte des préjugés, des habitudes qui prévalent encore dans le siècle où nous vivons, il faut que nous examinions dans chaque gouvernement, dans chaque état, les circonstances qui ont modifié le premier système féodal, celles qui d'un état de choses simples et non préméditées ont formé une machine très complexe et très composée, que j'appellerai le gouvernement féodal dans sa seconde époque.

On s'apercevra aisément que des deux points de vue que nous venons d'indiquer, le premier, appartenant principalement à la philosophie, devait exposer ceux qui s'en occupaient au danger de trop généraliser leurs idées, et de se former un système trop vaste et trop exclusif; tandis que le second, ayant un rapport plus immédiat avec l'esprit de recherche et d'érudition, ne pouvait manquer au contraire de fixer l'attention sur les détails, et d'annexer souvent de trop grands effets à de trop petites causes. C'est peut-être le seul reproche qu'on puisse faire au savant auteur des *Observations sur l'Histoire de France*. Rien de plus curieux et de plus intéressant que les autorités sur lesquelles il se croit en droit de fonder le gouvernement féodal. 1°. Sur l'aliénation à vie des bénéfices ou domaines royaux, faite au traité d'Andely, et confirmée dans l'assemblée de Paris en 615, lorsque Clotaire II eut réuni sous son pouvoir toutes les parties de la monarchie française. 2°. Sur le service que Charles-Martel jugea à propos d'imposer aux possesseurs des bénéfices, et qui devint une des conditions à laquelle il les accorda; dispositions qui furent suivies et perfectionnées par Pepin et par Charlemagne. 3°. Sur l'hérédité des bénéfices extorquée à Charles-le-Chauve. 4°. Enfin sur l'usurpation des comtés et des seigneuries, qui fut approuvée par Hugues Capet et ses successeurs. Mais cette féodalité pouvait-elle avoir lieu parmi tout autre peuple que les Francs? Mais le germe de ce gouvernement n'existait-il pas, suivant l'expression de l'école, *in potentia*, dans les premiers établissemens de ces Barbares? C'est ce qu'il me semble nécessaire d'examiner. [1]

[1] Si les distributions de terres faites par Constantin et ses successeurs aux troupes destinées à garder les frontières de l'empire, avaient établi une espèce de possession bénéficiaire et conditionnelle; si d'autres troupes fixées dans des garnisons plus intérieures avaient pareillement reçu des terres en partage; si des armées de Barbares devenus alliés de l'empire, en avaient embrassé la défense sous la même condition; si ces milices agricoles avaient formé un nouvel ordre de possesseurs armés, sous les titres de *Ripuaires,* de *Læti* et de *Stationnaires;* si les différentes pertes qu'essuya l'empire avaient peu à peu déplacé les limites et changé en frontières la plus grande partie des Gaules; si les derniers conquérans, les Francs, par exemple, n'avaient fait que se mettre à la place de cette milice qu'ils avaient chassée; si, trouvant les partages tout faits et un ordre politico-

D'un autre côté, M. le président de Montesquieu, l'abbé Dubos, etc. n'ont pas manqué de remonter jusqu'à César et à Tacite, lorsqu'ils ont voulu se former une idée des conquérans des Gaules ; quoiqu'il leur fût aisé de réfléchir : 1°. que Tacite a été

militaire tout établi, ils s'étaient contentés d'y joindre leurs anciennes coutumes, c'est-à-dire si les rois avaient conservé cette espèce de cour militaire, ce choix d'hommes dévoués, de Leudes, de Fidèles, d'Amtrustions, qui prenait sa source dans les mœurs germaniques : enfin, si cette nation barbare avait retenu toutes ses idées singulières d'un vasselage personnel et indépendant des propriétés, n'aurait-on pas un système très ingénieux, très suivi et très étendu sur l'origine du droit féodal ? Ce ne serait ni celui de Montesquieu, ni celui de Boulainvilliers, ni celui de l'abbé de Mably, ni même celui de l'abbé Dubos, quoiqu'il s'en rapproche davantage : ce serait celui de l'auteur des *Origines*, et j'invite le lecteur à le chercher dans son savant ouvrage, Liv. iv et suiv. Il trouvera aussi le même plan dans le Mémoire de M. l'abbé Garnier, *sur l'Origine du Gouvernement français ;* à cette seule différence seulement que l'ingénieux académicien donne encore plus aux origines romaines ; de sorte qu'à l'en croire, les Francs ne seraient tombés sur les Gaules que comme des gouttes de pluie tombent sur un étang, dont elles troublent un moment la surface, mais auquel elles ne tardent pas de s'identifier. Au reste, cette opinion n'est pas nouvelle : il y a plus d'un siècle que Loyseau l'a énoncée dans son *Traité des Seigneurs,* où il dit, ch. 1, que ce fut à l'imitation des Romains que les Francs distribuèrent des terres à leurs soldats, à la charge par eux de défendre les frontières, et de suivre les souverains à la guerre.

fort soupçonné de s'être livré à son imagination , et d'avoir fait des mœurs des Germains la satire de celles des Romains [1]. 2°. Que César n'avait pû connaître que les peuples auxquels il avait fait la guerre. 3°. Enfin, que ni l'un ni l'autre n'étaient en état de parler des Goths , des Vandales, des Francs et des Bourguignons, auxquels les nations modernes doivent bien plutôt rapporter leur origine qu'aux Germains et aux autres peuples dont César et Tacite purent avoir connaissance. Que faut-il donc examiner? c'est si tous ces peuples ont eu quelques points de ressemblance ; s'ils se sont conduits à peu près de même dans leurs conquêtes ; s'il ne paraît pas que leurs établissemens se soient faits sur le même principe , et s'ils ne contenaient pas en effet quelque rudiment de la féodalité.

Une multitude armée doit nécessairement avoir quelque ordre, quelque arrangement. Il y a un roi, des chefs, des officiers ; enfin c'est une armée. Cette armée s'empare d'un pays, et veut s'y fixer. D'abord chacun s'établit dans les terres qui sont le plus à sa convenance : et sans faire de partage, ni imaginer de compenser les contributions parmi les vaincus [2] :

[1] L'abbé Dubos a fait voir d'une manière assez satisfaisante, « que le gouvernement n'était pas le même dans toutes « les tribus qui composaient la nation germanique. » Voyez *Histoire critique de la Monarchie française.*

[2] Il paraît que les Goths avaient fait un partage des terres avec les Romains, et que ce partage était tel, qu'ils en lais-

on se saisit des domaines le plus à portée de soi,
ce qui est d'autant plus naturel, que l'invasion répand la terreur, et éloigne les peuples. La guerre
a produit des esclaves, on les fait travailler ; on en
trouve même dans les censes et dans les métairies
des vaincus [1]. On les emploie à son profit ; et, comme
dit un proverbe trivial, *on vit au jour la journée*,
toujours en armes, toujours prêts à se rassembler
au premier signal. Mais les instans de tranquillité se
prolongent ; on commence à s'arranger, à s'établir ;
les affaires domestiques deviennent plus intéressantes, et pour ne pas s'en éloigner trop souvent, on convient de s'assembler seulement une ou deux fois tous

saient un tiers aux Romains, gardant les deux autres pour
eux. Cela paraît clair par les Titres VIII, IX et XVI du Liv. X
du *Code des Visigoths*.

[1] L'auteur des *Lettres sur la Noblesse* pense que l'origine
de la servitude parmi les Gaulois remonte beaucoup plus
haut que la conquête des Francs. Il cite à ce sujet un passage des *Commentaires de César,* qui effectivement vient
fort à l'appui de son opinion : *Populus* (dit César, *Comment.*
Liv. I) *pene servorum habetur loco.* Le même auteur, se
fondant sur la grande quantité d'esclaves attachés à la glèbe,
suppose qu'il y avait dans les Gaules de vastes possessions,
tant en terres qu'en esclaves, dont les rois ont pu s'emparer,
et qui ont fourni depuis à cette distribution immense de
bénéfices dont il paraît difficile de se rendre raison. M. Hume
nous apprend qu'il y avait un grand nombre de serfs parmi
les Anglo-Saxons, et qu'ils étaient divisés en serfs domestiques ou esclaves, et en serfs rustiques ou cultivateurs.

les ans. Cette assemblée , c'est le champ de Mars chez
les Francs ; c'est le Wittenagemot chez les Saxons.
Est-il question de faire la guerre , tous les Francs
se trouvent au champ de Mars. Est-on plus tranquille, les principaux officiers, les grands qui forment la cour du roi , et quelques-uns des chefs les
plus à portée, sont les seuls qui s'y rendent. Peu à
peu les familles se multiplient ; les étrangers se mê-
lent, se confondent avec les indigènes, l'épouvante
se dissipe parmi les vaincus, et l'humanité renaît
parmi les vainqueurs : les usages , les lois des premiers commencent à prévaloir. Les magistratures ne
sont pas tout-à-fait les mêmes , mais les titres reparaissent : aux mots barbares de Graphion, de Thungins , de Rachimbourgs, on substitue ceux de duc,
de comte et de centenier [1]. Quelques pays éloignés
du chemin qu'ont tenu les armées, et qui n'ont pas
été subjugués dans les premiers combats, se soumettent par des traités demi-volontaires ; plusieurs
priviléges sont accordés ou conservés ; il se fait une
réaction d'un langage sur l'autre, des mœurs de la
nation conquérante sur celles de la nation indigène ;

[1] Les titres de duc et de comte étaient déjà en usage dès
le temps de Constantin. C'étaient des généraux qui comman-
daient sur les frontières, et qui avaient des corps d'armée
auxquels on avait cédé des terres autour de leur quartier.
(Voyez *Histoire du Bas-Empire*, tome I, page 529.) Quant
à l'origine des terres données en place de paie en *stipen-
dium* ou *fe-od*, on la fait remonter jusqu'à Alexandre Sévère.
Voyez *Histoire des Empereurs*, tome V, page 279.)

les Francs s'approprient quelque chose des Gaulois-Romains, les Gaulois-Romains prennent quelque chose des Francs ; les Francs veulent avoir des lois, et s'empressent de faire des compilations, des mélanges barbares de leur législation et de celle des Romains. Les Gaulois veulent avoir des places près des rois francs, ils prétendent assister aux assemblées, et avoir part aux honneurs ; et tandis que le roi Sicambre se revêt de la toge de patrice, le citoyen Gaulois s'arme d'une francisque, et s'honore du titre de *Leude* [1]. Ainsi la plupart des changemens dans le

---

[1] Il est prouvé par les lois des Francs et par les autorités les plus fortes, que plusieurs Romains ou Gaulois eurent le titre de *convives du roi*, et qu'ils obtinrent concurremment avec les Francs les places les plus importantes, tant par la dignité que par l'influence qu'elles donnaient dans les affaires. L'auteur des *Lettres sur la Noblesse* en a cité plusieurs exemples (Voyez *Lettre II*). Il est vrai que la différence que les lois mettaient entre le prix de la vie d'un *Franc, convive du roi*, et d'un *Romain* revêtu de la même dignité, prouve assez qu'il n'y eut jamais de parité entre les deux nations : mais M. l'abbé de Mably a fait voir que cette disparité ne dut pas durer long-temps, ou cessa d'être humiliante pour les Romains, puisqu'il leur fut libre de s'incorporer à la nation des vainqueurs, en déclarant seulement qu'ils voulaient être soumis à ses lois.

Je ne puis m'empêcher d'observer ici quelles ténèbres couvrent les premiers temps de notre histoire, puisque, tandis que le président de Montesquieu et l'abbé de Mably, etc. ne font nulle difficulté de qualifier du titre de *Leude* ces *Fidèles* ou *Amtrustions*, qui étaient, pour ainsi

moral comme dans le physique, arrivent par des gradations imperceptibles, par de petites circonstances qui échappent à l'observation, et qui paraissent d'autant plus minutieuses, qu'elles sont placées plus près des résultats.

Si l'on en croit le comte de Boulainvilliers, les Francs furent tous égaux, et leur roi ne fut que le chef d'une troupe formidable à lui-même : si l'on suit l'abbé Dubos, et malheureusement la plupart de nos jurisconsultes [1], le roi fut seul maître de la nation, seul propriétaire des terres envahies ; de sorte que tous les sujets qui en obtinrent quelque partage ne

dire, les compagnons du roi, on lit dans Chantereau que ce mot désigne le peuple en général, comme le mot *Leuth* signifie encore la même chose en allemand : et cette opinion se trouve appuyée par une infinité de citations (Voyez *Origine des Fiefs*, ch. VII). Au reste, ces Fidèles ou Leudes se trouvent parfaitement bien décrits dans Athénée (Voy. L. VI, ch. XII), où il parle d'un certain Adiatomus, roi des Sotians, qui avait autour de lui six cents personnes choisies, appelées *Siloduni*, ce qui signifiait *dévoués*, lesquels avaient fait vœu de vivre et de mourir avec lui. Ils portaient des habits pareils aux siens, et vivaient des mêmes alimens que lui. Athénée ajoute qu'on n'avait jamais vu ces compagnons du roi manquer à leur vœu, et vouloir lui survivre. Comme Athénée a tiré ce fait d'un auteur très ancien, il paraît que cet usage est de la plus haute antiquité. J'ai cité ce passage, parce que je ne me souviens pas de l'avoir vu employé par aucun de ceux qui ont écrit sur le gouvernement féodal.

[1] On est fâché de voir tous les avocats généraux, tous les procureurs généraux, et M. d'Aguesseau lui-même, établir le principe qu'il n'y a nulle terre sans seigneur, et que tout

les dûrent qu'à sa munificence [1]. Consultez M. l'abbé de Mably, il vous prouvera que le gouvernement des Francs fut démocratique. Consultez le président de Montesquieu, vous trouverez que la noblesse existait jusque dans les cabanes des Germains. Ne pourrions-nous pas, à l'exemple des républiques divisées, choisir pour arbitre une puissance étrangère ? Servons-nous du moins de l'induction et de l'analogie, ces appuis si nécessaires pour quiconque marche dans les ténèbres de l'histoire.

Des peuplades barbares, des nations sorties du Nord ont conquis l'Angleterre et l'Écosse. D'autres se sont fixées dans leurs propres climats, où elles ont fondé des empires qui subsistent de nos jours. Interrogeons M. Hume et M. Robertson : ces deux savans auteurs, toujours éclairés par le flambeau de la critique, ont cherché les traces du premier gouvernement auquel leur patrie a été soumise, et prenez garde que celui qu'on trouve dans les annales de ces peuples insulaires, doit être plus original, doit présenter une image plus pure de la législation primitive ; car les Gaulois, déjà civilisés, déjà soumis aux lois romaines, ne purent se soumettre à celles des

seigneur ne possède son fief que de la bienfaisance des rois, qui ont tout donné, tout distribué ; comme si pour avoir tout donné, il n'ait pas fallu qu'ils aient tout usurpé.

[1] M. le président Hénault paraît avoir embrassé un parti mitoyen. Il donne plus à l'autorité des rois que Boulainvilliers ; mais il ne reconnaît pas de noblesse avant la troisième race de nos rois.

conquérans, sans les modifier, sans réagir en quelque façon sur la puissance qui les opprimait ; au lieu que les Bretons, grossiers, ignorans, et demi-sauvages, n'avaient garde de recouvrer, par l'opinion, l'empire que la force venait de leur arracher. Espérons donc de trouver quelques lumières de ce côté-là, et examinons particulièrement quel fut le gouvernement des Saxons.

Des *Chieftains,* c'est-à-dire des géneraux ou des chefs, commandent à des tribus entières, qu'ils appellent *Clans;* ils en sont les protecteurs, les patrons ; ils les président, ils les gouvernent : on distingue ces chefs par le nom de *Thane*,* c'est-à-dire noble, grand, illustre. Dans les plus anciens titres latins, on les voit désignés par ces mots : *Satrapœ, Principes, Optimates, Proceres;* ce qui s'éloigne beaucoup d'une constitution purement monarchie que, ou purement démocratique. L'assemblée de ces grands seulement, et non de toute la nation, forme le *Wittenagemot,* ou les états généraux. Là, comme en France, on trouve des hommes libres et des serfs ou esclaves. Ces hommes libres, appelés *Coerles* [1],

---

* C'est un ancien mot saxon, qui signifiait *serviteur.* Il devint un titre honorifique pour les grands, parce qu'ils tenaient à gloire d'être les serviteurs de leur prince. **R.**

[1] Le mot *Coerle* signifiait laboureur, cultivateur. Le mot allemand *Kerl,* qui se prend en bonne et mauvaise part, comme chez nous celui de drôle, *un drôle bien bâti, un drôle qui mériterait d'être puni, etc.* paraît venir de là.

Plus anciennement, *Kerl* signifiait un guerrier, un héros :

paraissent être le même ordre de citoyens que ceux qui, lors de l'établissement des seigneuries en France, furent exceptés de ces usurpations, et restèrent sous l'autorité et la conduite immédiate des comtes. Quant aux serfs, il y en eut de deux espèces ; les uns cultivateurs, et les autres esclaves domestiques. Nous voyons encore par les lois d'Alfred-le-Grand, que les Anglo-Saxons avaient établi des Centeniers semblables à nos Thungins : enfin jusqu'ici tout paraît assez semblable dans les deux nations ; excepté qu'en France les mœurs et la législation des vaincus influèrent davantage sur celles des vainqueurs, et que nos pères ayant toujours eu des guerres à soutenir, furent obligés de se tenir plus long-temps armés : et c'est peut-être là ce qui constitue la différence entre le Wittenagemot et le champ de Mars. Les Francs, toujours en guerre, sont forcés de se rendre tous au champ de Mars pour y paraître en revue : les Saxons, tranquilles et sans ennemis, s'occupent de leurs affaires particulières, et laissent les grands décider de celles de l'état.

Maintenant examinons ce qui se passe encore de nos jours, dans la patrie de ces mêmes conquérans ; je veux dire en Russie et en Pologne : et qu'on ne soit pas surpris que je rapproche ainsi deux gouvernemens si différens. Dans le premier, les grands, oppresseurs du peuple, sont opprimés à leur tour par

c'est l'étymologie du nom *Carle*, qui, en langue celtique, se prononçait *Karl*. Voyez PELLOUTIER, *Hist. des Celtes.*

un despote : dans le second, les grands ont su se délivrer de la tyrannie qu'ils exercent sur les autres ; mais
partout je vois des thanes, des boyards, ou des pias-
tes, ou des magnats (il n'importe comment on les
appelle), seuls maîtres, seuls possesseurs des terres,
seuls participant au gouvernement, tandis qu'un
peuple de serfs revendique à peine une part dans
les subsistances qu'il fait naître [1]. Je veux croire que
les Germains ont été effectivement ce peuple libre
et vertueux que nous peint Tacite ; mais je me per-
mettrai de douter que ce soient ces Germains-là qui
aient conquis l'Occident ; et tant que je verrai le
Danemarck, la Pologne, la Russie, la Tartarie
même [2] m'offrir encore des vestiges du gouvernement primitif des Barbares ; tant que je retrouverai
dans ces vestiges une grande relation avec les faits
qu'il s'agit ici d'approfondir, je serai bien tenté de

[1] Le *weregelde*, ou prix du sang, est encore en usage en
Pologne. Un gentilhomme qui a tué un paysan serf d'un
autre, est obligé seulement de lui en rendre un pareil, ou
de payer une indemnité très modique.

[2] Il nous reste encore en Ukraine un exemple frappant
d'un gouvernement féodal dans toute sa pureté, et tel qu'il
a dû exister primitivement. Les czars ont donné cette province aux Cosaques, à condition qu'ils la cultiveraient, et
qu'ils seraient obligés de les servir toutes les fois qu'ils en
seraient requis. Nul établissement, nulle législation que les
formes militaires. Cette province est divisée en plusieurs
régimens, qui forment plusieurs districts. Une compagnie
fait un village aux ordres d'un capitaine, lequel dépend, à

croire que le chemin que j'ai suivi est celui de la vérité. En général, voulez-vous avoir une idée du gouvernement féodal modifié par Charlemagne et ses successeurs, étudiez le droit public d'Allemagne. Voulez-vous avoir l'idée d'un gouvernement féodal antérieur, lisez l'histoire des peuples du Nord. [1]

J'ai peine à quitter cette distinction du gouvernement féodal en deux époques, parce qu'elle me pa-

son tour, d'un colonel qui réside dans la ville. L'hetman se tient dans une espèce de capitale, qui est un camp retranché, où il y a un certain nombre de cavalerie et d'infanterie tenu toujours en paie. Le reste travaille et cultive, sous la seule condition de paraître en armes lorsqu'il en est besoin.

[1] M. de Voltaire (*Hist. gén.*) reconnaît le gouvernement féodal jusque dans les Timariots ou Zaimats des Turcs. Il croit que ce gouvernement fut toujours imposé par les peuples tartares occidentaux, et il observe avec raison que Tamerlan l'introduisit dans les Indes, où l'on voit encore de grands vassaux, tyrans dans leurs différens districts, mais soumis au Mogol sous les noms d'*Omrahs*, de *Rajahs* et de *Nababs*.

Peut-être pourrait-on objecter qu'il n'est pas nécessaire de donner une même filiation à tous ces établissemens, puisqu'ils paraissent une suite assez nécessaire du gouvernement de conquête. Une chose singulière, c'est que Fernand Cortez le trouva établi dans le Mexique. Là, comme en Allemagne, les grands vassaux avaient le droit d'élire l'empereur ; et l'on put reconnaître jusqu'au roi, électeur de Bohême, dans le roi, électeur de Teleuco. Voyez Don Antonio de Solis.

raît jeter un jour plus philosophique sur les premiers
âges de notre histoire, et qu'elle nous donne des vues
plus grandes et plus générales sur le sort de l'humanité dans ces siècles d'ignorance. Sans examiner
donc si le mot *fé-od* a signifié dans son origine toute
terre accordée comme paie, comme subsistance [1],
ce qui nous autoriserait encore à donner une plus
ancienne origine à la féodalité; il nous suffira d'observer que ce gouvernement dans la seconde époque,
c'est-à-dire la distribution des fiefs, telle que nous la
voyons sous les rois Capétiens, ne pouvait sortir
que d'un gouvernement pareil à celui qui existait
dans la première époque; que ce gouvernement était
en lui - même militaire et oppressif ; qu'il tendait
naturellement à une aristocratie [2] barbare, et qu'il

[1] C'est l'opinion de Chantereau (Voyez *Orig. des Fiefs*,
Liv. I, ch. II). Il pense que c'est mal à propos que le mot
fé-od a été traduit par celui de *beneficium*, et qu'il aurait
été mieux rendu par celui de *prædium*. Il paraît cependant
que *beneficium* a été employé par les Romains eux-mêmes
pour désigner les terres accordées aux soldats en forme de
paie (Voyez la *Notice de l'Emp.*, et Ducange, au mot
BENEFICIUM). Brussel croit que le mot *feodum*, sous la seconde race, fut synonyme de celui de *beneficium*, et il en
donne des preuves. Voyez Liv. I, ch. v.

[2] Je voudrais bien aller jusqu'à la fin de ce chapitre sans
parler de l'aventure qui arriva à Clovis, lorsqu'il ne put
obtenir d'un de ses soldats un vase qu'il voulait rendre à
saint Remy. En effet, cette histoire est devenue un lieu
commun, sur lequel tous les auteurs se sont fort étendus,

ne pouvait manquer de détruire à la fin toute idée de liberté et de propriété. Dans la Grande-Bretagne, nous voyons les chieftains et les thanes, chefs absolus d'immenses tribus, tyrans de toute une province, et rois dans le royaume : en Russie, en Pologne, le cultivateur esclave et le propriétaire oisif ou brigand; en France, enfin, quelques terres distribuées, cédées comme paie, comme subsistance, sous le nom de *terres saliques*, ou sous celui d'*alleu*; et les principaux domaines, les plus riches possessions données, reprises, prodiguées, arrachées sous le titre de *bénéfice* : richesses alors aussi précaires que le sont de nos jours les places du ministère et

chacun abondant dans son sens : comme si la cruauté réfléchie d'un roi barbare qui assassine son sujet, ou la brutalité d'un Sicambre qui manque de respect à son chef, pouvaient fonder des droits dans le dix-huitième siècle. Je ne puis cependant m'empêcher d'observer ici que la liberté de ce soldat ne prouve pas que le gouvernement des Francs fût plutôt démocratique qu'aristocratique. Il est toujours difficile de conclure du gouvernement militaire au gouvernement civil : et d'ailleurs ceux qui ont fait la guerre savent assez que quelque despotique que soit l'autorité militaire, les circonstances obligent souvent à de grands ménagemens. Il n'est point de prince ni de général d'armée qui n'ait été forcé de dissimuler bien des offenses. On sait l'histoire de ce déserteur prussien, qui, interrogé par son maître sur les causes de sa désertion, lui dit : « Je m'en vais, parce « que vos affaires vont trop mal. Attends la fin de la cam- « pagne, répliqua le monarque : si elles ne vont pas mieux, « nous déserterons tous deux. »

de la cour. L'établissement civil de la nation entière
n'est que le quartier d'hiver de l'armée. On connaît
si peu le prix de la vie agricole et domestique, on
sent si peu le bonheur d'être propriétaire et père
de famille, que pour de vains titres, quelques frivoles prérogatives, quelques droits d'opprimer, on
troque ses biens en *alleu*, ou autrement dit, ses
biens-fonds contre des bénéfices amovibles. (g)

Il est vrai que bientôt après, l'usurpation vint au
secours de l'imprudence ; mais en s'assurant d'abord
la propriété et ensuite l'hérédité des bénéfices, on
était bien plus jaloux encore de l'honorifique que de
l'utile. C'est que dans le fait l'utile ne résidait pas
dans les terres qui ne produisaient que quelques
subsistances, mais dans le pouvoir qui donnait de
l'argent. C'est que les places de comtes et de ducs
rapportaient plus que des champs mal cultivés. De
là cette avidité d'usurper le droit de juger ; et de là
le principe de ces seigneuries établies dans les terres
qu'on avait arrachées au domaine royal, ou à la ju-
ridiction des ducs et des comtes. Les *freda* , ou
amendes, étaient devenues les métairies des nouveaux usurpateurs ; et il est aisé de juger quelle activité mettaient à prévenir le crime, ceux-là même qui
vivaient de sentences.

Ceci explique assez naturellement pourquoi dès la

(g) *Ils n'étaient pas alors amovibles, sans quoi on n'aurait
pas troqué ses rentes foncières contre pareille somme en
viager.*

première race, et dans des temps encore barbares, les Francs ont fait des lois très détaillées et très minutieuses. En effet, presque toutes ces lois ne sont que des tarifs d'amendes pécuniaires. On est étonné qu'un peuple ignorant et grossier ait eu un code dont un chapitre soit employé à spécifier l'amende que doit payer celui qui aura serré la main ou le doigt d'une femme libre [1]; surtout lorsqu'on voit que ce même recueil n'offre pas un article qui donne quelques lumières sur le droit public de la nation. Qu'auraient dit les politiques du quatorzième siècle, si lorsque la loi *salique* décida pour Philippe de Valois, contre Édouard III (*h*), on eût fait observer que cette loi fondamentale de l'état commençait par traiter des cochons volés (*de furtis porcorum*)? On parcourt les lois des Lombards, des Visigoths, des Bourguignons, etc. sans trouver autre chose que ces ennuyeux et ridicules tarifs [2]. Cependant il faut

[1] « Si quis homo ingenuus fœminæ ingenuæ manum aut « digitum strinxerit sol. xv culpabilis judicetur. Si vero « brachium strinxerit sol. xxx culp. jud. Si ergo mamillam « strinxerit sol. xlv culp. jud. » (Art. xxii.)

La loi nous fait grâce des autres gradations.

(*h*) *Grande preuve que la loi salique ne regardait pas la couronne.*

[2] J'en citerai cependant un article. Le *Code des Visigoths* (Liv. ii, Tit. i) défend aux médecins de saigner une femme en l'absence de son mari, et les soumet à l'amende de 10 sous en cas de transgression. Le Titre vi de la même loi

convenir que parmi ces nations agrestes, nos ancêtres doivent obtenir le premier rang de l'ignorance
et de la férocité. Soit que les Lombards et les Visigoths aient été originairement des peuples plus
doux ; soit qu'ils se soient établis chez des nations
plus policées, il est sûr qu'ils ont été en général
moins barbares que les Francs. Mais ces distinctions
disparurent bientôt. Charlemagne, en soumettant
tous ces peuples, ne parvint que trop à les assimiler. Il est aisé de sentir que de ce gouvernement
irrégulier des deux premières races, de cette avidité
basse qui flattait et dépouillait les souverains, de
l'incertitude qui régnait alors dans les propriétés,
de cette fureur d'envahir et de tourner tout à son
profit, guerre ou justice, conquête ou magistrature, il devait résulter des alternatives perpétuelles
de *tyrannie*, d'*oligarchie* et d'*anarchie;* que la
guerre eut alors un aliment continuel ; enfin que les
peuples se déchirèrent, et que le sort de l'humanité
fut plus malheureux que jamais.

Cependant il devait sortir de là une forme de gouvernement toute nouvelle, et si extraordinaire, que

porte que si un médecin tue un homme libre par une saignée, il sera livré aux parens du défunt pour être tenu en
servitude. S'il n'a tué qu'un esclave, il sera obligé seulement
d'en rendre un pareil. On croira aisément que cette loi est
tombée en désuétude. Si on la remettait en vigueur, la
Faculté, comme les autres corps politiques, serait exposée
à une terrible banqueroute.

les anciens qui ont tout discuté, tout conjecturé, tout deviné, n'ont jamais rien rêvé de pareil. C'est le gouvernement féodal dans son second état, dans sa régularité, et tel qu'il existe encore de nos jours. Ce système vaste et magnifique, cette machine si compliquée et si solide en même temps, ne fut pourtant qu'un effet du hasard, qu'une modification toute naturelle de la constitution politique qui l'avait précédée.

Lorsque Henri iv eut besoin de se procurer sur-le-champ les fonds nécessaires pour arrêter les progrès des Espagnols, il dit aux propriétaires de certaines charges : Voulez-vous qu'elles appartiennent à vos enfans, donnez-moi une somme proportionnée au prix de ces charges, et je vous en assurerai l'hérédité. Du temps de Charles-le-Chauve, les choses ne se passèrent pas tout-à-fait de même, et je crois bien que la proposition vint des possesseurs ou usufruitiers ; mais, quoi qu'il en soit, un marché tout pareil fut conclu. Les concessions des bénéfices avaient toujours renfermé, d'une façon implicite, l'imposition d'un service : un obligé doit servir son bienfaiteur ; et c'est ainsi que les starosties sont encore données en Pologne à ceux que la couronne veut s'attacher. Charles-Martel et Charlemagne jugèrent à propos de rendre ces conventions explicites, en prescrivant la nature et les limites de ce service. Charles-le-Chauve fit par crainte ce que Henri iv ne fit que par besoin. L'hérédité fut assurée aux possesseurs des bénéfices. Mais comment toutes les terres se trouvèrent-elles tout à coup changées en bénéfices ? par la vanité, qui, parmi les Français, avait fait sacrifier la sûreté aux honneurs ou à la richesse ; par la prétention ou l'envie, qui, chez les Gaulois, avaient fait un point d'honneur de s'assimiler aux Francs, en transformant des patriciens (*i*) en leudes, et des sénateurs en amtrustions ; enfin, par l'usurpation, qui, écrasant les faibles, avait envahi les petits *Alleus* et les terres *saliques*.

Il semble qu'il y ait dans le gouvernement une certaine quantité de pouvoir, une certaine considération qui est toujours constante, et qui, lorsqu'elle éprouve des changemens, ne fait que passer d'un endroit à l'autre. Les rois étant avilis, les grands furent élevés : les grands à leur tour voulurent trancher du souverain (*k*). Moins ils avaient gardé de rapports de subordination avec le trône, plus ils en avaient exigé de leurs inférieurs. Il leur fut donc facile de se mettre, à leur égard, à la place du prince, et de recevoir de leurs sous-ordres l'hommage qu'ils rendaient eux-mêmes au chef de la monarchie. De là, les arrière-fiefs et toutes les ramifications de la féodalité. Qu'on se figure un intendant s'attribuant l'autorité absolue dans une province : ses secrétaires seront bientôt des secrétaires d'état ; les subdélégués, des intendans des finances ; et les élus, des

(*i*) *Plaisans patriciens !*

(*k*) *Tout était comme le gouvernement de Pologne.*

présidens. Quiconque a voyagé en Allemagne a pu reconnaître les traces de cette infatuation. Le même prince que vous avez laissé peu de jours auparavant à Vienne ou à Berlin dans l'anti-chambre d'un ministre, ou défilant à la tête d'une garde, s'il vous reçoit dans sa petite résidence, n'y paraît plus qu'entouré d'une cour, où vous voyez des officiers de toutes les espèces, qualifiés de toutes sortes de titres, et souvent chamarrés de rubans (*l*). Là, tout est officier, domestique ou soldat; de façon que rien ne manque à cette principauté, si ce n'est un peuple et des terres.

Il en arriva de même en France. Les grands s'affermirent, la noblesse s'agrandit, le clergé s'enrichit : il n'y eut que le peuple d'oublié (*m*); c'était la dépouille que tout le monde se disputait; c'était la proie dont on partageait la curée. On peut juger de sa situation sous le gouvernement féodal, par les priviléges accordés aux communes [1] : c'est la permission de faire enseigner à lire et à écrire à ses enfans, de vendre ses denrées au marché dans un temps convenable, et, ce qui est le plus remarquable, la liberté d'accommoder les procès. En effet, comme je l'ai déjà observé, la justice étant un des meilleurs revenus du seigneur, c'était une espèce de contrebande que de terminer une affaire à l'amiable.

(*l*) *Bravo!*
(*m*) *On ne l'oublia jamais ; on le mangea toujours.*
[1] Voyez l'abbé de Mably, tome II, ch. 1.

Ce principe d'avarice se fait encore reconnaître dans
une autre loi de ce temps-là. Les Juifs payaient des
capitations énormes; or, lorsqu'un d'eux voulait se
faire chrétien, à lui permis; mais il devait indemni-
ser son seigneur. C'était une âme dérobée à l'enfer,
mais un corps à rembourser au monde. Tel était
l'esprit fiscal qui régnait alors, qu'une conversion
était regardée comme une banqueroute, et que le
paradis même n'avait pas droit de franchise. Alors
on vit un état sans lois, une monarchie sans chefs,
un roi sans sujets. Les branches multipliées firent
disparaître le tronc; et l'état fut semblable à ces amas
de ronces qui, s'entrelaçant de mille façons différentes, ne laissent plus apercevoir la tige qui tient à la
terre. Tous les droits allèrent se perdre, s'abîmer
dans le droit féodal. Ceux de la souveraineté disparurent comme les autres, et le sujet rebelle ne dut
plus encourir d'autre punition que la confiscation de
son fief (*n*) [1]. Il ne resta qu'un droit barbare, affreux;

(*n*) *Le duc de Bavière fut condamné à mort sous Charle-*
magne.

[1] Chantereau rapporte dans son *Traité de l'origine des*
Fiefs, que lorsque Louis XIII marcha en Lorraine, à la tête
de l'arrière-ban, pour s'opposer aux progrès de Galas, général de l'empereur, la plupart des gentilshommes voyant
que la campagne traînait en longueur, s'ennuyèrent de
rester à l'armée, et s'en retournèrent chez eux. Leur procès
leur fut fait par ordre du roi, et on prétendit les punir de
mort comme déserteurs; mais Chantereau, qui était pour
lors conseiller au conseil souverain de Nancy, soutint que

celui de la guerre. Tous les barons, tous les possesseurs de fiefs furent autorisés à combattre entre eux,
et même contre leurs souverains, toutes les fois que
la féodalité n'y serait pas compromise. La justice garda
un profond silence, et laissa le duel décider du droit;
jugement bien digne de ces hommes féroces.

Cependant la fureur a des termes; et ce qu'on
nomme courage a de tout temps reconnu des limites. L'intérêt personnel, l'amour de la conservation,
ont toujours réclamé sourdement contre le préjugé;
et notre ancienne noblesse, toute querelleuse qu'elle
était, préféra bientôt l'arbitrage du clergé à ces ju-

ces gentilshommes n'ayant été obligés de servir qu'en vertu
de leurs fiefs, ne pouvaient être punis que par la confiscation de ces fiefs. Cet avis fut suivi.

Au reste, si l'on veut se rendre raison de la multiplicité
énorme des inféodations et sous-inféodations de toute
espèce, il faut faire réflexion que dans les temps où elles
prirent naissance, les seigneurs étaient presque toujours
en guerre, et qu'il n'y avait alors ni troupes stipendiées,
ni argent pour les payer; que d'ailleurs, quand même il y
en aurait eu, toutes les forces militaires consistant en gen-
darmerie, il leur devenait impossible d'augmenter le nombre de leurs troupes, sans augmenter celui de leurs vassaux. C'est pour cela qu'on inféoda les droits de chasse, le
péage des chemins, les boutiques des foires, et jusqu'aux
fours banaux. (Voyez Brussel, *de l'usage des Fiefs*). Cet
auteur célèbre a conservé une liste de cent trente gentilshommes, qui, du temps de Philippe de Valois, tenaient
en fief des pensions sur le trésor royal. Il a très bien prouvé
encore ce que Mézeray avait dit avant lui; c'est que pendant

gemens atroces où le vainqueur payait souvent de son sang un avantage toujours stérile. Les évêques qui s'étaient déjà arrogé un pouvoir égal à celui des premiers vassaux, qui avaient assisté à tous les parlemens, et qui avaient signalé leur autorité par des entreprises contre la couronne ; les évêques, dis-je, usurpèrent encore le droit de juger. Ils s'étaient déjà ingérés dans toutes les affaires qui avaient un rapport indirect avec la religion ; comme les mariages, à cause du sacrement ; les testamens, à cause des legs pieux ; les traités, à cause du serment qu'on avait coutume d'exiger. Ils en vinrent enfin à cette

plus de trois cents ans, le royaume de France avait été gouverné comme un grand fief ; tous les rapports entre le souverain et les sujets étant devenus des rapports de féodalité. Brussel fonde cette opinion sur ces trois points essentiels : 1°. Que l'époque de la majorité des rois fut fixée à vingt et un ans, qui était l'âge de la majorité féodale. 2°. Que le roi pouvait tenir des fiefs de ses sujets, et s'obliger à certaines conditions, comme de fournir un homme qui le représentât, et fît le service à sa place. 3°. Que le vassal à qui le roi *véait* ou refusait le jugement dans sa cour, pouvait armer ses vassaux contre lui, et poursuivre son droit par la force.

M. Hume remarque aussi, au sujet des inféodations, que la jurisprudence féodale s'étant universellement établie et étant devenue la seule qui fût généralement reconnue, les possesseurs des biens allodiaux s'ennuyèrent bientôt d'être exposés à tous les excès trop communs dans ces temps barbares, et préférèrent à la propriété absolue une possession limitée, qui leur valait la protection du suzerain.

maxime générale, que tout procès était de leur compétence, parce que des deux partis, l'un attaquait, l'autre défendait; l'un affirmait, l'autre niait : or, d'un côté ou de l'autre, il y avait péché; donc, etc. Cette logique est meilleure qu'on ne pense; et peut-être ceux-là sont-ils plus subtils, mais aussi absurdes que nos pères, qui veulent chercher l'erreur ailleurs que dans le premier principe. (*o*)

(*p*) Quoi qu'il en soit, il arriva que tandis que l'Église usurpait l'autorité sur les puissances séculières, le pape usurpait l'autorité absolue sur l'Église; et comme le premier usage du despotisme est l'agression, les papes n'eurent pas plus tôt discipliné leur milice, qu'ils attaquèrent les couronnes les plus respectables. De là cette suite d'entreprises insensées, et souvent heureuses, ces excommunications prodiguées, ces royaumes distribués, ces royaumes enlevés, ces couronnemens, ces dépositions, et tant de faits ridicules et atroces qui font rougir l'historien, et gémir le lecteur.

Je m'arrête ici, parce que mon dessein n'est pas de faire l'histoire de ces temps malheureux. Ces funestes objets ont été crayonnés de main de maître : et que peut-on écrire après l'*Essai sur l'histoire générale ?* Je me contenterai donc d'observer que dans nos rapides réflexions nous avons déjà parcouru

(*o*) *Ce premier principe est dans les Constitutions apostoliques.*

(*p*) *Bravo !*

les six premiers siècles de notre monarchie, et je
remarquerai que c'est précisément ce temps-là qu'on
peut regarder comme la première *végétation*, la
marche progressive des mœurs et des usages. C'est
alors que toute habitude a commencé, que tout principe a pris naissance. Rappelez-vous les idées principales qui doivent s'être gravées dans votre mémoire :
invasion de Barbares, gouvernement barbare ; usurpation de quelques-uns, usurpation d'un plus grand
nombre, tyrannie générale ; les guerres civiles légi-
timées, tous les hommes armés, toute la terre arro-
sée de sang ; des guerriers féroces, las de se déchirer
entre eux, et combattus à la fois par une crédulité
absurde et par une honteuse débauche, cherchant
en Asie une expiation pour leurs crimes ; l'élite des
peuples occidentaux, et presque toutes leurs richesses abîmées dans les sables de la Palestine ; la culture
abandonnée ; le clergé profitant seul de l'aveugle-
ment général, comme ces hardis scélérats qui volent
au milieu des incendies ; enfin toute police divine et
civile violée et exagérée tour à tour ; les malheurs,
la folie des hommes vous paraîtront parvenus à leur
comble : et voilà précisément ce que je voulais vous
faire observer (*q*). Passé le douzième siècle, vous ne verrez plus qu'une marche rétrograde : le genre humain
commence à donner quelque signe d'espérance : c'est
un malade qui, après le dernier effort de la fièvre,
laisse voir quelques symptômes d'une crise favora-

(*q*) *Bravo !*

ble ; mais il ne sort d'une longue agonie que pour respirer un moment, et retomber encore : le mal qui ne s'affaiblit que par degrés, paraît terrible dans ses retours, et tout, jusqu'à la convalescence, porte un caractère effrayant.

Tandis que les guerres civiles désolent la France, la piété vient la première au secours de l'humanité. La *paix du Seigneur* fait un partage bizarre des jours de la semaine, dont les uns sont destinés au commerce, les autres au carnage. Saint-Louis, par des lois civiles, mais non moins pieuses dans leur objet, modère le droit de la guerre, et l'enchaîne en quelque façon. Philippe-le-Bel va plus loin : il défend qu'on fasse usage de ce droit barbare, quand il l'exerce lui-même, et il prétend que toutes les fois qu'il fait la guerre, il doit en avoir le privilége exclusif. L'établissement des bailliages et le progrès de leurs juridictions sous Saint-Louis et ses successeurs, la création des différens tribunaux où les causes qui se décidaient ordinairement dans les combats, sont portées par appel; les affranchissemens, les priviléges accordés aux communes, premières restitutions faites à la nature outragée; enfin les assemblées de la nation, où toutes les classes des citoyens sont représentées, où ils peuvent se plaindre de leurs maux, et en demander le remède : tels sont les premiers pas par lesquels la fureur rétrograde vers la raison. Et qui pourrait ne pas s'attendrir (r)

(r) *Bravo !*

sur le sort des peuples, lorsqu'on voit que leurs premières lois ont été des lois de pacification ? Voyez en France *la paix du Seigneur*, en Angleterre *la paix royale* (*The King's peace*), en Allemagne *la paix publique*, etc. Les premières conventions qu'ont à faire ces êtres tous semblables ; tous sortant de la même origine, c'est de convenir de ne plus s'entre-tuer.

Sans doute que ce serait une chose bien curieuse que d'examiner les diverses routes par lesquelles se sont faits ces retours vers la raison. L'abbé Terrasson a remarqué avec beaucoup de finesse que dans les sciences exactes les hommes n'ont eu besoin que d'application pour trouver la vérité ; de façon que leur marche a été directe de l'ignorance à la science ; au lieu que dans les choses de raisonnement ils ont toujours été obligés de passer par le faux, avant que d'arriver au vrai [1]. Cette réflexion n'est pas moins applicable à la politique qu'à la philosophie. Que de sottises pour remédier à des sottises (*s*) ! Que d'étais pourris et vermoulus pour soutenir des fabriques chancelantes !

Le gouvernement féodal régnait en France, en

____

[1] On dirait que la vérité a toujours été le pis-aller de l'esprit humain. Il ressemble assez à une hirondelle qui, étant enfermée dans une chambre, va cent fois se heurter contre les lambris avant de trouver la fenêtre, qu'une main bienfaisante vient de lui ouvrir.

(*s*) *Bravo !*

Angleterre, en Allemagne et en Italie, à peu près
au même degré, à peu près sous les mêmes formes.
Comment ces états, en partant des mêmes principes,
sont-ils parvenus à des résultats si différens? Chose
étonnante! dans les secousses qu'éprouve l'Angleterre, la féodalité se maintient; les grands vassaux
se rallient pour soutenir leurs droits; ils les éten-
dent, les rendent plus sacrés, plus définis; et il en
résulte le gouvernement de propriété et de représentation, le gouvernement libre et demi-démocra-
tique que nous voyons de nos jours.

En France, loin de soutenir l'ancienne constitution, on introduit de nouvelles formes : au système
féodal on substitue, ou si l'on veut, on mêle des
états-généraux, où la nation paraît tout entière
dans ses députés, et n'est plus représentée par une
aristocratie militaire : à la place de ces clercs, de
ces assesseurs qui aidaient le *suzerain* dans l'exercice de la justice, on établit des cours souveraines,
constantes et permanentes, qui forment des corps
de magistrature, et deviennent bientôt dépositaires
des lois; la nation a de fréquentes assemblées, des
juges et des lois, et il en résulte une monarchie
absolue.

En Allemagne, l'ignorance, la férocité, la dissen-
sion, la rivalité, entretenues par l'équilibre des pouvoirs, durent plus long-temps qu'ailleurs; la force
décide de tout, et la force est toujours alternative
entre les membres de l'état. Nul accord, nul point

de réunion ne reste aux esprits divisés , et il sort de là le gouvernement germanique tel qu'il est de nos jours, c'est-à-dire le système politique le mieux suivi et le plus régulier.

En Italie, deux tyrans, sous prétexte d'être successeurs, l'un des Césars (*t*), l'autre de saint Pierre (*t*), se disputent sans cesse le pouvoir absolu : c'est pour la monarchie universelle qu'on combat ; et après de longues guerres, de grands scandales, et de nombreuses atrocités , il résulte de là une multitude de républiques et de petits tyrans ; un gouvernement tout semblable à celui de la Grèce, du temps d'Alexandre et de ses successeurs.

Au-delà des Pyrénées, les Goths et les Vandales ont à peine établi leur domination dans cette belle presqu'île, si bien défendue par la nature, qu'ils sont attaqués tout à coup par une puissance formidable. C'est près des colonnes d'Hercule que le génie du Nord et celui du Midi se rencontrent pour se faire une guerre cruelle , dont huit siècles ne peuvent éteindre la fureur. Au milieu des alarmes, des périls continuels , nul système de guerre suivi. L'autorité royale reste sans effet, parce que le pouvoir se divise comme la force, qui est obligée d'agir en tout temps, en tout lieu. Les seigneurs se fortifient dans leurs châteaux ; les villes pourvoient à leur législation comme à leur sûreté. La crainte qui a coutume de

(*t*) (*t*) *Très bien.*

fonder l'autorité, en réunissant tous les hommes par un même intérêt, dans ce cas singulier, les disperse et les sépare, comme il arrive à peu près dans le fort de la mêlée que chaque troupe, chaque soldat ne songe plus qu'à sa propre défense, et qu'une seule bataille se change en mille combats singuliers. Ce n'est pas tout : trois religions les plus opposées, les plus ennemies, se disputent l'empire de l'opinion. La persécution, le fanatisme, sont armés de tous côtés ; et cependant, jetez les yeux maintenant sur ce même pays, qu'y verrez-vous ? unité de croyance, unité de pouvoir, une tranquillité excessive qui se change en paresse, et un repos voisin de l'engourdissement.

Voilà des événemens bien étranges, bien contradictoires à leurs principes. Peu de mots suffiront pourtant pour en rendre raison. En Angleterre, les premières réclamations ont été des grands contre la couronne ; en France, de la couronne et du peuple contre les grands ; en Allemagne, l'élection des empereurs s'étant maintenue, a maintenu à son tour et le rang auquel tous les grands pouvaient prétendre, et les droits que tous les grands voulaient conserver ; en Italie, la concurrence des souverains, les vicissitudes de leur pouvoir, et surtout le peu de proportion de leurs forces avec leurs prétentions, laissèrent aux faibles le temps de s'élever et de s'affermir. Les secours mendiés de part et d'autre multiplièrent les priviléges ; les villes s'affranchirent dans les troubles civils, et le népotisme multiplia les principautés. (*u*)

En Angleterre, les grands armés contre leurs rois crurent devoir se concilier la bourgeoisie (*x*), et particulièrement les villes commerçantes. Ils stipulèrent de nouveaux priviléges pour cet ordre de citoyens déjà favorisé par les souverains qui voulaient, comme en France, l'opposer au pouvoir exorbitant des barons, et qui ne manquaient pas aussi de lui faire payer leurs bienfaits. La grande charte ayant été reconnue comme loi générale, et soutenue par un certain nombre de gardiens, toujours assemblés, toujours en activité, sous le nom de conservateurs (sage précaution à laquelle elle fut redevable de sa durée), il arriva que les barons formèrent deux classes, les *puissans* et les *moindres* [1]. Mais la tranquillité s'était établie, et l'assiduité au parlement était devenue une charge, une dépense qui ne pouvait être supportée que par les plus riches des barons ; les *moindres*, ou négligés, ou peu curieux des affaires, se confondirent bientôt avec les simples chevaliers [2], et parurent plus soigneux d'évi

(*u*) *Les Este, les Sforce, les Ezio, les Carrare, les Castracani, les Bentivoglio, n'étaient point neveux des papes.*

(*x*) *Le contraire, à ce que je crois.*

[1] *The lesser Barons.* Voyez Hume, tome ii, pages 85 et suiv.

[2] *Knights of the shire.* C'est l'origine de ce que les Anglais appellent *gentry,* les gentilshommes. Mais l'idée que pré

ter les séances au parlement, que d'y occuper le premier rang. Mais les rois toujours attentifs à ces deux grands objets, l'humiliation des grands et l'intérêt du fisc, imaginèrent d'opposer à la noblesse le concours des forces subalternes. Edouard 1er ordonna aux shérifs, ou premiers magistrats des provinces, d'envoyer au parlement deux chevaliers ou gentilshommes de chaque district. Ces derniers ne dédaignèrent pas de siéger avec les bourgeois (*y*); ils firent même cause commune avec eux, présentèrent des requêtes, des projets de réformation, etc. Les rois les ayant écoutés, leurs succès leur donnèrent de la consistance; et ainsi se forma peu à peu la chambre des communes, qui de toutes les parties

sente ce mot en anglais ne correspond point du tout à celle que nous y attachons. Après que Guillaume eut confisqué toutes les terres des Anglais, et les eut données aux Normands à titre de *baronnies* ou de grands-fiefs, ceux-ci sous-inféodèrent plusieurs parties de leurs fiefs; ce qui établit des vassaux d'un second ordre. Les premiers, appelés *Chief-tenants*, se trouvèrent au nombre de sept cents, et les autres, appelés *Knight's fees*, au nombre de cinquante mille deux cent quinze. On voit que les origines se rapportent assez dans les deux royaumes; mais en France, la sous-inféodation ne dégradait point les personnes, puisque les rois eux-mêmes rendaient hommage à leurs sujets pour les arrière-fiefs. Il n'en fut pas de même en Angleterre. C'est ce qui a établi la différence entre la noblesse et les gentilshommes : *nobility and gentry*.

(*y*) *Non comme membres du parlement.*

du gouvernement britannique est la plus fondée en raison, et la plus favorable à la propriété. Des flots de sang ont coulé depuis pour cimenter l'édifice que nous voyons de nos jours : édifice superbe et solide, mais qui porte sur une base gothique, et dont les proportions accusent encore sa grossière origine. Cependant, quelque contraste qu'il présente entre le plan informe de ses fondations et les beautés dont il a été décoré depuis, il offre à nos yeux une espèce d'unité ou plutôt de continuité. C'est la façade du vieux Louvre, ornée de la colonnade de Perrault : mais ce n'est point cet amas confus de bicoques, de boutiques et de maisonnettes cousues (*z*) ou mêlées à un ancien palais ; ce n'est point ce désordre incroyable qu'on trouve encore dans notre capitale et dans notre politique. Je m'explique.

Nous avons vu le gouvernement d'Angleterre se modifier insensiblement, en conservant toujours les premiers principes de sa constitution, le roi et le parlement. A la vérité, ce parlement se divise en deux chambres ; mais si les communes acquièrent un pouvoir égal à celui de la chambre-haute, c'est toujours la suite d'un même système, ce sont de nouvelles branches sorties d'un même tronc. En France, il en va tout autrement : les peuples, las de la tyrannie des grands et de l'anarchie générale, ont recours à l'autorité royale ; Philippe Auguste, par des actions héroïques, et Saint-Louis, par ses

(*z*) *Ah ! avec quel fil coud-on des maisons ?*

vertus morales, justifient cette confiance; mais Philippe-le-Bel, politique inconsidéré, monarque ambitieux, et souverain avide, ne tarde pas à dissiper le prestige....

Avant d'aller plus avant, remarquons que le gouvernement féodal français différait du gouvernement féodal anglais en ce que celui-ci avait conservé les assemblées, ou parlemens. Or, les assemblées sont la source de toute liberté. N'importe quels soient les lois et les usages, toute nation représentée, tout corps assemblé, finiront par acquérir un grand pouvoir politique. En France, le nouveau gouvernement féodal, ou, pour ne pas perdre nos idées, celui de la *seconde époque*, avait bien mieux réussi à détruire toute trace de l'ancien. Lors donc que Philippe-le-Bel, par ses concussions, ses changemens dans les monnaies, ses querelles avec la cour de Rome, se crut obligé de convoquer la nation, il se trouva conduit à trois nouveautés, qui ont fait de son règne une époque très intéressante dans l'histoire : 1°. il assembla la nation dans une forme civile, qui ne ressemblait pas à ces parlemens, à ces champs de Mai, d'où émanaient les lois des Mérovingiens et des Carlovingiens [1] ; 2°. il y fit entrer la bourgeoisie sous le nom de *tiers-état* ; 3°. dans le même temps, à peu près, il établit en quatre endroits de son royaume

[1] Pasquier ne témoigne pas une grande estime pour les nouveaux états-généraux : « Chaque assemblée, dit-il, fut « marquée par des sacrifices de la nation ; et si l'on a pré-

des cours de justice sédentaires, que nous appelons
à présent *parlement*. (aa)

Il paraît qu'en France, comme en Angleterre, la
noblesse dut perdre quelque crédit par l'interven-
tion du tiers-état dans les affaires publiques ; mais
en revanche il s'en fallut de beaucoup que les communes obtinssent la même considération qu'en Angleterre. Là, elles avaient pour modèle, pour objet
d'émulation, la chambre des pairs, dont le pouvoir
était constant et reconnu ; ici, elles parurent éton-
nées du rôle qu'elles allaient jouer ; et, semblables à
un subalterne qu'un grand admet à sa table, elles
se crurent obligées de payer par de basses flatteries
le nouvel honneur qu'on leur faisait. D'ailleurs, les
états-généraux ne furent convoqués que rarement
et à la volonté du souverain, qui n'avait garde de les
assembler, à moins qu'il ne se crût bien assuré de
leur complaisance, ou que les besoins de l'état ne
fussent devenus trop urgens pour leur laisser matière à délibération. Ainsi donc ces assemblées servirent plutôt à ébranler le gouvernement féodal qu'à
établir celui de représentation ; et la puissance royale
gagna seule à ces changemens.

Cependant un contre-poids, une nouvelle résis-

« tendu que les conciles ont tous enlevé quelque chose à
« l'autorité papale, on peut dire que les états-généraux ont
« tous cédé quelque chose à l'avidité des rois. »

(aa) *Il le voulut, et ne le fit pas. Le parlement de Toulouse
n'eut pas lieu.*

tance commençait à sortir du sein même de l'autorité. Les conseillers du roi, ceux qui l'aidaient à
rendre la justice, et qu'il avait tirés des trois ordres
de l'état pour le seconder dans cette fonction, je ne
dis pas seulement de *souveraineté*, mais de *suzeraineté*; ceux enfin qui formaient la cour royale,
furent bientôt changés en un tribunal sédentaire,
et les commissions de ces conseillers, qui avaient
d'abord été amovibles, étant devenues perpétuelles (*bb*), le parlement se trouva un corps respectable
par ses fonctions, et considérable par sa stabilité.
Ce fut encore un nouvel échec pour la noblesse; car
les préjugés et l'ignorance éloignaient les grands de
la magistrature; tandis que les juges du tiers-état
qu'ils offusquaient, s'emparaient de toutes les affaires, et que ne pouvant les égaler, ils cherchaient
du moins à les humilier.

Il restait encore le clergé à abaisser. Des clercs,
des évêques, avaient des places au parlement; et
comme ils étaient plus instruits que les barons, ils
incommodaient davantage les gens de loi. Ceux-ci
cherchant à faire monopole de la science, voulurent
éloigner des concurrens importuns; et ainsi se forma
dès l'origine du parlement, cet esprit antipathique
au clergé qui, long-temps après, devint le salut de
l'état; mais ceci n'est pas de notre sujet, et il nous
suffit de l'indiquer.

Revenons donc, et observons que le gouverne-

(*bb*) *Non pas alors.*

ment de France dans ses variations a beaucoup moins conservé de sa première origine que celui d'Angleterre. En effet, quiconque voudra se former une idée juste de ce gouvernement, doit se mettre bien avant dans la tête que les parlemens, ou assemblées au champ de Mai, les états-généraux de Philippe-le-Bel et de ses successeurs, et les cours de justice connues de nos jours sous le nom de parlement, sont trois choses qui n'ont aucun rapport entre elles.

Pour l'Allemagne, le gouvernement féodal s'y étant conservé dans son entier, et même dans une espèce d'exagération, il nous est aisé de nous en former une idée. C'est ce que serait devenue la France, si la couronne eût été élective, si Philippe Auguste et Saint-Louis avaient négligé de protéger le peuple contre la tyrannie des barons; enfin, si des actes publics et solennels, tels que la *Bulle d'or*, la *Paix profane*, la *Paix de religion*, et les *Capitulations impériales*, avaient défini et constaté les droits réciproques du prince et de la nation. L'empire peut être regardé comme un grand *Club* [1] de souverains, qui se sont soumis à des lois austères; et qui ont

---

[1] *Club*, coterie anglaise qui se rassemble ordinairement dans un café ou dans une taverne. Les lois de ces sociétés sont toujours écrites et déposées dans la salle où l'on s'assemble. Là, comme dans presque toutes les assemblées anglaises, on nomme un président qui siége dans un fauteuil élevé, et dont les fonctions sont à peu près les mêmes (cc)

(cc) *Vrai.*

nommé un d'entre eux pour prendre le fauteuil, et
leur servir de président. Les droits des princes y sont
assez bien spécifiés ; ceux du peuple y sont le plus
souvent négligés. On réprime les petites usurpations,
mais si quelque puissant vassal entre en lice, les
armées décident seules du droit, avec cette différence seulement, qu'elles s'y font précéder par une
plus forte avant-garde de manifestes, d'avocatoires,
de déhortatoires, etc. Là, comme ailleurs, on trouve
un mélange d'habitude et de raison, quelques lois
maintenues, parce qu'elles sont bonnes ; d'autres,
parce qu'elles sont anciennes. (dd) La paix de Munster
et la capitulation de François 1ᵉʳ sont des ouvrages
de la réflexion qui brillent au milieu de ceux du préjugé, comme une belle statue dans un vieux galetas.
C'est une question de savoir si le gouvernement germanique rend les peuples plus heureux. Je conviens
qu'il peut empêcher le comte de La Lippe de tuer
les cerfs du comte de Waldeck, et le marquis de
Neuwied de faire de la fausse monnaie ; mais il em-
pêche aussi qu'il y ait en Allemagne des chemins,
des canaux, des arts et de la richesse : il soutient
plus de cent petites cours, et laisse les peuples dans
l'oppression. Aussi les corps-de-gardes y tiennent-ils
la place des manufactures ; et quand on a vu des

que celles de l'orateur dans la chambre des communes. On
peut se rappeler les lettres charmantes écrites sur ce sujet
par Steele et Addison dans le *Spectateur*.

(dd) *Non.*

freüle, des chanoinesses, des sentinelles et des gardes-chasse, on peut se former une idée de la plus grande partie de l'Allemagne. *(ee)*

Quant à l'Italie, tour à tour déchirée et divisée par les empereurs, les papes, les Normands, les rois d'Aragon et les rois de France, elle ne pourrait entrer dans nos réflexions qu'en nous offrant deux ré-publiques célèbres, dont l'une est encore aussi puissante que constante dans ses principes. On devine aisément que c'est de Venise dont je veux parler : mais cette république respectable, placée entre le Turc, le pape et l'empereur, dut se former une constitution relative à sa position politique. Née dans les lagunes, presque au sein de la mer, elle dut son origine à la crainte, et sa conservation à la défiance. Tenir le peuple dans l'ignorance et l'esclavage; semer les divisions, les soupçons, les délations parmi les sénateurs; se conduire sans cesse comme la veille ou le lendemain d'une conjuration ; transformer l'administration en une police formidable : tels sont les principes que Venise a puisés dans ses périls, et dont le repos et les succès n'ont pu encore la désabuser.

Peut-être faudrait-il attendre vingt ans pour fixer son opinion sur l'Espagne. Jusqu'à présent ce qu'on peut observer de plus frappant, c'est un caractère national, qui paraît avoir la même propriété que celui des Chinois ; je veux parler de cette force de l'habitude qui résiste au changement de domination,

(ee) Bravo !

et qui donne au peuple le privilége singulier de s'assimiler ses maîtres. Il est inutile de dire que dans
ce rapprochement de deux nations si différentes,
ce ne sont que les effets qu'on prétend comparer.
Ce que la Chine ne doit qu'à la supériorité qu'elle
a sur ses voisins dans les sciences et dans sa police,
l'Espagne le tient d'une noblesse dans les sentimens,
qui peut n'être pas toujours agréable, parce qu'elle
approche de la fierté, mais qui doit toujours attirer
l'estime, lors même qu'elle ne peut concilier la
bienveillance. Tout ce qu'on peut assurer, c'est que
si cette nation est celle qui a le plus conservé son
caractère, c'est en même temps celle dont le gouvernement a le plus changé, et a changé de la manière la plus brusque et la plus rapide. Trois causes
principales y ont contribué, et suffisent même pour
en rendre raison : 1º. L'expulsion des Maures, qui
rétablit la tranquillité la plus parfaite dans un pays
où les guerres extérieures n'étaient pas à craindre;
2º. la réunion des couronnes de Castille et d'Aragon
par le mariage de Ferdinand et d'Isabelle; 3º. enfin,
une circonstance particulière dont nous avons déjà
fait voir l'importance, en parlant du gouvernement
romain, c'est que les deux premiers monarques qui
ont réuni les provinces de cette vaste monarchie se
sont trouvés des princes très puissans et d'une politique profonde, dont les règnes longs et glorieux
ont assuré à leur trône l'autorité qu'on n'avait cru
abandonner qu'à leur personne. Quelle que soit ce-

pendant la révolution qui s'est opérée dans cette nation, la distinction de ces divers royaumes, qui tous conservent un caractère et un esprit particulier, le privilége de certaines villes et de certains peuples, l'exorbitance des richesses et du pouvoir ecclésiastique, le mépris du commerce et de l'industrie, restes du gouvernement féodal, et nombre de détails qu'il serait trop long de déduire, décèlent encore une nation dont le repos prépare une espèce de crise, et qu'on peut considérer, s'il est permis de parler ainsi, comme dans un état de chrysalide.

Maintenant faisons nous cette question : Quelle a été l'origine de tout ce qui existe de nos jours ? que pouvait-on élever sur les bases qui nous restaient ? Nos gouvernemens, nos constitutions ont pris leur source dans la barbarie même, et se sont formés dans l'ignorance. Nos monarchies sont vieilles, mais notre raison est bien jeune (*ff*). Qu'on pense aux ténèbres qui ont couvert la terre depuis Constantin jusqu'aux Médicis : une nuit de douze cents ans a succédé aux jours brillans d'Athènes et de Rome ; mais le réveil de la philosophie n'a pas ressemblé à celui d'Épiménide. A peine les arts agréables l'eurent-ils arrachée au sommeil ; à peine eut-elle ouvert les yeux, qu'elle trouva les choses à peu près au point où elle les avait laissées. Du temps de Constantin, les sciences rationnelles étaient négligées, et l'étude de la nature avait fait place à celle

(*ff*) *Bravo !*

des mots : de frivoles disputes, une vaine subtilité, occupaient tous les esprits. Ce fut de même vers le seizième siècle : on n'eut pas plus tôt commencé à penser et à écrire, que les disputes théologiques et métaphysiques étouffèrent ces premiers germes de la raison; et l'on peut dire que depuis Érasme jusqu'à Descartes, les esprits n'ont guère fait que s'aiguiser. Mais avant de nous livrer à ces réflexions, arrêtons un moment nos regards sur les siècles passés, et examinons quel fut le sort de l'humanité sous le gouvernement de nos pères.

CHAPITRE II.

Du sort de l'humanité dans les commencemens de la monarchie française et sous le gouvernement féodal.

CE chapitre sera court : ce serait faire injure à nos lecteurs que de se croire obligé d'éclairer leur jugement sur un objet si frappant et si facile à saisir. En effet, il ne s'agit pas ici de réclamer contre l'admiration et l'enthousiasme des siècles passés. Il a fallu se fonder en raisons pour avancer que Lycurgue, Solon et Numa n'avaient pas trouvé le meilleur système possible sur la législation; mais faut-il une longue discussion pour nous faire, à nous autres Welches (a) à peine civilisés, déplorer notre enfance, aimer notre puberté, et espérer de notre maturité?

La monarchie française, établie par la guerre, semble avoir été vouée à une guerre perpétuelle. Les partages des états, ces testamens ridicules par lesquels les princes lèguent leurs royaumes comme leurs bijoux, sont une source de querelles interminables, où les liens du sang sont souillés par le sang, où les oncles égorgent les neveux, où les frères s'entre-déchirent, où les assassinats et les batailles rangées se disputent tour à tour le droit de décider du trône. A peine ces membres sanglans et divisés

(a) *Voilà le premier qui se soit servi du mot de Welches.*

sont-ils réunis sous un même chef, que ce chef
s'avilit; et, comme en Pologne, après que l'ordre
équestre a terminé ses débats, les valets des magnats
se livrent entre eux des combats subalternes, de
même en France, après s'être battu pour les rois,
on s'égorge pour leurs domestiques. Ce n'est pas
tout : tandis qu'une nation épuisée et des maires
ambitieux se disputent encore le pouvoir, des brigands viennent des contrées hyperboréennes enlever les richesses qui en font tout le prix. Les moines,
les prêtres, toujours d'autant plus fins que les peuples sont plus grossiers, avaient eu le temps d'amasser toutes les richesses, tandis que les soldats se bat-
taient. Cette facilité de trouver de gros trésors ras-
semblés, et de faire d'heureux coups de main,
provoqua l'invasion, et causa la ruine de la France,
toujours destinée à être la victime de la religion. C'est
en vain qu'un grand prince s'élève : la gloire de Charlemagne qui embellit les fastes de la nation, sans
rendre les peuples plus heureux, est cruellement
payée par les règnes suivans. Bientôt la monarchie,
divisée en mille morceaux, reproduit la guerre et
le désastre sous mille formes différentes. L'anarchie
se modère enfin, et semble sous les premiers Capétiens prendre une sorte de système. On commence
à reconnaître un état, une nation; mais la manie
des croisades vient arrêter tout progrès, et rejeter
l'humanité dans des malheurs nouveaux. L'élite des
peuples occidentaux va porter ses richesses et cher-

cher la mort dans la Palestine. Cette fureur devient
épidémique ; elle embrase jusqu'à cet âge timide,
dont la douceur et la faiblesse sont le partage. Des
armées d'enfans abandonnent leur patrie, et vont
aussi chercher en Orient une fin prématurée, à peu
près comme ces armées de langoustes qu'un vent
propice aux laboureurs entraîne au milieu des flots.
Mais les esprits une fois enflammés, n'ont plus besoin
du tombeau du Christ pour alimenter leur zèle (b).
Faut-il rappeler l'affreuse expédition de Simon de
Montfort contre les Albigeois ; dans une seule ville
soixante mille hommes égorgés [1], dont sept mille
dans une église, et cette suite abominable de cruautés, qui surpasse la fureur des autres croisades,
comme toute guerre civile est plus cruelle qu'une
guerre extérieure ?.... Dans cette alternative de
désastres éloignés et de plaies intérieures, le seul espoir de la France, le seul roi humain et bienfaisant,
attaqué à son tour de la maladie générale, s'empresse
d'ensevelir en Égypte et sa famille et ses trésors.
Revenu dans ses foyers, il se dégoûte d'être législateur, veut se faire jacobin, et va mourir sur la cendre

(b) *Bon! bon! bon! On ne saurait trop souvent peindre
ces abominations, que tous les moines voudraient recommencer.*

[1] Béziers. Lorsque les croisés montèrent à l'assaut, ils
demandèrent au légat comment ils feraient pour distinguer
les catholiques d'avec les hérétiques : « Tuez-les tous, dit-il,
« Dieu reconnaîtra ceux qui sont à lui. »

dans les sables de l'Afrique. Des guerres avec l'Empire et les Flamands, ainsi que les guerres intestines des grands vassaux, continuent d'ensanglanter la scène, jusqu'à ce qu'un plus grand théâtre de carnage et de deuil s'ouvre à l'avènement de Philippe et d'Édouard. Les Français gouvernés, tantôt par un roi téméraire, tantôt par un fourbe politique, sont à peine parvenus à se débarrasser des étrangers, que la fureur des conquêtes leur reprend. L'Italie est pour eux une nouvelle Palestine. Une grande querelle s'élève entre les rois de France et la maison d'Autriche, querelle qui n'a proprement fini qu'au traité d'Utrecht, ou si l'on veut, à celui de Versailles. Les guerres de religion se joignent aux guerres d'ambition, et la France à peine échappée aux Anglais, est dévastée par les Allemands, les Suisses et les Espagnols. Enfin, depuis Clovis jusqu'à Louis xiv, je ne vois que l'espace entre le traité de Vervins et la mort de Henri iv qu'on puisse regarder comme une véritable paix. *(c)*

Aux malheurs que cause la fureur, se joignent tous ceux qui prennent leur source dans l'ignorance. La médecine, la physique, négligées, laissent l'humanité en proie à tous les maux *qui sont son héritage* [1]. Une maladie affreuse, née de la misère et de

(c) *Je l'ai dit, et j'en suis bien aise.*

[1] *Which (d) flesh is heir to.* Shakespeare, dans *Hamlet.*

(d) *That.* *

* On voit que Voltaire aimait aussi l'exactitude dans les citations.

la malpropreté, la lèpre, devient en France un mal épidémique. Nous voyons que Louis VIII légua cent sous à chacune des deux mille maladreries qui étaient dans son royaume. Supposez vingt malades par hôpital, voilà quarante mille pauvres lépreux dans un état qui n'avait pas le tiers de l'étendue de la France, telle qu'elle est de nos jours. Le commerce, que l'intérêt précède, mais que la raison suit toujours, n'ose se montrer aux Français, ou, s'il paraît un moment, il est persécuté par le fanatisme, ou dépouillé par l'avarice. Si Jacques Cœur en fait entrevoir les avantages, ce n'est pas pour inspirer l'amour de cette profession utile, c'est pour éveiller l'envie cruelle. Il est contraint de fuir la nation qu'il a enrichie, et il laisse aux Lombards et aux Juifs le soin de le venger [1].

[1] Jean-sans-Terre, roi d'Angleterre, ayant demandé une somme d'argent à un Juif qui prétendait ne pouvoir la fournir, le fit jeter dans une prison, où on lui arrachait tous les jours un certain nombre de dents, afin de le résoudre à tout donner. Cette barbarie était commune alors, et c'est un exemple des mœurs du bon vieux temps. Il paraît, au reste, que les Anglais ont connu plus anciennement que nous les avantages du commerce et de l'agriculture. On en peut juger par une loi d'Athelstan, prince de la dynastie saxonne, qui portait que tout négociant qui aurait fait à ses dépens trois voyages de long cours, et tout laboureur qui aurait gagné de quoi s'acheter un domaine de cinq cents acres, serait élevé à la dignité de *thane*; ce qui revient à peu près à celle de baron. Voy. Hume, *History of England,* *append. I.*

Ces derniers, plus odieux au christianisme, furent traités souvent avec une barbarie incroyable : mais on ne se souvint jamais qu'ils avaient crucifié le fils de Dieu, qu'au moment où Dieu avait permis qu'ils s'enrichissent (*e*). Enfin, pour achever ce tableau sinistre, nous dirons que l'intolérance a toujours régné en France avec autant d'acharnement que partout ailleurs, quoique l'inquisition ne s'y soit montrée que du temps des Albigeois. Mais lorsque les cours sont infectées du fanatisme, les princes et les ministres deviennent eux-mêmes inquisiteurs, et il n'importe guère à qui l'on doive répondre, de Charles ix ou du pape. Je ne rappellerai pas ici le massacre de la Saint-Barthélemi, ni cette longue suite de tragédies dont il a été suivi : je ne dirai pas non plus, pour excuser la France, que, sous le règne très court de la reine Marie, huit cents hérétiques furent brûlés en Angleterre, et qu'on a calculé que sous Philippe ii (*f*), plus de quarante mille personnes ont péri sur l'échafaud pour cause de religion : tous ces faits sont trop connus, et ils ont déjà été dévoués à l'horreur des siècles à venir par cette main étonnante qui tient à la fois la palette de Rembrandt et le pinceau de l'Albane. Je me contenterai donc de terminer ce chapitre par quelques réflexions sur ce que l'on appelle *le bon vieux temps*.

(*e*) *Fort joli.*

(*f*) *En effet, l'inquisition et les évéchés furent les sujets de la guerre.*

(g) D'où peut venir cette manie d'exalter les temps passés pour dénigrer ceux où nous vivons? n'en doutons pas, de l'amour-propre qui en reçoit un double profit par la comparaison que nous faisons de nous-mêmes avec les hommes que nous condamnons, et par une supériorité encore plus marquée que nous donne la connaissance des âges précédens, auxquels nous semblons nous identifier en quelque sorte, lorsque nous en faisons l'éloge. On applique à l'antiquité les idées qu'on a de la parenté. Les plus avancés en âge croient en être plus proches d'un degré; ils en partagent les honneurs et la préconisent aux générations qui commencent [1]. En général, les vertus de nos ancêtres n'excitent pas notre jalousie. Nous nous croyons plus éclairés de les connaître, et plus sages de les louer. Au contraire, celles de notre âge nous offusquent; nous craignons de les envisager [2]. Cette erreur de l'amour-propre, cette *méprise de sentiment,* suivant l'expression ingénieuse d'un philosophe moderne, ne mériterait qu'un sourire du sage, s'il n'en résultait pas le plus grand inconvénient pour les progrès de la raison humaine. Quoi de plus décourageant en effet, que cette per-

(g) *Bravo! bravo!*

[1] . . . . « Laudator temporis acti
« Se puero.... »   (Hor. *de Art. poet.*)

[2] « Quod naturaliter audita visis laudamus libentius; et « præsentia invidiâ, præterita veneratione prosequimur; et « his nos obrui, illis instrui credimus. » (Vel. Paterc. ii, 92.)

suasion que nous allons toujours nous détériorant !
Quoi de plus dangereux que de ne relever nos fautes,
qu'en nous rappelant à des temps où les connaissances utiles n'étant pas assez développées, les hommes n'ont pu faire le bien qu'au hasard et par in-
stinct ! Développons cette idée.

La guerre se fait sous de mauvais auspices ; une
campagne tourne malheureusement ; les officiers particuliers, trop soigneux de leurs intérêts dans la ma-
nutention de leurs troupes ; les officiers généraux,
trop occupés de leurs équipages, de leurs commodités et de leur faste, ont négligé de maintenir l'ordre et la discipline (*h*), le service se fait sans émulation et sans régularité ; la déprédation, l'esprit de
fraude et de brigandage se répandent dans toutes les
branches de l'administration ; des défaites, des pertes
considérables sont les fruits de ce relâchement ; le
découragement s'empare du militaire, et le mécontentement gagne tous les citoyens.... Il faut un remède ; mais tandis que les bons esprits le cherchent
dans l'établissement d'une discipline facile et naturelle ; dans les moyens de faire concourir le bien
particulier avec le bien général ; dans cet artifice in-
nocent qui consiste à donner le change aux passions,
en plaçant l'honneur entre l'ambition et la fortune ;
enfin, dans le choix d'un chef éclairé dont la fermeté
contrebalance le relâchement général, tous les rai-
sonneurs vulgaires vont répétant que l'esprit de la

(*h*) *Bien vrai.*

nation est perdu; on se dit, on se demande où sont les Couci, les Châtillon, les Bayard? On croit rappeler cet esprit des temps passés en le reproduisant dans de vaines exagérations, et l'on s'imagine qu'on fera mieux servir un roi clément et aimé, en supposant qu'autrefois les bourgeois de Calais ont adoré un mauvais prince. [1]

Il en est de même pour les affaires de l'administration. Si une suite de guerres ruineuses a obéré l'état et rejeté sur la génération présente les excès de la génération passée, on ne s'avise pas de dire qu'il faut tâcher de réparer, par une longue paix, les brèches faites par de longues guerres (i), que le meilleur moyen de soutenir les dépenses est d'augmenter les richesses; que plus un peuple paye, plus il doit avoir de liberté dans son commerce et son industrie; qu'une agriculture encouragée, une sage répartition des im-

---

[1] Philippe de Valois fut véritablement un prince malhabile et un tyran. Il fut malhabile, en ce qu'il fit mal ses affaires au dedans et au dehors; il fut un tyran, en ce qu'il fit périr un grand nombre de ses sujets par des jugemens illégaux. Il a été la première cause des malheurs que la France a éprouvés jusqu'au règne de Charles vii (k). Au reste, ces réflexions ne doivent attaquer en aucune façon le mérite d'un auteur dramatique très estimable par ses talens et ses qualités personnelles. Ce n'est pas l'intention de cet auteur, mais c'est le fanatisme d'un certain public gauchement adulateur, qu'on prend la liberté de critiquer.

(i) *Bien sage.*

(k) *Bravissimo!*

pôts, des chemins, des canaux, une exportation libre, sont les véritables ressources du trésor royal. Au lieu de faire ces réflexions, on remarque que les laquais portent des bas de soie, que les maisons des grands sont plus commodes, et que les financiers ont des maîtresses. Autrefois, dit-on, on ne portait ni velours ni dentelles; on n'avait ni garde-robes, ni cabinets de toilette : la monarchie sera bientôt renversée.

Je le répète, tout cela ne serait que risible, si ces sottises, si ces lieux communs ne produisaient d'autre effet que l'ennui et l'importunité; mais le grand inconvénient des préjugés populaires, c'est qu'en présentant un mauvais raisonnement tout fait, ils empêchent d'en imaginer un bon. Un écrivain célèbre remarque que sous le règne de Louis XI [1] la peste et la famine ayant tour à tour désolé la France, le seul remède qu'on sut opposer à ces fléaux fut d'ordonner des prières et des processions. Cet exemple revient très naturellement à notre sujet, parce que le plus grand mal de la superstition n'est pas de commander de vaines cérémonies et des jeûnes inutiles, mais de persuader aux hommes qu'on a trouvé un remède à leurs maux. C'est un traité suggéré par l'ignorance pour accorder la terreur et la

---

[1] Ce fut sous ce règne qu'arriva le fameux *sac de Dinan*. Huit cents personnes échappées au carnage furent condamnées au supplice. Ces petites exécutions étaient encore dans le *protocole* du *bon vieux temps*.

paresse. Que la contagion se répande parmi les hommes, on ordonne des processions, et on ne cherche ni les causes ni les remèdes de l'épidémie : que les mulots dévastent les campagnes ; que les vers rongent les vignes ; encore des processions, et point de physiciens. Or, ce qui arrive habituellement dans nos provinces ne diffère pas de ce que nous voyons tous les jours dans les meilleures maisons, dans les sociétés les plus à la mode. *Le bon vieux temps* est une superstition morale : elle passera comme les autres ; mais elle passera plus tard, à cause des idées de vanité auxquelles elle s'est liée : il n'est donc pas inutile de la soumettre à quelques observations.

Je voudrais bien savoir d'abord quelle époque de l'histoire on prétend choisir pour objet de son culte. Ce n'est pas, à ce que j'espère, l'âge des Frédégonde et des Brunehaut, encore moins celui des rois fainéans et des maires du palais. Charles-Martel, Pepin et Charlemagne furent à la vérité de grands hommes ; mais Tamerlan, mais Pierre 1er étaient aussi de grands hommes, et nous n'admirons pas pour cela les Tartares et les Russes. Nos ancêtres, sous Charles-Martel, pillèrent les ecclésiastiques qui avaient pillé leurs pères ; Charlemagne, après avoir versé des flots de sang, donna des lois à des peuples barbares. Avant lui, tout était informe et brut ; mais il fut cruel lui-même : c'était un lion qui régnait sur des loups. Pour les Carlovingiens, il faut les oublier, ainsi que les premiers Capétiens. Reste donc Philippe-

Auguste et Saint-Louis. Voici le droit féodal établi :
la noblesse est dans toute sa splendeur, les croisades ont exalté son courage; l'âge d'or de la chevalerie a commencé. Mais consultez l'*Essai sur
l'histoire générale* (le modèle des ouvrages *histo-
rico-philosophiques*), consultez M. Hume, illustre
dans la même carrière; l'abbé Velly lui-même, le
premier de nos historiens qui se soit souvenu qu'il
y avait des mœurs et des lois; vous verrez que ces
généreux croisés furent perfides envers les Grecs et
les Sarrasins, traîtres et injustes entre eux-mêmes,
cruels et avares envers tous. Ouvrez toutes les his-
toires, vous apprendrez comment Charles d'Anjou et
ses successeurs se conduisirent dans leurs conquêtes. Les *Vêpres siciliennes* ne nous ont retracé pendant long-temps que la perfidie des Italiens; qu'elles
nous apprennent une fois quelle fut la tyrannie de
leurs vainqueurs : le jeune Conradin mourant sous la
main du bourreau, André de Hongrie assassiné par
sa femme, le poison et le fer désolant à l'envi les
plus belles contrées de la terre; voilà quelles sont
les œuvres du bon vieux temps.

En voulez-vous d'un autre genre ? Voyez la femme
de Philippe-le-Hardi, accusée d'empoisonnement par
un barbier, et justifiée par une béguine; voyez les
trois brus de Philippe-le-Bel convaincues d'adultère;
Enguerrand de Marigny immolé à la jalousie de
Charles de Valois; et comme le vil interêt, l'avarice
sordide, accompagnent toujours les mœurs féroces,

lorsque Philippe-de-Valois se trouvera aux prises avec Edouard III, ce ne sera par tout le royaume que trahisons, que perfidie. Les premiers officiers, les principaux domestiques de Philippe seront achetés et pensionnés par l'Angleterre. Bientôt les assassinats succéderont aux infidélités, et le vol sera suivi du meurtre. Les meurtres du connétable Lacerda, du duc de Bourgogne, du duc d'Orléans, sont les plus célèbres; mais de combien d'autres crimes plus obscurs ont-ils été suivis ou précédés? Si Charles VII fait luire un seul beau jour sur la France, de quel règne affreux son règne brillant, mais pénible, n'est-il pas suivi? Il me semble que le siècle présent n'est guère disposé à recevoir pour excuse des crimes de Louis XI, que ce prince ait mis les rois *hors de page*. Son avarice, sa fourberie et sa cruauté ne trouvèrent que trop d'imitateurs parmi ses sujets. Aussi lorsque Charles VIII marche à une conquête assez légitime, si quelque conquête peut l'être, voyez quelle opinion on a des Français dans cette Italie, déjà si corrompue. Vos auteurs vous peignent les Italiens comme des traîtres, et ils n'ont pas tort; les auteurs italiens vous peignent comme des hommes féroces, avides et débauchés, et ils n'ont pas tort non plus. Lisez surtout Guicchardin, et vous verrez ce qu'il pense des *barbari Francesi*.

Nous admirons François Ier: et parce qu'il a dit à Charles - Quint qu'*il avait menti par sa gorge*, nous croyons qu'il était plus brave et plus généreux

que cet empereur. Des auteurs modernes plus im-
partiaux [1] ont prouvé que François 1er, quoique
très brave, était bien plus étourdi, mais non pas
plus valeureux que Charles-Quint; qu'à la vérité il
combattit comme un chevalier, mais qu'il faussa sa
parole, et employa la subtilité pour éluder les en-
gagemens qu'il avait pris. D'ailleurs, on sait assez
que ce prince ne fit pas régner la justice. Des commissions iniques et arbitraires jugèrent les princes et
les hommes d'état. Le fanatisme se réveilla. On se
souvient des terribles exécutions faites par d'Op-
pède et Guérin, à Cabrières et à Mérindol. Les hérétiques furent poursuivis, les gibets furent dressés et
les bûchers allumés, tandis que François s'alliait avec
les Turcs, et conversait avec Clément Marot.

Je ne parlerai des guerres civiles qui ont rempli
l'intervalle de ce prince à Henri IV, que pour faire
une seule observation : c'est que bien des gens croient
mal à propos que ce sont les Italiens introduits par
les Médicis qui ont corrompu les mœurs de la nation
et détruit l'ancien esprit de chevalerie. Quant aux
mœurs, ceux qui savent de quelle maladie sont morts
François 1er et Louis XII; ceux qui ne s'étant pas
même donné la peine de s'instruire des anecdotes
de ce temps-là, se sont contentés de lire les épi-
grammes de Clément Marot, et le charmant, mais
très obscène ouvrage du curé de Meudon, ouvrage

[1] Voyez *Essai sur l'Histoire générale*, et la *Vie de François 1er*, par M. Gaillard.

dédié à un cardinal; ceux-là, dis-je, pourront se faire une idée de la peine qu'il en aura coûté aux Médicis pour rendre les Français libertins. Les bonnes mœurs, comme nous aurons occasion de le prouver dans la suite, ne sont pas les fruits de l'opinion, mais du travail : elles ne se trouvent pas parmi les gens riches et oisifs; elles fuient surtout ceux qui vivent dans les dangers et dans l'agitation. *Vie périlleuse* et *vie licencieuse*, sont synonymes. La chevalerie ne dut pas être plus exempte de libertinage que le métier des contrebandiers et des matelots.

Un savant académicien s'est plu à parer des grâces attiques le portrait de nos anciens chevaliers; comme s'il eût voulu faire passer dans leur caractère la douceur de ses mœurs et l'aménité de son style : mais sa candeur, vraiment digne de son sujet, ne lui a pas permis de soutenir trop long-temps notre enthousiasme; et, semblable à cet orateur attendri des larmes de son auditoire, il nous avertit, dans son dernier mémoire, qu'il n'y a peut-être pas un mot de vrai dans tout ce qu'il nous a conté de la vertu des chevaliers. Je m'en tiens à son dernier mot, et je crois avec lui que « la chevalerie n'était qu'une société « pédante et cérémonieuse d'hommes ignorans et « querelleurs. Que la religion ne fut pas mieux servie « que l'état par la plupart d'entre eux. Qu'ayant fait « vœu d'exalter et de défendre l'un et l'autre, ils « avaient été revêtus par les églises des titres

« d'avoués, de vicomtes, etc. ; et que cependant ils
« n'avaient cessé d'abuser de leurs pouvoirs, au pré-
« judice de ceux même qui s'étaient mis sous leur
« sauve-garde. Que protecteurs de nom et oppres-
« seurs réels, ils s'étaient emparés des biens qu'ils de-
« vaient défendre, ce qui avait même donné origine
« aux dîmes inféodées. Qu'astreints particulièrement
« à des obligations journalières, ils croyaient avoir
« acheté, par quelques pratiques, le droit de violer
« toutes les lois du christianisme. Que si leur reli-
« gion n'était qu'un amas confus de superstitions, on
« ne doit pas se former une autre idée de leur ga-
« lanterie et de l'innocence de leur commerce avec
« les dames. Que de même qu'il n'y avait qu'un pas
« de leur dévotion à l'irréligion, il n'y avait aussi
« qu'un pas à faire de leur fanatisme en amour au
« plus affreux libertinage. Que jamais on ne vit des
« mœurs plus corrompues, et que jamais le règne
« de la débauche ne fut plus universel. Qu'elle avait
« des rues et des quartiers dans la ville de Paris ; et
« que Saint-Louis même s'était plaint qu'à l'armée
« on avait établi un mauvais lieu derrière sa tente.
« Qu'il faut se défier des éloges qu'on donne aux
« siècles passés, et que deux ou trois cents ans avant
« Marot, on avait regretté comme lui le train d'amour
« qui régnait au bon vieux temps. Que l'ignorance
« profonde des chevaliers, et la confiance qu'ils fu-
« rent obligés de donner aux gens de justice, devint
« la source de toutes sortes de procès : enfin, que

« ces nouveaux tyrans du peuple en trouvèrent à
« leur tour de plus dangereux encore dans les clercs
« et les ecclésiastiques, qui étaient devenus les offi-
« ciers de justice, hommes ignorans et sans mœurs,
« qui ne connaissaient que les calculs des finances
« et les subtilités de la chicane. »[1]

Que pourrait-on ajouter au témoignage de ce savant auteur, auquel on n'aurait à reprocher qu'une
prévention trop favorable? Concluons, et disons que
pour regretter le *bon vieux temps*, il faut en avoir
l'ignorance. Il est vrai que cela n'est pas encore fort
rare de nos jours.

[1] Voyez cinq *Mémoires sur la chevalerie*, par M. de **La
Curne de Sainte-Palaye.** (*Mémoires de l'Académie des In-
scriptions*, tome xx.)

CHAPITRE III.

De l'influence de la renaissance des lettres sur le sort de l'humanité.

MAINTENANT que nos observations rapides, mais étendues, nous ont conduits à une époque bien voisine de nos jours, il est nécessaire de nous en rappeler l'objet principal. Nous avons voulu examiner si les hommes avaient atteint jusqu'ici le degré de bonheur auquel ils peuvent prétendre dans l'état de société ; et non contens d'avoir prouvé qu'ils en étaient restés très éloignés, nous avons cru devoir entrer dans quelques détails sur les obstacles qui ont dû retarder leurs progrès. Nous avons interrogé l'histoire, et dans plusieurs milliers d'années que ses fastes nous ont offerts, nous n'avons que trop bien reconnu la proportion des causes avec les effets ; nous ne nous sommes que trop bien convaincus que, non-seulement les peuples n'avaient pas connu le vrai bonheur, mais encore qu'ils n'avaient jamais pris le chemin qui pouvait les y conduire. Notre surprise a diminué, mais notre affliction s'est augmentée, lorsque nous nous sommes assurés que les gouvernemens les plus estimés, les législations les plus révérées, n'ont jamais tendu à cette unique fin de tout gouvernement : *Le plus grand bonheur du*

plus grand nombre d'individus. Mais, en récom-
pense, à cette triste vue sur le passé, nous avons
senti naître en nous-mêmes un espoir bien doux
pour les siècles à venir, une opinion bien consolante
sur le siècle présent. Nous avons moins admiré nos
ancêtres; mais nous avons mieux aimé nos contemporains, et plus espéré de nos neveux. Il ne nous
reste donc plus qu'à lever toutes les objections qui
pourraient empêcher le lecteur de partager cette
disposition : c'est pourquoi nous essaierons de lui
prouver, 1°. qu'il existe maintenant un principe de
perfectibilité, une cause d'amélioration; 2°. que ce
principe et cette cause ont déjà agi d'une manière
très sensible.

Que des imaginations vives, des esprits subtils
se soient amusés à mettre en question si les sciences
sont utiles à l'homme, ces doutes, souvent affectés,
ne porteront jamais que sur la comparaison de
l'homme dans l'état de nature et dans l'état social :
de quelque parti qu'on se range, on s'accordera, du
moins dans ce principe, que l'homme en société ne
saurait jamais être trop éclairé. Placé dans un système physique, politique et moral, cette petite partie
d'un grand tout, ses devoirs naissent de ses rapports; et cet être aurait acquis la perfection de la
morale, qui saurait parfaitement comment il doit
coexister avec les autres. Nul doute donc qu'il n'y
ait une science, une doctrine pour chaque individu;
qu'il n'y en ait une pour les sociétés, pour les em-

pires, pour les hommes en général. Mais cette science si nécessaire, pourquoi est-elle en même temps si difficile à acquérir ? Nous plaçons l'époque de la renaissance des lettres vers le quinzième siècle ; voici le dix-huitième qui s'avance, et au bout de trois cents ans, une étude si importante est encore à ses premiers rudimens ! D'ailleurs, les lettres, avant que de renaître, avaient eu une vie, une existence marquée : pourquoi pendant ce règne sensible, quoique momentané, n'ont-elles produit aucun des effets que nous en attendons maintenant ? Ces deux objections sont importantes. Nous avons voulu les prévenir, nous allons y répondre.

Pour mieux y réussir, usons un moment de la dialectique de Socrate, et demandons à notre adversaire supposé, s'il n'a jamais vu des particuliers posséder des bijoux, et n'avoir pas de meubles ; des grands seigneurs occuper des palais magnifiques, et manquer du nécessaire ; des princes tenir des cours somptueuses, donner des spectacles, des fêtes, et n'avoir ni troupes ni argent ? S'il ne peut le nier, je lui demanderai pourquoi il veut que les hommes pris en général se conduisent plus conformément à leurs intérêts que les hommes pris individuellement ? Il est sûr que de bonnes lois sont plus utiles que de belles glaces, et des grands chemins plus nécessaires que des habits de velours. Cependant nous avons perfectionné les miroirs (a) avant

(a) *C'est qu'il y avait beaucoup à gagner pour ceux qui*

les lois, et les manufactures avant les chemins. C'est
que le réveil de la raison n'a pas dû ressembler à
un développement progressif et naturel; c'est que
mille circonstances ont influé sur ses premiers
efforts, et en ont changé la direction. Notre défaut
en général est de considérer les choses d'une manière trop abstraite, et de nous former des notions
d'après certaines expressions, qui ne sont souvent
que des figures, ou des formules abrégées pour
nous rappeler nos idées. En effet, les mots de *renaissance des lettres*, d'*enfance de la raison*, de
développement des connaissances, se présentent
bien plus facilement à notre esprit que toutes les
circonstances qui ont accéléré ou retardé la marche
de nos progrès.

On sait que lors de la destruction, ou du moins du
dernier avilissement de l'empire grec, les muses (*b*)
fugitives cherchèrent un asile en Italie. C'en est
assez pour satisfaire notre curiosité. On voit les
sciences transplantées dans un sol nouveau, y jeter
de profondes racines, croître, étendre leur ombrage,
produire beaucoup de fleurs et enfin quelques fruits.
On s'accoutume à ne plus envisager un objet si
intéressant que sous un pareil point de vue; l'imagination est contente, le jugement se repose. Cependant les Italiens ont prouvé, par de profondes

*fesaient des glaces et du velours, et rien pour ceux qui au-
raient fait des grands chemins.*

(*b*) *Les savans en grec, mais non les muses.*

dissertations, que la renaissance des lettres parmi eux n'était pas due uniquement à l'arrivée des Grecs. En effet, le Dante et Pétrarque avaient précédé les Lascaris et les Hermonyme *. Et si l'harmonie et les grâces de l'Arioste sont dues aux leçons de ces derniers (c), il faut avouer que ce sont des fruits bien doux et bien précoces. Il est donc d'autres principes auxquels nous devons recourir, et il paraît naturel de les chercher dans la situation politique de quelques états de l'Europe.

M. de Voltaire a très bien observé que pendant un assez long espace de temps, Rome avait été véritablement la capitale du monde chrétien, et le pape une espèce d'*autocrate*, de monarque universel [1]. Mais cet empire, qui ne tenait qu'à l'opinion,

* George Hermonyme, Spartiate, vint à Paris, sous le règne de Louis xi, y professa le grec, et compta parmi ses disciples Reuchlin et le célèbre Budée.   R.

(c) *Non, mais au génie de l'Arioste, qui surpassa Boiardo.*

[1] Bodin observe (Liv. i, ch. ix) que les rois d'Angleterre, d'Aragon, de Naples, de Sicile, de Jérusalem, de Pologne, de Sardaigne, de Corse, des Canaries, et même de Hongrie, étaient à la fois tributaires et feudataires du saint-siége.

L'auteur saisit l'occasion de cette note qu'il a ajoutée dans sa nouvelle édition, pour se justifier auprès de certains lecteurs qui l'ont accusé de chercher les termes scientifiques. Ces lecteurs n'avaient trouvé, selon toute apparence, le mot *autocrate* que dans les gazettes, parmi les titres des souverains de Russie; mais s'ils avaient bien

ne pouvait joindre la magnificence à l'autorité, l'agréable à l'utile, à moins qu'il ne fût attaché à quelque souveraineté temporelle, à moins qu'il n'eût quelque domaine assuré où l'on pût réaliser les fonds produits par le commerce de la parole et par l'agiotage spirituel. Avant le quinzième siècle, soit que les pontifes résidassent à Rome, soit qu'ils cherchassent un asile dans Avignon; toujours en presse entre une populace rebelle et des empereurs ambitieux, ou tout-à-fait obombrés par le souverain dont ils se rendaient presque les sujets, il leur fut impossible de songer à autre chose qu'à leur pouvoir et à leur orgueil. Il fallait donc, pour que les papes encourageassent les sciences, qu'ils habitassent toujours à Rome, et qu'ils y fussent en repos. Il fallait peut-être encore plus, il fallait qu'un Léon x occupât le trône pontifical.

Sans doute que si les lettres avaient à refleurir en Europe, ce devait être dans un climat doux et

voulu consulter quelques personnes plus instruites, on leur aurait répondu que ce mot signifie *celui qui ne tient sa puissance que de lui seul,* et ils auraient peut-être jugé que c'était le plus propre à rendre l'idée de l'auteur. Ceux qui ne connaissent pas le plaisir qu'on éprouve à voir une idée représentée par un seul mot, ne sentiront jamais le prix de la propriété dans le style. Ils estimeront également les traductions et les originaux, et ne mettront aucune différence entre Tacite et d'Ablancourt : ils seront bien heureux, car ils ne trouveront rien de mauvais; ils seront bien malheureux, car ils ne trouveront rien de bon.

sous un beau ciel, dans le pays où la nature s'empresse le plus de produire, et où l'homme a le moins de choses à lui demander. Ce devait être surtout chez un peuple que le commerce avait rendu riche, industrieux et curieux, et qui se rappelant la gloire de ses ancêtres, portait toujours en lui-même un germe d'émulation, une réclamation secrète contre la barbarie des temps. Qui ne reconnaîtrait à ce tableau l'Italie, et surtout Florence?... Florence! ville heureuse, et chère à tous les peuples, qui fut libre sans être ambitieuse, et riche sans être conquérante; nouvelle Athènes, mais plus aimable encore, et bien plus fortunée, puisque, loin de tomber sous le joug des tyrans, elle a paru plutôt abdiquer que perdre sa liberté, et ne l'a échangée en effet que pour le plus doux des gouvernemens.

Les Médicis, cette famille célèbre qu'un sexe a rendu si recommandable, et l'autre si odieuse aux peuples; les Médicis sont regardés avec raison comme les restaurateurs des arts et des sciences. Puisque personne ne leur refuse cet honneur, il paraît naturel d'examiner quels principes les ont conduits dans les encouragemens qu'ils leur ont prodigués. Ils furent tous riches et magnifiques; c'en est assez pour expliquer pourquoi ils ont aimé à élever des édifices, à donner des spectacles, à rassembler des statues, des tableaux et des livres. Ils eurent cependant encore un autre motif qu'il ne faut pas passer sous silence. Avant d'être souverains ils furent démagogues; ils furent obligés de ménager l'esprit des peuples, de se soutenir contre un parti opposé. Or, leur magnificence fut une des principales armes qu'ils employèrent. Machiavel rapporte que Julien et Laurent de Médicis, menacés de la terrible conjuration qui fit enfin périr l'un des deux, se flattèrent de la détourner en donnant au peuple une fête et un grand spectacle. Il paraît que Léon x ne fit que suivre le goût naturel de sa famille, ou son penchant personnel qui le portait vers toutes sortes de plaisirs : peut-être aussi voulut-il que les sens concourussent à affermir l'empire de l'opinion, et pensait-il en effet qu'il rendrait Rome plus respectable s'il l'embellissait. Quoi qu'il en soit, il est très sûr que la bonne philosophie, l'amour du bien et du vrai, n'eurent aucune part à ces premiers encouragemens, répandus plutôt parmi les arts et les sciences de pur agrément, que parmi les recherches sérieuses et utiles. Des souverains qui font construire et orner de magnifiques palais, doivent trouver des Michel-Ange, des Raphael, des Carrache : des hommes riches et puissans qui veulent se concilier le peuple par l'attrait du plaisir sont sûrs de former des poètes et des artistes. Ainsi le luxe, né en Italie du commerce et de la superstition, conduisit à Florence et à Rome les beaux-arts et les belles-lettres. [1]

Mais inutilement les princes voudraient-ils s'effor-

[1] Le siècle de Périclès fut le siècle des arts pour Athènes, parce que ce général célèbre employa à l'ornement de la

cer d'inspirer leurs goûts et leurs passions à leurs peuples, s'ils ne rencontraient pas une disposition naturelle dans les esprits, une circonstance favorable, et qui soit telle que tandis que l'un agit, l'autre soit du moins attentif. C'est en cela, je crois, que la subversion de l'empire d'Orient peut être considérée comme une cause secondaire de la renaissance des lettres. En effet, nous ne saurions trop le répéter, les Grecs ont été les plus grands ennemis de la raison. Bacon a dit assez plaisamment que toute leur philosophie portait le caractère de l'enfance; *prompte à babiller et inhabile à engendrer* [1]. Tant qu'il existait des écoles en Grèce, il restait, si j'ose m'exprimer ainsi, des manufactures de paroles qui répandaient la plus dangereuse contrebande dans l'empire de la raison. Ce fut un grand bien (*d*) pour elle que le sabre des Turcs vînt couper le nœud gordien de cette malheureuse dialectique. D'ailleurs, la subtilité grecque était devenue doublement contraire à la renaissance des lettres, parce qu'en s'exerçant sur des matières théologiques, elle tenait le saint-siége

ville tout l'argent que ses conquêtes et les contributions des alliés lui avaient produit.

[1] « Et de utilitate apertè dicendum est sapientiam istam, « quam è Græcis potissimum hausimus, pueritiam quamdam « scientiæ videri, atque habere quod proprium est puerorum, ut ad garriendum prompta, ad generandum invalida « et immatura sit. » BACON, *Instauratio magna.*

(*d*) *La raison a-t-elle tant gagné avec les Turcs ?*

perpétuellement en haleine, et prolongeait les disputes interminables des deux Églises. Les papes dûrent préférer la controverse de l'Alcoran à celle des Photius; ainsi la tranquillité, le repos des esprits disposa les peuples à l'attention dont les beaux-arts avaient besoin au moment de leur réveil.

C'était quelque chose que les hommes pussent être amusés; mais il y avait encore bien du chemin à faire avant qu'ils fussent susceptibles d'être instruits. Le faste, la vaine curiosité rassemble des livres, recueille des manuscrits; mais tandis que les grands achètent, leurs bibliothécaires lisent. On a souvent ouvert les cabinets pour en faire voir la magnificence; mais il y est entré des gens qui n'y cherchaient que la science. Cependant il dut arriver que l'étude des livres précédât l'étude des choses : des manuscrits se trouvèrent incomplets, des copies incorrectes. Il fallut pouvoir bien lire, avant de savoir lire utilement. On s'empressa de suppléer ou de rectifier; on compara les manuscrits, on vérifia les copies. Il fallait pour cela posséder parfaitement les langues mortes, et s'instruire profondément dans l'histoire. De ces études naquirent les commentateurs, les scoliastes, précurseurs, avant-garde de la science. Il en résulta deux biens. La doctrine devint plus facile et les esprits plus fins, plus adroits. Car, qu'il me soit permis de le dire ici, il n'y a que la vanité ignorante, la paresse présomptueuse, qui puissent affecter un faux mépris pour ces hommes respectables, à qui nous devons nos belles éditions *(e)*, nos illustrations des anciens auteurs [1]. Eh! que serions-nous sans eux? Dans ce siècle de plaisir et de dissipation, quel littérateur oserait seulement entreprendre ce qu'ils ont exécuté?

La magnificence des princes et le travail des premiers érudits parvinrent donc lentement à faciliter l'entrée de la science, en déblayant ainsi tous les décombres, toutes les ruines qui l'embarrassaient; mais cette science à laquelle on pouvait atteindre

(e) Les Dacier, les Calmet, ont plus fait qu'eux tous, et cependant ils sont très peu de chose.

[1] Les Scaliger, les Estienne, les Saumaise, les Rhodoman, les Gronovius, les Casaubon, ne sont tournés en ridicule que par ces prétendus lettrés, qui, ne lisant jamais que ceux des classiques que leurs régens leur ont jadis expliqués, se vantent de savoir le latin, parce qu'ils entendent quelque chose de quelques auteurs. Pour moi qui ne me pique pas d'une si grande facilité, je n'aime à étudier les anciens que dans ces précieuses éditions des *Variorum,* qui existent encore chez les curieux éclairés *(f)*; et je ne puis les lire sans admirer l'étonnante sagacité avec laquelle ces savans scoliastes ont rétabli et expliqué les textes par les mœurs et les usages, et les mœurs et les usages par le rapprochement d'un nombre infini de passages auxquels la plupart des lecteurs n'auraient fait aucune attention. C'est un hommage de reconnaissance que leur rend avec plaisir un amateur des lettres, qui ne prétend certainement pas à l'érudition.

(f) Cela est bien sage, modeste et honnête

n'était jamais que celle des anciens. Or, nous avons prouvé plus haut qu'elle n'avait encore fait aucun pas vers ce but universel de toute philosophie, *le plus grand bonheur du plus grand nombre d'individus*. Nous avons vu que toutes les législations n'avaient porté que sur de faux principes ; enfin, que jusqu'à nos jours la raison n'avait fait que s'agiter dans son berceau. Quand les études recommencèrent, on resta encore quelque temps plus éloigné du but qu'on ne l'avait jamais été. Telle est, en effet, la tournure de l'esprit humain, que, semblable à la sangsue, il ne se nourrit qu'en s'attachant. S'il s'applique à la lecture, s'il étudie, s'il commente les livres, les livres deviennent bientôt toute sa doctrine ; il les épouse, il les révère, et s'en occupant uniquement, il finit par mettre l'instrument à la place de l'ouvrage. Celui qui admire trop les auteurs les surpasse difficilement [1], et tout culte dégénère en superstition. Ainsi l'érudition, en aplanissant les voies au génie, en retarda cependant la naissance. D'ailleurs, elle ne vit le jour que sous l'empire de la crédulité. Un vaste rideau était tiré sur la nature : les hommes accoutumés à porter leurs regards vers le ciel, ne connaissaient pas la terre qu'ils foulaient sous leurs pas (g) ; la terre, ce vaste dépôt des archives

---

[1] « Vix enim datur auctores simul et admirari et supe- « rare. » BACON, *Instauratio magna.*

(g) *Il semble parler des astronomes.*

du monde , ce sanctuaire de la nature où l'esprit ne trouve pas moins sa nourriture que le corps.

Si dans les beaux jours de la Grèce, sous le règne de la liberté , les disputes philosophiques suffirent pour mettre tous les esprits en mouvement, pour s'emparer de toute l'attention, pour faire négliger toute autre étude ; quels désordres ne dûrent-elles pas produire lorsque les intérêts du ciel y furent réunis, lorsque le salut des âmes fut attaché à des sophismes , et lorsque l'intolérance la plus rigoureuse, changeant perpétuellement de parti , fit marcher les supplices à la suite de toutes les opinions? Ce fut alors que la combustion fut générale dans l'ordre moral et dans l'ordre politique, et que les guerres civiles suscitèrent un nouvel obstacle aux progrès de la raison. Malheureusement celui qui avait le plus protégé les lettres devint la cause indirecte de leur désastre. Léon x les avait encouragées par sa magnificence ; mais sa magnificence avait épuisé son trésor, et il sentait qu'un trésor était très nécessaire pour conserver cet empire spirituel qu'il avait revêtu de tant d'éclat. Il imagina le commerce des indulgences (*h*) ; et comme l'excès des impositions est toujours le terme du despotisme , les âmes se révoltèrent , et commencèrent à trouver que le salut devenait trop cher. De là cette longue suite de guerres qui n'ont fini qu'à la paix de Westphalie, guerres qui firent perdre à l'empire de la raison tous ceux qu'elles

(*h*) *Alexandre v i en avait déjà vendu.*

enrôlèrent sous leurs drapeaux, et qui troublèrent, par leur fracas, les hommes plus sensés qui auraient voulu rester neutres.

Cependant l'impulsion ayant été une fois donnée, le mouvement progressif put bien changer de direction, mais non pas s'arrêter tout-à-fait. Les esprits ne s'éclairaient qu'en petit nombre; ils se polissaient en général. La poésie commençait à se perfectionner en France et en Angleterre; tandis que la physique, par quelques découvertes importantes, mais isolées, marquait déjà le chemin qu'elle devait faire un jour. Un génie sublime, l'illustre Bacon, l'avait tracé tout entier; mais il n'a trouvé des disciples que dans le siècle suivant. Montaigne, en écrivant cet excellent ouvrage, qui est encore le plus philosophique que nous ayons, ne produisit aucun effet de son temps (*i*); de façon qu'on peut dire de ces deux hommes étonnans qu'ils faisaient luire la lumière dans les ténèbres; mais que les ténèbres ne la comprenaient pas. Ainsi, l'esprit de système prévalut toujours dans la physique, et l'esprit dogmatique dans la morale.

Mais tandis qu'une lente fermentation se faisait sentir dans la république des lettres, une fermentation terrible bouleversait les sociétés politiques. L'ambition espagnole s'étant enfin brisée contre le courage de Henri et la constance des Hollandais, la

______

(*i*) *Il était trop décousu, trop contradictoire, trop vague; il ne pouvait rien établir; il compilait en homme d'esprit.*

haine et la vengeance gardèrent long-temps le masque de la crainte, et le cardinal de Richelieu sut fonder la supériorité de la maison de Bourbon, en persuadant à l'Europe qu'il la défendait encore de la maison d'Autriche. Les guerres de Louis XIII ressemblèrent à l'agitation des flots après l'orage. C'était un mouvement importun et tourmentant, mais dont le principe était affaibli. Les traités de Munster et des Pyrénées n'eurent pas plus tôt prescrit des bornes éternelles aux héritiers de Charles-Quint, que l'Europe s'aperçut avec surprise qu'elle n'avait fait que changer de maître (*k*). Louis XIV, né dans le temps où les dissensions étaient prêtes de cesser, profita heureusement de la satiété que tant de troubles avaient inspirée. Henri IV avait eu des guerres civiles à soutenir; Louis XIII, des révoltes à réprimer; Louis XIV n'eut que des tracasseries à apaiser. Sa jeunesse, sa figure, quelque chose de grand qui se faisait sentir dans ses goûts comme dans ses traits, portèrent l'enthousiasme dans des esprits rassasiés de théologie et ennuyés de la bigoterie des règnes précédens. Une dame que le jeune monarque venait de prier à danser, dit, en reprenant sa place : *Il faut avouer que ce prince est fait pour être le maître du monde.* Cette naïveté de l'amour-propre renfermait un grand sens, et toute la nation ne fit pas un meilleur calcul. En effet, pour la plupart des peuples, les princes ne sont pas seulement des chefs qui les gouvernent, mais des comédiens

(*k*) *Quelle hyperbole !*

qui les amusent. Si l'acteur joue bien son rôle, s'il a le port noble et majestueux, le dernier des sujets paie volontiers sa place, et s'embarrasse peu d'être foulé dans le parterre. Tous ces guerriers qui s'étaient signalés dans la guerre de *trente ans*, étaient encore pleins de force et de gloire. La jeunesse, qui les voyait, qui les écoutait, brûlait du désir de les égaler. Ainsi il n'y avait qu'un pas à faire des ballets du Louvre (*l*) aux frontières des Pays-Bas. La conquête de la Flandre et de la Franche-Comté annonça à l'Europe l'objet d'une longue terreur. Arrêté dans sa course par une nation à qui, cinquante ans auparavant, ce nom même était refusé, le monarque, ulcéré dans le fond de son cœur, sentit le dépit succéder à l'émulation. De là la guerre de 1672, qui, en le rendant odieux à l'Europe, prépara les défaites d'Hochstedt et de Ramillies. Mais tous ces grands événemens, connus d'ailleurs de tout le monde, n'entrent dans notre sujet qu'autant qu'ils nous font connaître l'esprit qui prévalut dans le siècle de Louis XIV, et qu'ils nous donnent une idée de ce prince célèbre, dont la cour, dont les états furent le premier asile où les lettres purent fleurir en paix.

Léon X n'avait été que magnifique et voluptueux; Louis aima aussi le luxe et les plaisirs, mais il aima de plus à faire la guerre. Comme Léon X, il éleva des palais, mais il fit construire des forteresses;

(*l*) *Non des ballets du Louvre, mais des batailles de Rocroy et de Lens....*

il donna des spectacles, mais il livra des batailles (*m*). Ainsi tous les esprits eurent leur emploi; et tandis que les talens et les arts suffisaient à peine à l'ornement d'une cour brillante, toute l'activité de la noblesse, toute l'attention, toute la vanité des peuples, étaient tournées vers la guerre. Le moyen que l'esprit philosophique fît de grands progrès en France (*n*)? Rappelez-vous toujours que j'entends par *esprit philosophique* celui qui, s'appliquant à la politique et à la morale, s'occupe particulièrement du bonheur des hommes.

C'est une chose assez curieuse d'observer, comme nous l'avons déjà fait en traitant du gouvernement féodal, quelle est la marche de l'esprit humain dans ses retours vers la raison. Comme le chemin qu'il a suivi dans cette occasion est très détourné, qu'il me soit permis de m'arrêter ici un moment, et même de rétrograder un peu, pour prendre les faits de plus haut.

S'il est vrai que dans les sciences morales on puisse observer toujours un progrès lent, mais continuel, de façon que les bonnes polices, les bonnes législations soient le dernier résultat de nos réflexions; il n'en est pas moins vrai aussi que dans

(*m*) *Par d'autres mains.*

(*n*) *Cicéron, Lucrèce, Memmius, César, pendant les guerres civiles; Montaigne, dans le temps de la Saint-Barthélemi; nous enfin, pendant l'impertinente et honteuse guerre de* 1756.

les sciences qui appartiennent de plus près à la physique, une découverte particulière, une circonstance
fortuite, peuvent nous ouvrir en un moment la plus
vaste carrière, et accélérer de beaucoup notre
marche. Telle fut l'invention de la boussole, qui
étendit tout à coup le commerce et la navigation, et
nous valut les richesses d'un monde qui nous était
absolument inconnu. L'Espagne profita la première
de ces trésors qu'elle dissipa dans les guerres de
Flandre et dans celles qu'elle ne cessa de fomenter
en France. Les Colomb et les Cortez, les Vespuce
et les Pizzare ne découvrirent et ne conquirent que
pour donner des évêques aux Flamands et pour nous
faire recevoir le concile de Trente. Tout l'or du nouveau Monde fut prodigué à ces efforts, qui pourtant
furent inutiles. Philippe ii, semblable en cela seul
à Philippe de Macédoine, compta plus sur ses nouvelles richesses que sur ses vieilles troupes, qui éga-
laient la phalange macédonienne. De là s'introduisit
en Europe ce nouvel axiome : que *guerre et dépense
sont une même chose.* De là vint cet usage moderne
de payer des subsides aux étrangers, et de faire entrer l'or et l'argent dans toutes les affaires politiques. Ces métaux devinrent alors les véritables
rois de l'Europe. Ce ne fut pas pour se procurer les
commodités de la vie, pour établir la correspondance
entre les nations, pour employer utilement les
hommes, pour multiplier les jouissances par les
échanges ; ce fut pour avoir de l'or qu'on entreprit

les voyages périlleux de l'Amérique et des Indes :
mais l'avarice et la véritable économie ont toujours
été deux choses opposées, et la soif des richesses
ne se trouve jamais réunie avec la sagesse qui veille
à leur conservation. La monarchie espagnole, devenant faible à mesure qu'elle devenait riche, n'en-
vahit le Portugal que pour en perdre les colonies
avec les siennes. Les Hollandais, sobres, patiens
et industrieux, s'emparèrent de cet or qu'on employait à leur préparer des fers; mais ils le prodi-
guèrent à leur tour, d'abord par une défense légitime, et ensuite par un principe d'obstination qui
confondit l'équilibre de l'Europe avec la ruine de
Louis xiv.

Cet équilibre si célèbre, et qui n'a été tourné en
ridicule que depuis qu'il est trouvé, était alors une
chose bien plus importante qu'on ne se le figure
maintenant. Quelle puissance, dit-on, peut prévaloir
sur toutes les puissances réunies? Aucune, sans
doute; mais il faut que les puissances aient le temps,
la volonté même de se réunir; il faut qu'elles soient
armées, il faut qu'elles soient riches. Je voudrais
bien savoir où l'on aurait trouvé des résistances, si
Henri iv eût été battu par Alexandre de Parme, et
si une infante d'Espagne, mariée à un prince lorrain,
eût gouverné la France sous les lois de Philippe ii.
Croit-on que l'union de Dordrecht se fût maintenue
long-temps? que la Suède eût porté ses armes en
Allemagne, et que les princes de l'Empire eussent

stipulé leur indépendance? La Savoie serait-elle parvenue à former un état, et le maître du Milanais, l'étant devenu de toute la Lombardie, n'aurait-il pas établi une communication sûre entre l'Allemagne, l'Italie, la France et l'Espagne? Voilà pour l'intérêt des princes; voici pour celui des peuples. Le despotisme espagnol n'aurait-il pas conduit sur ses pas l'intolérance dont il est inséparable? Un joug étranger ne se serait-il pas appesanti sur les peuples, et toutes les nations n'auraient-elles pas fléchi, comme les Américains, sous l'orgueil ignorant et sanguinaire d'un vice-roi castillan? Plaçons maintenant Louis xiv dans l'année 1667 : laissons-le continuer ses conquêtes en Flandre; et peut-être, pour y réussir, n'avons-nous besoin que de rendre faibles et vénales les âmes fortes et intègres des Temple et de Van Beuning; Louis s'emparera de la Flandre et du Brabant, et s'il veut bien s'arrêter là quelques momens, il se souviendra bientôt que ces Hollandais sont fort à sa convenance; qu'après tout, ce ne sont que des rebelles que ses ancêtres ont bien voulu protéger, qui ont même demandé des souverains à la France[1], et qu'il faut assujettir une fois pour leur propre bien. Louis a ses armées toutes prêtes; il ne lui reste que la Meuse à passer. A qui ce peuple infortuné aura-t-il recours dans de pareilles circonstances? Les Anglais armeront-ils une flotte, enver-

______

[1] Le duc d'Alençon, sous Charles ix.

ront-ils des troupes de débarquement (*o*)? Mais leurs vaisseaux ne seront pas prêts, mais leurs troupes ne seront pas complètes[1]. Et quand tous ces obstacles n'existeraient pas, la paix et la guerre dépendent du monarque, et le monarque est gouverné par une femme, par une Française, placée, soudoyée par Louis xiv[2]. Le Danemarck, la Suède, l'Empire, ne peuvent rassembler à temps des forces suffisantes. La Hollande sera donc conquise; et bientôt un jésuite, devenu rigoriste par ambition, alarmera le monarque conquérant sur les plaisirs dont il entremêle ses exploits; il persuadera au ministre de la guerre qu'il est de son intérêt d'employer des troupes, et que la paix n'est bonne qu'au contrôleur général. La persécution commencera dans les Provinces-Unies, et ces vertueux citoyens qui se rencontraient avec tant de plaisir en sortant des temples et des églises, se craindront, se haïront en communiant ensemble. La compagnie des Indes, ce grand empire territorial qui soutient le petit état commerçant de la Hollande, passera pour une société sans ordre et sans police : des commissaires du roi seront nommés pour le plus grand bien des actionnaires, c'est-à-dire pour leur ôter la liberté de discuter leurs

(*o*) *Hélas! Charles* II, *soudoyé contre les Hollandais, servit sous Louis* XIV.

[1] Les Anglais n'avaient pas alors six mille hommes de troupes réglées.

[2] La duchesse de Portsmouth.

propres intérêts. Le commerce sera soumis à des règlemens admirables, qui ne tarderont pas à le détruire, et les trois millions d'hommes qui peuvent exister dans tous les pays de l'Union, seront réduits à quatre à cinq cent mille gueux, qu'il faudra contenir par une armée soudoyée aux dépens des plus belles provinces de la France. Je laisse à penser si après cela l'Allemagne restera indépendante, si l'Angleterre défendra sa liberté contre les Stuarts? Voilà pourtant ce qui serait arrivé, si Louis XIV s'étant rendu maître, en 1667, de la Flandre et du Brabant, ne se fût pas vu obligé trois ans après de faire un long détour pour attaquer la Hollande du côté du Rhin. Nous le disons sans flatterie (quoique nous ne craignions pas d'être contredits en cela par les puissances): ce qui peut arriver de plus heureux en général à tous les peuples, c'est de conserver leurs princes et leur gouvernement. Les progrès de la raison doivent tendre plutôt à perfectionner qu'à changer; et de tous les fléaux politiques, les conquérans sont les plus dangereux.

Il est donc un équilibre raisonnable, un équilibre nécessaire. Il consiste à disposer les forces de l'Europe, de manière que les états les plus faibles soient à l'abri d'un coup de main, d'une invasion soudaine et rapide. Or, pour y parvenir, il faut le concours de deux moyens : 1°. les alliances défensives, qui ne permettent pas au plus fort d'attaquer le plus faible sans s'exposer à une guerre longue et douteuse ;

2°. une disposition de frontières qui soit telle, qu'elle donne le temps au dernier d'avoir recours à ses alliés. Ce concours existe en Europe parmi toutes les puissances du second ordre; chez les Hollandais, par leur alliance avec l'Angleterre, et par le *traité de barrière*, qui interpose un certain nombre de places autrichiennes entre la France et les Provinces-Unies; chez les Suisses, par leurs alliances avec la France et le roi de Sardaigne, et surtout par les défilés inaccessibles qui les séparent des Autrichiens. Tout ce qui se trouverait hors de ce *nisus* général, de cette résistance réciproque, deviendrait un obstacle au repos de l'Europe; ce serait une source d'ambition dans les conseils, un germe de défiance dans les cours respectives; et c'est cette considération qui soutient les nombreuses armées qui dévorent la subsistance des peuples : c'est aussi ce qui donne lieu à cette malheureuse activité des cabinets qu'on décore du nom de politique, et qui détourne pourtant les princes et leurs ministres de la véritable politique, celle qui n'a pour toute fin que le repos et le bonheur des hommes.

N'insistons pas davantage sur un objet auquel nous ne serons encore que trop obligés de revenir, et contentons-nous d'observer que cet équilibre, bien ou mal fondé, solide ou idéal, fut une nouvelle source de dépenses qui dissipa tout l'argent que les puissances commerçantes avaient enlevé aux puissances conquérantes; de sorte qu'elles se trouvèrent toutes dans un épuisement égal, et dans le même besoin de faire la paix. Mais l'espérance et la crainte, l'obstination et la jalousie, passions aussi communes parmi les gouvernemens que parmi les individus, ne permettaient plus d'écouter la voix de la raison.

L'ivresse de la gloire, les débauches de l'ambition ont cela de commun avec celles de la plus vile canaille, que le moment de payer est le premier avertissement qui rappelle le bon sens et ramène la réflexion. Les Français, en payant des tailles excessives, commençaient à sentir que la gloire *du roi leur maître* leur devenait un peu chère, et les Anglais, en mesurant la masse énorme de leurs dettes, s'aperçurent à leur tour que l'abaissement *du grand monarque*[1] abaissait aussi leur fortune et leurs trésors. On convint généralement que la paix était préférable à la gloire, et que de riches moissons valaient mieux que des *Te Deum* et des feux de joie. Elle vint, cette paix si désirable, et son premier séjour sur la terre fut assez long pour ranimer notre espérance. Si nos passions, notre inquiétude naturelle, la firent encore disparaître, ses retours furent fréquens ; et, semblable à cet oiseau familier qu'on inquiète sans l'effaroucher, son vol ne fut pas étendu, et elle trouva toujours où se reposer.

C'est un grand avantage que la paix pour les progrès de la raison et de la philosophie, mais surtout

---

[1] C'est le nom que les Anglais donnent encore au roi de France dans leurs ouvrages politiques, ou plutôt satiriques.

lorsqu'elle est née de l'épuisement des peuples et de
la satiété des combats. C'est alors que toutes les idées
frivoles s'effacent, et que les corps politiques, comme
les corps organisés, sont avertis par la douleur du
soin de leur conservation : c'est alors aussi que l'esprit humain, exercé déjà sur des objets agréables, se
replie avec plus d'énergie sur les objets utiles : c'est
alors qu'on réclame avec succès les droits de l'humanité, et que les princes, devenus créanciers et dé-
biteurs de leurs sujets, leur permettent d'être heureux, afin qu'ils soient plus patiens ou plus sol-
vables.

Ainsi l'amour des richesses, après avoir causé les
maux de l'humanité, en devient le remède. Le temps
n'est plus où l'homme d'état, plus pédant que citoyen,
rapporte à de vieux usages tous les principes du
gouvernement. Les idées *féodales*, *fiscales*, *doma-*
niales doivent abandonner les tribunaux, et les mots
de *propriété*, d'*agriculture*, de *commerce*, de *liberté*,
seront substitués au vocabulaire barbare des écoles.
Les questions sérieuses et utiles seront agitées dans
toutes les conversations. Les gens de lettres deviendront patriotes, et les savans, citoyens. Une correspondance générale s'établissant parmi les esprits,
l'amour de l'humanité sera le ralliement commun,
qui réunira les gens du monde, les gens de lettres,
les savans et les artistes. Quiconque se rendra utile,
soit par ses actions, soit par son exemple, soit par
ses écrits, sera consigné dans les registres de la

bienfaisance ; et chaque ouvrier qui polit une roue ou un ressort, aura du moins une idée de la grande machine à laquelle son ouvrage doit être rapporté.

Si ce tableau est regardé comme imaginaire par quelques hommes corrompus, j'ose protester ici qu'il est d'après nature, et j'en ai pour garans les ouvrages qui sortent des presses, la voix du peuple assemblé au théâtre, le caractère de quelques hommes puissans et bienfaisans que j'ai été à portée de connaître, d'aimer et d'estimer [1], et surtout la société des gens de lettres, dans laquelle je comprends tous ceux qui les aiment et les cultivent ; société douce, aimable, honnête, qui n'offre pas moins de vertus que de talens : enfin, qu'il me soit permis de juger d'après mes propres impressions, je ne révoquerai pas en doute le sentiment intérieur qui me fait aimer l'âge où j'ai commencé ma carrière, et vers lequel

[1] Si M. de Louvois, lorsque le département de la guerre lui donnait la plus grande influence, se fût rendu l'instrument de la paix ; si dans le même moment qu'il avait compromis son crédit par des changemens aussi dangereux pour lui, qu'utiles pour l'état, son humanité l'eût engagé à adoucir partout la rigueur des lois militaires ; si, loin de se laisser entraîner par la force dont il était le ministre, il se fût déclaré l'ami du commerce et de toute liberté légitime ; s'il eût joint à la capacité la plus étendue ces mœurs douces et ces manières nobles qui mettent la considération aimable à la place de la crainte, n'aurait-il pas laissé une réputation bien plus chère à la postérité ? N'aurait-il pas été l'amour d'une nation à laquelle il n'inspira qu'une muette terreur ?

l'étude de l'histoire me ramène toujours avec le plaisir qu'éprouve un voyageur qui, après avoir parcouru des pays sauvages, retrouve enfin sa patrie.

Mais cette tendance au bien général, cette amélioration dans le sort de l'humanité, la doit-on effectivement à la renaissance des lettres, et aux progrès de la philosophie? Ne suit-il pas, au contraire, de ce que nous avons dit ci-dessus, que ce changement était une conséquence nécessaire des diverses circonstances politiques, et surtout de la difficulté qu'on a trouvée à continuer des guerres devenues trop dispendieuses? Je répondrai à cette objection, en demandant à mon tour si, dans les siècles d'ignorance, l'épuisement des peuples fut un obstacle au fanatisme des dernières croisades, aux guerres civiles excitées par l'anarchie féodale, à d'autres guerres civiles allumées par l'esprit superstitieux et intolérant? Combien de fois, depuis le malheureux Valérien, la Perse et l'empire grec se sont-ils épuisés réciproquement par des guerres inutiles? De combien de fléaux ce dernier n'a-t-il pas été tourmenté? Par combien d'ennemis différens n'a-t-il pas été vaincu, sans que les malheurs publics aient fait prévaloir la saine raison sur la vaine dialectique et les subtilités théologiques? Croit-on que si Henri iv n'eût pas consenti à entendre la messe, les quarante années de troubles qui avaient déchiré la France eussent suffi pour dégoûter les peuples de la guerre civile, et pour les réunir sous un roi légitime?

Encore une fois, persuadons-nous que, dans les révolutions de ce monde, une cause n'agit jamais toute seule. Je sais que les malheurs politiques disposent les peuples à écouter la voix de la raison ; mais il faut que cette voix s'élève quelque part ; il faut qu'elle sache s'exprimer, et surtout se faire entendre avec plaisir. Pourquoi dans la dernière guerre, lorsque l'impératrice, réunie avec les états catholiques de l'Allemagne, faisait la guerre au roi de Prusse, allié avec les principales puissances protestantes, n'a-t-on jamais pu persuader que cette guerre fût une guerre de religion ? Pourquoi les émissaires du roi de Prusse n'ont-ils trouvé aucun crédit parmi la plupart des peuples, qui n'ont vu dans toutes ces affaires qu'une grande querelle entre la maison d'Autriche et celle de Brandebourg ? C'est que les esprits sont plus éclairés sur les faits, et plus indifférens sur les dogmes ; c'est que, quand même la transsubstantiation aurait été compromise dans une pareille querelle, on aurait trouvé peu de soldats disposés à se battre pour elle. D'ailleurs, comme nous l'avons dit plus haut, lorsque les peuples ignorans sentent vivement leurs maux, il arrive qu'ils se trompent toujours sur les remèdes. Il y a deux cents ans que, si l'on s'était aperçu d'une décadence dans l'agriculture, on aurait ordonné des processions, et laissé subsister des millions de moines qui auraient mis le comble aux désastres publics.

Nous voici conduits tout naturellement à la

seconde objection que nous nous sommes proposée au commencement de ce chapitre : car il ne nous reste plus que cette difficulté à lever. Si les progrès des lettres et de la philosophie pouvaient seuls éclairer les hommes sur leurs véritables intérêts, pourquoi ne voyons-nous pas que les beaux âges de l'antiquité, que les siècles de Périclès et d'Auguste aient produit aucun effet de ce genre? Quoique nous croyions avoir déjà prévenu cette objection dans un autre endroit, il est bon d'y revenir encore, et d'envisager l'objet sous toutes les faces possibles. Nous avons prouvé alors que les Grecs avaient pu réussir dans les lettres et dans les arts, sans avoir perfectionné la politique; nous avons même observé que les philosophes, long-temps occupés de systèmes frivoles sur la théogonie et la cosmogonie [1], avaient toujours négligé la morale, et que Socrate fut le premier qui rappela sur la terre la philosophie exilée dans le ciel [2]. Nous ajouterons ici que la situation politique des Grecs fut toujours un obstacle aux progrès de la raison humaine. Cette nation, réunie en idée par un lien frivole, et divisée de fait dans un grand nombre de républiques, toutes ambitieuses, toutes jalouses les unes des autres, fut toujours tourmentée par des guerres extérieures, et déchirée par des guerres civiles. La vanité fut le seul principe gé-

[1] L'origine des dieux et la génération du monde.

[2] Voyez les *Dialogues des Morts* de M. de Fontenelle, et les *Dits mémorables* de Socrate, recueillis par Xénophon.

néral, le seul point de ressemblance de tant d'états gouvernés par des lois différentes. Malheureusement pour ces peuples, elle ne manqua pas d'alimens. Les Grecs, à peine sortis de la barbarie, triomphèrent des Perses; triomphe éclatant, et tellement propre à leur échauffer l'imagination, qu'ils ne purent toucher à la coupe de la gloire sans en être enivrés. De là cette émulation, cet orgueil qui arma Sparte contre Athènes, et successivement toutes les républiques les unes contre les autres. Une autre circonstance particulière aux Grecs, et qui mériterait d'être l'objet d'une dissertation particulière, influa prodigieusement sur la tournure de leur esprit. Je ne sais comment il arriva que ce peuple perfectionna tout de suite son langage, et le rendit le système le plus parfait dans lequel les hommes puissent reproduire leurs idées; arme dangereuse quand elle est mal employée, et assez semblable à l'épée dans les mains de nos ancêtres, qui la rendaient plutôt l'instrument du duel que de la défense de la patrie. De cette aptitude au langage, il résulta un grand inconvénient; c'est que la forme emportant le fond, la politique tomba au pouvoir des rhéteurs, et la philosophie sous celui des sophistes. Deux inventions achevèrent le désordre, celle de la *période* parmi les rhéteurs, et celle du *syllogisme* parmi les sophistes. Alors toute vérité fut proscrite, si elle ne s'annonçait pas par trois membres réguliers, et le système de la nature entière dut être renfermé dans une majeure et une mineure[1] ? Une suite naturelle de cette manie, devenue trop générale, c'est que le plaisir de parler et d'écouter l'emporta de beaucoup sur celui d'enseigner et de s'instruire. De là ces écoles fameuses qui dégénérèrent bientôt en sectes, et enfin en hérésies, lorsque la religion chrétienne fut établie. Or, rien n'est plus contraire aux progrès de la raison que ces écoles où l'on apprend, non ce qui est, mais ce qu'un autre a pensé; où le maître tient lieu de la nature même pour ses disciples, et où les plus grands efforts de l'application sont employés à entendre un homme qui ne s'entend pas lui-même.

Lors de la renaissance des lettres, les hommes eurent un grand avantage, c'est la découverte de l'imprimerie, et la facilité de lire, au lieu d'écouter. Les livres fidèles, mais froids interprètes des pensées, sont au discours ce que sont les estampes aux tableaux. Ils sont dépouillés des couleurs brillantes

[1] Bacon a observé très judicieusement que la forme syllogistique et toute la dialectique des anciens étaient fort bien appropriées à la dispute, et nullement à la recherche de la vérité. Cet illustre écrivain est le premier qui ait opposé à cette méthode spécieuse, mais fautive, celle de l'invention et de l'analogie. Il montre partout un grand mépris pour cette philosophie de catéchisme, qui consiste à trouver des réponses à chaque demande, et pour cette argutie d'Aristote qui soumet la nature à des définitions frivoles : *Magis ubique sollicitus quomodo quis respondendo se explicet, et aliquid reddatur in verbis positivum, quam de æterna rerum veritate.* Voyez *Novum scientiar. Organum,* aph. LXIII.

de la déclamation. On les juge dans la solitude et le silence, et c'est là qu'interrogés et confrontés, ils subissent une espèce de torture qui les force à découvrir leurs fautes et leurs complices. A la vérité, ils s'arrogent quelquefois les mêmes priviléges que leurs auteurs. Ils exercent un pouvoir, ils règnent à leur tour, surtout quand quelqu'un de ces corps privilégiés, plus propres à conserver les sciences qu'à les augmenter, introduit une législation dans les études; quand cette législation littéraire est appuyée par la législation civile; enfin quand l'incapacité juge en dernier ressort la philosophie, et veut que ses bornes actuelles demeurent à jamais les mêmes. Mais ce monopole ne peut durer long-temps; et dans les sciences comme dans la politique, la contrebande est le précepteur du commerce.

En voilà assez, je crois, pour prouver que les circonstances n'ayant pas été les mêmes lors de la naissance et lors de la renaissance des lettres, il dut aussi en résulter des effets différens. Nous verrons dans le chapitre suivant quels ont été ces effets, et dans le reste de cet ouvrage, quels sont ceux que nous devons encore espérer.

CHAPITRE IV.

Quels sont les pas qu'on a faits vers le bien. Examen de l'état présent des peuples véritablement instruits.

Quoique nous soyons persuadés que les recherches dont nous allons nous occuper ne nous offriront que des vérités consolantes, nous nous croyons encore obligés de prévenir nos lecteurs qu'ils ne doivent pas seulement observer les progrès de la raison dans le petit nombre de découvertes utiles que nous pouvons compter jusqu'ici, mais encore dans le chemin que nous avons déjà fait pour nous approcher de la bonne morale et de la saine politique. Cette marche de nos connaissances ne doit pas être considérée comme une simple route, mais comme un voyage de curiosité, pendant lequel on s'écarte, on s'arrête pour examiner tout ce qui peut attirer les regards ; et s'il nous est permis de nous servir d'une figure dont nous avons souvent critiqué l'abus, nous comparerons encore les études des hommes, lors de la renaissance des lettres, à l'institution d'un écolier qui suit le cours ordinaire des classes. D'abord l'esprit humain s'applique à l'étude des anciens ; il les restitue, il les commente ; et c'est alors qu'il fait ses humanités. Le dessin et la géographie chez un enfant bien élevé doivent être les accessoires de cette

étude, et ceci se rapporte assez aux progrès des arts
sous les Médicis, et à ceux de la navigation sous
Charles-Quint. A peine s'est-on fortifié dans l'intelligence des classiques, qu'on commence à composer
soi-même. On fait des essais en prose et en vers.
Non content d'avoir appris des mots dans les livres
anciens, on y cherche des préceptes, des exemples
de goût et d'urbanité ; et c'est là le commencement
de la rhétorique. Mais les hommes s'aperçoivent
bientôt qu'il ne suffit pas de parler et d'écrire ; la
nature les environne, pour ainsi dire, et sollicite
leur attention ; les besoins de la vie réclament le secours des sciences ; on trouve des instrumens utiles,
des machines ingénieuses ; on est donc entré en philosophie. On y débute par quelques propositions de
géométrie, et par quelques principes de mécanique.
Mais ce progrès est bientôt arrêté. Des professeurs,
aussi vains qu'ineptes, loin d'éclaircir, de rectifier
les idées des anciens, ne donnent pas même à leurs
élèves ce que les auteurs ont écrit de meilleur ; et au
lieu de Pline et d'Aristote, ils font lire leurs propres
cahiers ; plates rapsodies qu'on n'entend pas, et qui
dérouteraient tout-à-fait l'application, si un démons-
trateur étranger ne venait pas la réveiller par des
expériences curieuses, mais présentées sans système
et sans liaison. Ici la ressemblance est si frappante
entre le monde et le collége, qu'on n'a pas besoin
de la détailler. Elle se trouvera également entre nos
premiers ouvrages de métaphysique, et cette fausse

logique des classes, qu'on appelle *l'art de penser,*
et qu'il faudrait appeler *l'art de rêver*.... Enfin, il
est temps que le jeune homme entre dans le monde,
qu'il prenne un état, et qu'il vaque aux affaires domestiques ; c'est le temps d'étudier la morale, le
droit naturel, le droit public, sciences importantes
et respectables qui doivent consommer son institution, mais qui ne lui présenteront pourtant qu'un
chaos d'obscurités et de contradictions, tant qu'il
s'en tiendra aux leçons de ses maîtres, et jusqu'à ce
que, rendu enfin à lui-même, il revienne sur son
éducation. C'est alors que, réfléchissant mûrement
sur ses études passées, il apprendra à croire peu de
choses, à lire peu de livres, à cultiver son patri-
moine, et à faire du bien à ses voisins.

Nous laissons à nos lecteurs à déterminer le moment de ce période auquel ils voudront rapporter
l'état présent de l'esprit humain. Nous le croyons
seulement plus que dégoûté des cahiers de ses professeurs, plus que rassasié de la fausse érudition, et
fort près du temps où il doit préférer le soin des
affaires domestiques au faux brillant des écoles.
Mais nous observerons encore que nous avons omis
dans notre parallèle une étude qui a fait un peu plus
de désordre dans le monde que dans les colléges :
c'est celle du catéchisme. Que de batailles n'a-t-elle
pas causées ! Combien de fois n'a-t-elle pas troublé
les heures du travail, ou les momens de repos ?...
Mais c'est assez profiter de l'indulgence du lecteur,

et nous devons marcher à notre but d'une façon plus
rapide et plus sérieuse.

Nous avons dit que nous devions regarder comme
autant d'avances pour la véritable philosophie et
la bonne politique toutes les découvertes que les
hommes ont faites jusqu'ici, de quelque espèce
qu'elles soient. Il ne sera peut-être pas inutile de
jeter un coup d'œil sur cet immense travail, dont
nos prédécesseurs ont débarrassé nos contemporains.

Commençons par les sciences exactes, par les mathématiques [1]. Nous verrons l'astronomie développée, perfectionnée par les Kepler, les Newton, les
D'Alembert, les Clairault, les Bernouilli, les Eu-
ler, etc. perfectionner à son tour la géographie et
la navigation. Nous verrons sous les mêmes auspices
la mécanique multiplier nos efforts, et soumettre la
nature par les forces de la nature même. Des machines ingénieuses épargnent à l'homme un pénible

---

[1] Je ne puis m'empêcher de réclamer ici contre l'abus
que nos savans même ont fait du mot *géométrie*, qui signifie
simplement l'*art de mesurer la terre*. On parle tous les jours
de *géométrie* transcendante, de *géométrie* astronomique :
tout jusqu'au problème des trois corps est de la *géométrie*
pour les Français. Pourquoi ne pas se servir du mot *mathématiques*, qui honore bien plus cette étude, puisqu'il signifie la *science* en général, et que cette expression, répandue
chez les anciens et chez tous les modernes, excepté les
Français, prouve assez qu'on a toujours regardé la science
de calculer et de mesurer, comme la première de toutes les
sciences ?

labeur, et l'eau, le feu même, devenus nos instrumens, sont les seuls esclaves que nous employions à
nos travaux.

Si nous passons aux sciences qui tiennent de plus
près à l'observation, quelles riches acquisitions n'au-
rons-nous pas encore à compter? A peine l'homme
attache-t-il sur le ciel et sur la terre des regards curieux et avides, qu'il trouve le moyen d'en étendre
l'usage. Le télescope rapproche les distances ; le mi-
croscope, en grossissant les objets, nous fait découvrir une province nouvelle dans l'empire de la nature, et cet instrument devient, pour ainsi dire, le
lien qui nous unit à une portion immense de la
création.

L'anatomie a levé le voile de l'humanité ; elle a
découvert l'innombrable quantité de machines qui
font mouvoir ces frivoles décorations de la vie, et
nous a prouvé que Moïse s'est servi d'une hyperbole
bien hardie, lorsqu'il a dit que Dieu avait fait l'homme
à son image. Cette science utile et terrible a ensei-
gné au fer destructeur de notre être l'art nouveau
de le conserver ; et lui traçant jusque dans nos entrailles une route obscure, mais certaine, l'artiste a
su réparer des désordres qu'il ne voyait pas.

La chimie, qu'on peut regarder comme l'anatomie
des corps non organisés, mais qui sait joindre au
pouvoir de diviser, celui de combiner et de régéné-
rer ; la chimie a été portée de nos jours à sa plus
grande perfection, puisqu'on a su en étendre l'usage

dans tous les arts, et le restreindre dans la médecine. Êtres parasites sur la surface de la terre, nous n'osions interroger cette mère féconde, et nous cherchions notre histoire dans le ciel. L'érudition du génie nous a offert d'autres fastes, et le monde, en perdant de sa noblesse, a gagné de l'antiquité. [1]

Des mathématiques, de l'anatomie, de la chimie et de l'histoire naturelle réunies, s'est formée enfin la véritable physique, ou l'histoire de la nature en grand. Cette science n'est plus de nos jours l'explication forcée d'un vain système de métaphysique, ou de quelques phénomènes mal observés. Un concours immense d'expériences tentées par des hommes industrieux, et comparées par des hommes de génie, en a formé l'édifice. Descartes avait trouvé les lois de la dioptrique; Newton, celles de l'optique : une grande et magnifique découverte était réservée à nos jours : c'est l'électricité, dont les effets terribles égalèrent les hommes aux dieux de l'antiquité, lorsque M. Franklin, nouveau Prométhée, sut dérober le feu céleste, et le rendre docile à ses lois.

Mais ce n'est pas assez pour les hommes de connaître le monde physique : la curiosité, ce besoin particulier de l'espèce humaine, ne trouvait là que la

[1] **M. de Buffon** a la gloire d'avoir créé parmi nous la science de l'histoire naturelle : cette science est sortie de ses mains dans toute sa beauté, comme Minerve sortit de la tête de Jupiter. Il a su à la fois la faire connaître et la faire aimer. Jamais on n'a fait un plus bel emploi de l'éloquence : c'est Démosthène qui écrit les observations d'Aristote.

moitié de sa pâture. Un vaste champ lui était ouvert
dans le monde moral. La vanité, l'enthousiasme
même, se mêlèrent à cette passion, et l'histoire dé-
généra en érudition. Peut-être aussi l'une ne pouvait
elle pas exister sans l'autre. Quoi qu'il en soit, il a
fallu défricher ces landes immenses de l'antiquité; il
a fallu connaître la généalogie de tout ce qui existe;
travail long et pénible, qui est tellement avancé de
nos jours, qu'on peut dire que nous nous sommes
mis au courant.

Enfin, pour qu'il ne reste plus d'asile à l'ennui,
pas même celui de la paresse, la poésie s'est empres-
sée d'enrichir nos théâtres et d'orner nos bibliothé-
ques. Parée de ses attraits, la vertu fut plus touchante
et le plaisir plus séduisant.

Des cabinets, des musées se sont ouverts, et nos
princes modernes, plus sages dans leur magnificence
que les empereurs romains, au lieu de ces présens
de blé et d'huile qui ne nourrissaient que l'oisiveté,
ont distribué aux peuples les alimens de l'esprit, afin
que tout citoyen de la république des lettres fût
pourvu d'une subsistance assurée.

Si nous passons ensuite aux arts agréables, ces
aimables consolateurs de la vie, qui n'ont que trop
de droits à réclamer notre attention, nous ne cesse-
rons pas de nous applaudir de nos richesses. La peinture, la sculpture et l'architecture, protégées par les
Médicis, parvinrent tout à coup à leur perfection.
Dégénérées un moment à cause du malheur des temps,

elles reparaissent maintenant dans tout leur éclat. Mais la musique, qui exerce sur nos sens un empire encore plus immédiat, plus continuel, quels progrès n'a-t-elle pas faits de nos jours? Non, l'antiquité n'a rien produit de plus touchant pour une âme sensible que l'union d'un Pergolèse et d'un Métastase; union rare et précieuse d'où naquirent les plaisirs de l'Europe, et qui fit couler les larmes les plus délicieuses que l'enthousiasme ait jamais offertes aux talens. [1]

Je m'arrête, et je crains l'attrait naturel qui m'attacherait trop à des objets si intéressans. Renfermons-nous dans les bornes de notre sujet, et ne regardons tant d'efforts faits par les hommes dans tant de genres différens, que comme des à-compte sur le progrès général de nos connaissances, que comme

[1] La France commence à goûter les fruits d'une pareille union depuis qu'un de ses meilleurs poètes a bien voulu accorder sa lyre avec celle d'un de ses meilleurs musiciens.
Nous remarquons ce nouveau progrès avec d'autant plus de plaisir, qu'il est postérieur à l'ouvrage immortel où le tableau de nos connaissances a été tracé de main de maître. Quiconque voudra se former l'idée la plus vaste et la plus exacte de la marche de l'esprit humain, peut satisfaire aisément sa curiosité en lisant le discours préliminaire de l'*Encyclopédie*. Ce beau péristyle du plus magnifique édifice peut être regardé comme la véritable caractéristique de notre siècle; et peut-être l'effort qui distingue le plus ce siècle de ceux qui l'ont précédé, c'est d'avoir réuni dans le même individu le génie des mathématiques, le talent de l'éloquence et la sagacité du goût.

autant de chemin déjà parcouru dans la vaste carrière
de l'esprit humain. Voyons maintenant si dans cette
carrière il y a des espaces plus difficiles et plus rabo-
teux les uns que les autres. Examinons, par exemple, si le domaine de la morale et de la politique se
refuse plus à ces progrès que celui des sciences et
des arts.

Il me semble que lors de la renaissance des lettres,
l'esprit humain gémissait sous l'empire de deux tyrans si cruels et si redoutables, que conspirer contre
eux et les abattre était le seul moyen de s'affranchir.
Ces tyrans étaient le despotisme et la superstition.
L'intolérance leur servait d'arme commune ; car l'esclavage commence presque toujours par l'opinion.
Eh ! que servirait la liberté d'agir à qui serait privé
de la liberté de penser ? Il fallait donc commencer
par attaquer la superstition, et c'est à quoi servit
merveilleusement le concours de la renaissance des
lettres et la séparation des églises réformées. Les
évangéliques qui, semblables à tous les révoltés,
étaient obligés, faute de titre juridique, d'avoir recours au droit naturel, scrutèrent attentivement les
principes du gouvernement civil et ecclésiastique.
Faibles dans le principe, et obligés de militer à la
fois contre l'antiquité, l'habitude et la possession,
ils durent mettre de l'austérité dans leur morale et
de la sévérité dans leurs dogmes. Ce ne fut donc pas
sans raison qu'ils se donnèrent le nom de *Réformés*.
D'un autre côté, l'église romaine, avertie par cette

défection , dut apporter plus de précaution dans l'exercice de son pouvoir. La controverse, dont la flamme dangereuse embrase souvent, mais éclaire toujours, soumit tout à la discussion. De ce travail théologique naquit un fruit inespéré. La philosophie s'éleva lentement sur les ruines de l'opinion. Elle apprit aux peuples leurs droits, aux souverains leurs devoirs, à tous la modération. Cherchons si dans cette longue guère temporelle et spirituelle , si de cet immense chaos dans lequel la terre semble replongée, nous verrons sortir quelque chose d'utile , quelque amélioration dans le sort de l'humanité.

Si je commence par le Nord , j'aperçois d'abord un peuple noble, brave et généreux qui vient de briser les fers d'un despotisme étranger. Gustave a chassé les tyrans, et ces tyrans sont un prince débauché et un prêtre orgueilleux ; car nous verrons long-temps ces deux espèces d'oppresseurs réunis pour le malheur des peuples. Christiern et Troll ont fait massacrer tout le sénat dans un repas ; ils ont inondé de sang toute la Suède : Gustave, en chassant le despote et l'inquisiteur, établit la liberté civile et religieuse, et fonde ainsi le bonheur d'une nation à laquelle toutes les autres doivent s'intéresser, parce qu'elle est brave sans cruauté , et belliqueuse sans ambition.

En descendant vers le Midi, je vois la Saxe, la Hesse, et la plus grande partie de l'Allemagne, commencer par prescrire des bornes à l'avide Charles-

Quint, et bientôt après s'affranchir à la fois du joug cruel du pape et de celui du tyran Ferdinand II. Je la vois prête à fixer pour jamais ses priviléges et ses libertés par le célèbre traité de Westphalie.

En m'approchant de l'Occident, je contemple avec plaisir les progrès d'une république industrieuse et frugale. Je m'étonne de son courage, de ses efforts et de ses succès, et je m'informe quelle a été l'origine d'une pareille révolution. On me répond que c'est un cardinal de Granvelle, ministre d'un tyran, nommé Philippe II. Je laisse cette république s'étendre, s'affermir, et jeter les fondemens du bonheur dont elle a joui depuis.

Je traverse la mer, et je passe en Angleterre; j'y trouve le calme et le bon ordre, mais j'y reconnais partout des traces de sang, et j'apprends que, durant le règne précédent, des jésuites, émissaires du même Philippe, ont, sous le nom d'une épouse bien digne de lui, condamné au dernier supplice des milliers (a) de citoyens. Je trouve chez ce peuple sérieux et mélancolique les impressions des malheurs passés profondément gravées dans tous les cœurs, et je prévois que le despotisme et la persécution de Marie serviront un jour à cimenter l'édifice de la liberté.

En revenant, j'aborde en France : Henri IV y règne en paix, et fait régner la tolérance avec lui;

(a) *Il y en eut à peine huit cents.*

mais les esprits fermentent encore ; la superstition peut tenter un nouvel effort : cependant elle n'y rétablira jamais son empire, et le catholicisme des Français sera toujours le plus indépendant de la cour de Rome.

Je détourne mes pas du Midi. L'Espagne est encore le foyer du despotisme, comme Rome est celui de l'intolérance. Mais en me dirigeant vers l'Orient, je retrouve une autre Hollande, un second gouvernement fédératif, divisé sans être faible, libre sans être factieux ; où la raison et le bon sens dominent à un tel point, qu'on n'a pas besoin de s'informer s'il est partagé entre plusieurs croyances. Les choses en sont venues au point que je ne craindrai plus de passer les Alpes ; je retrouverai en Italie même des asiles où les bonnes lois et le bon gouvernement fleurissent. Je m'arrêterai avec plaisir en Toscane : je visiterai surtout cette sage république, aussi inaccessible aux usurpations spirituelles qu'aux invasions militaires. Rendu enfin à ma solitude et à ma méditation, je ne dirai pas, tout est bien, mais tout est mieux. Il y a un progrès ; le monde donne des espérances.

Je sens qu'il est des hommes que je persuaderai difficilement. Ce sont ces profonds contemplatifs qui, retirés loin de leurs semblables, s'appliquent assidûment à leur donner des lois, et négligent le plus souvent le soin de leur ménage pour prescrire aux empires le gouvernement auquel ils doivent se soumettre [1]. Or, comme aucune nation n'a encore embrassé leur système, ils croient que la politique est toujours dans son enfance. Quelque exagérée que soit cette prévention, je ne nierai certainement pas qu'il ne puisse exister des gouvernemens plus parfaits, ou un plus grand nombre de bons gouvernemens que nous n'en voyons de nos jours. Mais rappelons-nous que Solon ne donna pas aux Athéniens les meilleures lois possibles, mais les meilleures qu'ils pussent suivre. Souvenons-nous surtout que le bonheur des hommes est le plus intéressant de tous les objets, et que le bien même peut quelquefois être acheté trop cher. Londres est plus régulier que Paris, Dieppe que Rouen, Manheim que Strasbourg; mais Londres, mais Dieppe, mais Manheim, ont été autrefois consumés par les flammes. Quel architecte conseillera jamais de mettre le feu à Paris pour le rebâtir ensuite sur un plan régulier et magnifique? Ce n'est qu'à des peuples bruts qu'on peut donner telles lois qu'on veut (b). L'emploi de la raison, de la philosophie, de la saine politique, est plutôt d'améliorer les gouvernemens

---

[1] Le célèbre Hogarth a représenté dans ses gravures morales un jeune homme qui, ayant dissipé sa fortune, a été conduit en prison par ses créanciers : le dissipateur, triste et déconcerté, paraît assis près d'une table, ayant devant lui un manuscrit, sur lequel on lit ce titre : *Moyen de payer les dettes de l'état.*

(b) *Bravo!*

que de les changer. Sous leur bénigne influence
la démocratie doit devenir moins licencieuse, l'aristocratie moins orgueilleuse, la monarchie moins
ambitieuse, le despotisme même, s'il en peut exister encore chez les peuples éclairés, paraîtra plus
doux, et sera du moins soumis à la raison [1]. D'ailleurs, ne pourrions-nous pas opposer nos gouvernemens modernes à ceux de l'antiquité, et trouver encore tout l'avantage de notre côté? Nous
l'avons dit au commencement de cet ouvrage : la
Grèce, si redoutée dans son temps, si considérée
dans le nôtre, n'offre pas, à beaucoup près, dans
son ensemble, un plan aussi raisonnable, aussi suivi
que les fédérations hollandaises et helvétiques, et
dans ses membres différens des polices aussi respectables que celle des états particuliers dont l'as-
semblage forme ces grands états. En Allemagne,
Hambourg, Brême, Lubeck, Francfort, Nuremberg,
Augsbourg, et toutes les villes libres de l'Empire,
sont des plantes fortunées qui croissent à l'ombre
des chênes qui les protégent; mais la plante fleurie
n'a pas dévoré la substance de l'arbre qui la défend,
et l'arbre par un ombrage trop épais n'a point flétri
la plante timide. Quelques auteurs ont prétendu
qu'autrefois le pouvoir absolu était presque entièrement ignoré parmi les peuples policés. Pour moi,

[1] J'en citerai pour exemple le Danemarck, qui, depuis
cent ans qu'il a aliéné sa liberté, jouit pourtant d'un gouvernement doux, pacifique et modéré.

je mettrais plutôt en question, si, parmi ces mêmes peuples, il y eut jamais plus de liberté qu'il n'en existe à présent. Je sais qu'en choisissant un moment dans la durée des siècles, on voit le Péloponnèse, l'Achaïe, l'Asie-Mineure, l'Archipel, et une partie des côtes de l'Italie, jouir d'un gouvernement libre ; mais la Macédoine, la Thrace, l'Illyrie, l'Épire, n'obéissaient-elles pas à des rois ? Il faut l'avouer, le temps même où il y eut le plus de républiques ne fut pas heureux pour les peuples. Je le place entre la guerre Médique et Philippe de Macédoine. A la mort d'Alexandre toute liberté fut détruite dans l'Orient. Vous m'objecterez qu'elle trouva un asile dans les vastes états de Rome et de Carthage. Dans leurs états ? Non, certainement : dans les villes de Rome et de Carthage, à la bonne heure. Doutez-vous, en effet, que les Romains ne fussent des rois pour les provinces conquises, et les Carthaginois de vrais tyrans pour l'Espagne, la Sardaigne, la Corse, les îles Baléares, etc. ? Si Berne et Amsterdam gouvernaient les Suisses et les Hollandais de la même manière que ces nations gouvernent les pays de l'union et de la généralité (c), je ne regarderais comme libres en Suisse et en Hollande que les villes de Berne et d'Amsterdam. Mais ce qui fait que ces deux peuples jouissent d'un gouvernement parfaitement libre, c'est que chaque partie de l'état est un état lui-même ; c'est que la ré-

(c) *Un peu obscur.*

publique n'est composée que d'une infinité de républiques. A ces respectables sociétés, joignez toutes
les villes anséatiques et impériales (*d*), Venise,
Gênes, et même la Pologne et la Suède*, qui jusqu'à
ces temps de crise avaient tenu de plus près au gouvernement républicain qu'au gouvernement monarchique : ajoutez-y encore l'Angleterre, dont le
gouvernement inconnu aux anciens se rapproche
bien plus de la république que de la monarchie ; et
comparez maintenant la somme de liberté qui existe
de nos jours, avec celle que vous pourrez trouver
dans quelque époque que ce soit. Eh! que serait-ce
si je faisais entrer dans ce calcul la liberté qui subsiste encore au sein même des plus grandes monarchies? Les anciens ne connaissaient guère de milieu
entre la république et la tyrannie ; mais outre que
celle-ci est devenue bien plus rare depuis un siècle,
une grande partie des provinces qui composent nos
monarchies modernes ont des priviléges, des lois,
des usages qui modifient l'autorité souveraine. La
puissance autrichienne n'est formée que de provinces éparses qui ont toutes des états, et qui accor-

(*d*) *On les ruine quand veut par une commission impé-
riale.*

* Édition de 1772 :

« La Pologne, la Suède même ; car un pays où le roi n'est
« au conseil qu'un sénateur, et à l'armée qu'un consul, peut
« bien être considéré comme une république. » Ce qui n'existait plus quand cet ouvrage fut réimprimé, en 1776. R.

dent et lèvent elles-mêmes leurs subsides. Il en est
de même de plusieurs possessions appartenantes aux
électeurs et aux princes de l'empire [1]. En France,
le Languedoc, la Bretagne, la Provence, l'Alsace,
la Bourgogne, la Flandre, l'Artois, les provinces
de Foix, de Navarre et de Bigorre sont représentées
légalement ; et dans tout le royaume les tribunaux
veillent attentivement à la conservation des propriétés. La Castille et l'Aragon avaient autrefois des
états, mais ces peuples les ont perdus (e), et ils ont
à la place un certain *moi le roi* qui pourrait bien
choquer un peu une oreille athénienne. Il faut l'a-
vouer aussi : il est quelquefois des temps d'oppression pendant lesquels les priviléges dorment ; mais
les républiques anciennes n'ont-elles pas eu leurs
démagogues ? Les Alcibiade (f), les Amilcar, les
Sylla, laissaient-ils beaucoup de pouvoir aux peuples ?

Observez que, dans ce parallèle, nous nous sommes renfermés dans les limites du continent ; mais
si nous passions dans l'Amérique septentrionale,
c'est alors que nous pourrions défier les Solon et

______

[1] La plupart des états de l'Allemagne ont des arbitres
établis entre eux, qu'on nomme *Austreges*. Nous avons vu
souvent des princes interposer leur médiation en faveur des
peuples opprimés par leurs souverains. Le Wirtemberg
nous en offre un exemple récent.

(e) *Bravo !*

(f) *Ah ! Alcibiade condamné à la mort !*

les Lycurgue, en leur opposant seulement les Locke
et les Guillaume Penn. Qu'on lise les lois de la Pen-
sylvanie et de la Caroline, et qu'on les compare à
celles de Sparte, on y trouvera la même différence
qu'entre le gouvernement domestique d'une ferme,
et la règle de saint Benoît. Qui pourrait ne pas
éprouver une sensation délicieuse en songeant qu'un
espace de plus de cent mille lieues carrées travaille
maintenant à se peupler sous les auspices de la
liberté et de la raison, en faisant de l'égalité le principe de sa morale, et de l'agriculture celui de sa
politique ?

CHAPITRE V.

Suite du précédent. L'agriculture et la population sont les indices les plus fidèles du bonheur des peuples.

Nous avons vu qu'en ne prenant que les nations policées, on trouve que celles de nos jours ont beaucoup plus d'instruction, et pour le moins autant de liberté que les anciennes; mais comme la science, la liberté même, ne sont bonnes qu'autant qu'elles peuvent concourir *au plus grand bonheur du plus grand nombre d'individus*, il est nécessaire d'examiner si les faits nous donneront des résultats semblables à ceux que l'induction vient de nous offrir. Nous avons eu lieu de penser que les hommes sont aussi heureux de nos jours que dans quelque époque de l'histoire qu'on veuille choisir; cherchons maintenant quelques indices, quelques symptômes qui servent de mesure à cette félicité publique. Il en est deux qui se présentent naturellement, l'agriculture et la population. Je nomme l'agriculture avant la population, parce que, s'il arrive qu'une nation peu nombreuse cultive avec beaucoup de soin une grande quantité de terres, il en résultera que cette nation consomme beaucoup, et qu'elle ajoute à l'aliment nécessaire à la vie, l'aisance et la commodité qui en font le bonheur. Si, au contraire, l'accroissement du peuple est en proportion avec celui de l'agriculture, qu'en peut-on conclure, sinon que cette multiplication de l'espèce humaine, comme celle de toutes les autres espèces, vient uniquement de son bien-être? L'agriculture est donc un indice du bonheur des peuples, antérieur et préférable à celui de la population.

Mais l'agriculture des modernes est-elle supérieure à celle des anciens? C'est une question qui demanderait un ouvrage à part*, si elle était traitée dans toute son étendue. Nulle matière ne donnerait plus d'occasions de déployer une vaste érudition, ce qui est un attrait puissant pour les savans ; et cependant, de toutes les recherches sur l'antiquité, c'est la plus négligée. Pour nous, il nous suffira de hasarder nos conjectures, et de les appuyer seulement de quelques autorités ; persuadés comme nous le sommes, que toutes les fois qu'on ne veut pas se jeter dans le polémique, il est aisé de marquer les points principaux sur lesquels un homme impartial doit appuyer son opinion. L'amas d'érudition n'est que pour le critique obstiné qu'on ne convertit pas, et il effraie le lecteur judicieux qu'on pourrait éclairer.

Quoique Terentius Varron et Columelle aient cité un grand nombre d'auteurs grecs qui ont écrit

---

* En 1788 a été publié à Londres un ouvrage *sur l'agriculture des anciens*, par Adam Dickson, ministre écossais, mort en 1776. Une traduction française en a été donnée à Paris, en 1802, 2 vol. in-8.   R.

sur l'agriculture [1], il me semble que de nos jours, lorsqu'il est question de la culture des anciens, c'est toujours celle des premiers âges de Rome qu'on met en avant. Au commencement, deux journaux [2] de terre formaient tout le domaine de chaque famille. Dans des temps plus prospères, lorsque la république s'enrichit par ses conquêtes, des magistrats ambitieux voulant acheter les faveurs du peuple par une condescendance extraordinaire, on proposa un partage de sept journaux par famille, partage qui fut regardé comme exorbitant, et qui n'eut même jamais lieu. De là les modernes ont conclu qu'il fallait que l'agriculture romaine fût poussée à un grand point de perfection, puisque deux journaux de terre suffisaient à la subsistance d'une famille entière, qu'on doit évaluer à cinq personnes à peu près. Mais ces admirateurs de l'antiquité n'ont

---

[1] *Magna porro et Græcorum turba est de rusticis rebus præcipiens, etc.* (COLUM. *De re rustica.* L. I, c. I). Terentius Varron en compte cinquante dont il rapporte les noms.

[2] C'est ainsi que je traduirai toujours le mot *juger*, parce qu'il ne se rapporte précisément à aucune de nos mesures. Le *juger* contenait vingt-huit mille huit cents pieds carrés, ce qui est un peu plus d'un demi-arpent. Le calcul d'Arbuthnot porte les *duo jugera* à un acre et un quart; ce qui fait un peu plus d'un arpent royal. D'ailleurs, le produit du *juger* peut encore mieux s'apprécier par ce passage de Columelle, Liv. II, chap. IX, où il traite de la semence: *Jugerum agri pinguis plerumque modios tritici quatuor, mediocris quinque postulat.*

pas pris garde que les preuves mêmes qu'ils apportaient pour soutenir leur opinion tendaient à la détruire, suivant ce proverbe trivial, *Qui prouve trop, ne prouve rien.* On estime que dans une famille de gens qui travaillent, il se consomme annuellement deux setiers de blé par tête, compensation faite des femmes et des enfans. Il fallait donc à une famille romaine dix setiers de blé tous les ans. Or, il est rare qu'une terre, quelque bien cultivée qu'elle soit, n'ait jamais besoin de repos [1], et celle qui rend sept pour un de la semence est regardée comme une bonne terre. Deux journaux de terre, dont la mesure n'excédait pas d'un quart celle de l'arpent de Paris, ne pouvaient guère rapporter en trois ans, y compris une année de repos et une année de Mars, plus de six setiers de froment, et à peu près autant d'orge, semence prélevée. Supposons qu'un travail assidu fasse produire cette terre tous les ans, il est à présumer que la troisième année ne rendra que quelques lupins, quelques mauvais pois, ou quelques autres légumes de cette espèce. Ainsi, notre famille romaine n'aura, année commune, que deux setiers de froment et deux setiers d'orge pour

[1] Columelle conseille de choisir un domaine où il y ait des terres arables et des landes (a). *Terrenis aliis cultis atque aliis sylvestribus et asperis* (Lib. ii, cap. ix). Ce passage prouve qu'alors, comme à présent, il y avait en Italie beaucoup de landes et de mauvaises terres.

(a) *Ce ne sont landes.*

se nourrir. Trouvez-vous mon calcul trop bas, et supposez-vous que la fécondité d'une terre cultivée comme un jardin excède de beaucoup celle de nos vastes campagnes? Doublez le produit : vous ne trouverez pas encore deux setiers de grain par tête ; et cependant il faut observer que si le travail journalier d'un petit héritage peut le rendre plus fécond que le sol d'une grande ferme, cet avantage est compensé par le manque de fumier, de marne et autres engrais.

Mais il ne suffit pas aux hommes de se nourrir, ils ont besoin d'armes, de vêtemens, de quelques meubles, de quelques outils. Je conviens à la vérité que dans un climat chaud il faut peu de vêtemens ; mais qu'on se souvienne qu'on a fait produire à la terre beaucoup plus qu'on ne peut attendre d'un sol tel que celui des environs de Rome ; que malgré cela on n'a pu trouver une subsistance suffisante en grains, et que par conséquent nulle place n'est restée pour la culture du chanvre, des arbres fruitiers, des bois de charpente, etc. Il suit de là qu'il était nécessaire qu'un autre travail que l'agriculture aidât à la subsistance du peuple. Or, ce travail par qui pouvait-il être payé, sinon par ceux qui avaient du superflu, par ceux qui avaient des subsistances au-delà de leurs besoins, c'est-à-dire qui possédaient plus de terres qu'il n'en fallait pour fournir à leur consommation et à celle de leur famille. Mais du moment que vous admettez un partage inégal, il

n'est plus étonnant qu'une famille vive avec deux
journaux de terre, parce que chacun, outre sa propriété, a son industrie; et l'on peut assurer que,
dans beaucoup de villages de la France, nombre de
familles vivent aisément, sans avoir autant de territoire. Si l'on en croit Plutarque, Numa divisa les
citoyens de Rome en différens corps de métiers,
comme ceux de charpentiers, de tailleurs, d'orfé-
vres, de teinturiers, etc. [1]. Or, ces métiers représentent une certaine quantité d'ouvrage, et cette
quantité d'ouvrage représente quelque excédant de
subsistance, tant parmi les riches que dans les revenus publics : mais quelle notion pouvait-on avoir
d'aucun partage de terre avant ce même Numa, qui
le premier apprit à marquer les limites des héritages, et sut rendre ces limites sacrées en établis-

[1] Voy. *Vie de Numa Pompilius*.

M. Hooke dans son *Hist. rom.* (Liv. iv, chap. iii.) a observé que cette répartition ne se trouve ni dans Tite-Live,
ni dans Denys d'Halicarnasse, et qu'elle est même contraire
à ce que dit ce dernier, qu'il n'y avait alors à Rome que
deux sortes d'occupations pour les hommes, la guerre et
l'agriculture. Il est fâcheux que les historiens de l'antiquité
ne citent pas les autorités dans lesquelles ils ont puisé.
Nous ne connaissons aujourd'hui que Tite-Live et Denys
d'Halicarnasse pour les premiers siècles de la république;
mais Plutarque peut avoir eu d'autres documens. D'ailleurs,
puisque les Romains avaient des habits de cérémonie, des
sacrifices, des temples, des aqueducs, des ponts, il fallait
qu'ils eussent des tailleurs, des charpentiers, des maçons, etc.

sant le culte du dieu *Terminus?* Les paroles de Denys d'Halicarnasse méritent une attention particulière. « Numa, dit-il, ordonna à chacun de circonscrire « son héritage, et d'en marquer les limites par des « pierres, qui reçurent le nom de *Terminales* » [1]. Remarquez qu'il ne dit pas que Numa fit vérifier les partages, ni qu'il ordonnât un nouvel arpentage, mais seulement qu'il enjoignit à chacun de marquer les limites de sa possession.

Suivons encore Denys d'Halicarnasse : il nous apprendra que Tullus Hostilius sut se concilier l'affection du peuple en lui distribuant les domaines royaux que Numa lui avait laissés : « car les rois, « ajoute notre auteur, avaient des champs riches et « féconds, au moyen desquels ils pouvaient suffire « à la dépense des sacrifices, et vivre splendide- « ment chez eux. » Tullus partagea ses domaines parmi les plus pauvres, qui par là se trouvèrent dispensés de faire le métier de mercenaires [2]. Son suc-

---

[1] Κελεύσας γὰρ ἑκάσῳ περιγράψαι τὴν ἑαυτῦ κῆσιν, καὶ ςῆσαι λίθυς ἐπὶ τοῖς ὅροις, etc. *Antiquités romaines*, L. ii, cap. 74, pag. 128, tom. 1, edit. Oxon. 1704.

[2] Χώραν εἶχον ἐξαίρετον οἱ πρὸ αὐτῦ βασιλεῖς πολλὴν καὶ ἀγαθὴν, ἐξ ἧς ἀναιρύμενοι τάς προσόδυς, ἱερά τε Θεοῖς ἐπετέλουν καὶ τὰς εἰς τὸν ἴδιον βίον ἀφθόνυς εἶχον εὐπορίας.... ταύτην ὁ Τύλλος ἐπέτρεψε τοῖς μηδένα κλῆρον ἔχουσι Ῥωμαίων καʹ ἄνδρα.... ταύτῃ δὲ τῇ φιλαντρωπίᾳ τὺς ἀπόρυς τῶν πολιτῶν ἀνέλαβε, παύσας λατρεύοντας τοῖς ἄλλοῖς. L. iii, cap. 1, pag. 132.

Ce passage pourrait fournir quelques observations : 1°. Il nous prouve que du temps de Tullus Hostilius il y avait des

cesseur Ancus Marcius, à son avènement au trône,
rappela encore le peuple à l'agriculture, et renou-
vela les établissemens de Numa ; mais alors il ne fut
pas question de partage, non plus que sous le règne
de Tarquin-l'Ancien. Dans quel temps en placerons-
nous donc l'époque ? Et comment arrive-t-il que,
lors du cens établi par Servius Tullius, nous trou-
vions tout à coup une différence si marquée dans
les fortunes, et un si grand nombre de riches citoyens ? Quatre-vingts centuries ne doivent être composées que des citoyens qui possèdent cent mines,
c'est-à-dire près de 8000 livres de notre monnaie
actuelle [1], somme considérable, si l'on fait attention à la rareté des espèces et au manque de commerce qui devaient décupler la valeur de ce numéraire [2]. Or, je demande si jamais une propriété de
deux, de quatre, de sept journaux de terre, a pu

citoyens qui n'avaient point d'héritages, et qui vivaient du
travail de leurs mains. 2°. Denys d'Halicarnasse dit que le
partage se fit par tête Κατ᾽ ἄνδρα, et non pas par famille.
3°. Nous voyons ici très clairement qu'il y avait dès-lors
des citoyens en état de payer le travail des autres. Toutes
choses qui renversent les notions que nous avons de l'agriculture, du partage et de l'égalité qui régnaient parmi les
anciens Romains.

[1] Suivant les calculs d'Arbuthnot.

[2] Du temps de Polybe les vivres étaient à si bon marché,
que dans les auberges on ne spécifiait le prix d'aucunes denrées, et que, moyennant trois sous par tête, les voyageurs
avaient tout ce qu'ils pouvaient désirer. Un boisseau de fro-

représenter un pareil capital, et si dans un pays purement agricole, on n'aurait pas dû établir ce cens, plutôt sur un toisé que sur une évaluation en espèces [1] ? Il paraît bien plus raisonnable de penser que Numa, Tullus et Servius jugèrent convenable que chaque famille possédât une certaine quantité de terre qui remplît le double objet de lui procurer quelque subsistance, et de l'attacher à sa patrie ; qu'à la vérité deux journaux de terre furent regardés comme la plus petite portion possible ; mais que ce *minimum* étant fixé, on ne prit aucune précau-

ment de vingt livres à peu près, ne coûtait tout au plus que six sous de notre monnaie. (Voyez le savant ouvrage de M. Dupré de Saint-Maur, intitulé *Recherches sur les Monnaies*, ch. III.)

[1] Tite-Live et Denys d'Halicarnasse nous fournissent encore plusieurs passages d'où l'on peut tirer quelque induction pour prouver une inégalité de fortune parmi les Romains dès le commencement de la république. Je n'en citerai qu'un. Ces deux auteurs s'accordent à dire qu'Horatius Coclès reçut pour prix de son courage autant de terres qu'il put en enfermer en un jour, dans une limite tracée avec le soc d'une charrue.... *Agri quantum uno die circumaravit datum.* (Tit. Liv.) (b).

Le texte de Denys d'Halicarnasse dit positivement la même chose. Or, il fallait alors qu'une pareille possession ne fût pas regardée comme exorbitante ; car on sait combien les Romains étaient modérés dans leurs récompenses lucratives.

(b) *Tite-Live exagère. Une charrue pourrait enclore d'un sillon léger plus de quatre mille arpens.*

tion pour limiter la trop grande étendue de propriété ; enfin, que l'inégalité de fortune commença
avec les rois, et continua toujours d'exister dans la
république. C'est ainsi qu'on peut expliquer comment près de quatre cents ans après la fondation de
Rome le peuple se plaignait encore de ce qu'on ne
lui distribuait les terres qu'à raison de deux journaux par famille, tandis que quelques patriciens,
qui en avaient plus de cinq cents, possédaient à eux
seuls le partage de trois cents citoyens ; et, ce qui
est bien digne de remarque, ils ajoutaient que le
terrain qu'on leur donnait suffisait à peine à leur
logement et à leur sépulture [1] ; preuve qu'on ne
pensait pas alors qu'une famille pût vivre avec deux
journaux de terre. De même, lorsque nous voyons

[1] « Auderentne postulare ut quum bina jugera agri plebi
« dividerentur, ipsis plus quinquaginta jugera habere lice-
« ret? ut singuli propè trecentorum civium possiderent
« agros, plebeio homini vix ad tectum necessarium aut lo-
« cum sepulturæ suus pateret ager. » (TITE-LIVE, Liv. VI.)

Pour bien entendre ce passage, et en général pour se
mettre bien au fait de la grande question du partage des
terres chez les Romains, il faut savoir que ces partages se
faisaient aussi par colonies ; et que les patriciens, soit par
orgueil, soit par avarice, soit enfin par un principe politique de tenir le peuple dans l'abaissement, s'obstinaient à
prendre pour modèle des nouvelles distributions de terres,
cette première répartition dont leurs ancêtres leur avaient
donné l'exemple. Ce qui me paraît renfermer une double
injustice. 1°. Parce que les circonstances étant différentes,

par la suite taxer de motifs secrets et d'adulation
pour le peuple ceux qui proposent de donner sept
journaux de terre, il faut entendre qu'il s'agit encore des portions des *colonistes*, ou de la plus petite répartition à faire au moindre citoyen. Or,
comme un grand nombre de plébéiens avait vendu
ou aliéné ses propriétés, il eût été très difficile de
trouver près de Rome de quoi donner sept journaux
de terre à chacun d'eux ; et une pareille opération
n'aurait pu se faire sans diminuer considérablement
le revenu du fisc, ou sans attaquer les propriétés
des patriciens, chose qu'ils craignaient encore bien
davantage. Il est, en effet, peu d'exemples d'une
conduite plus injuste que celle de ces vertueux patriciens, si révérés de tous les historiens, excepté

l'étendue des terres plus considérable et le fisc plus riche,
il était naturel de faire la portion du citoyen meilleure que
par le passé. 2°. Parce que les nouveaux colons étaient
obligés de se loger dans leurs petits territoires; au lieu que
les anciens plébéiens ayant reçu en partage des terres voi-
sines de Rome, pouvaient les cultiver, sans être obligés
d'y bâtir, et sans quitter la ville. Au reste, nous répétons
encore que tout ceci ne peut rien prouver pour l'agriculture romaine; car deux journaux de terre dans un bon
pays (c) sont toujours un appât suffisant pour attirer des
colons, les familles des colonistes n'étant pas ordinairement
composées de plus de trois personnes, et d'ailleurs toutes
les ressources de l'industrie étant laissées à ceux qui ne pourraient pas vivre de leur territoire.

(c) *Mais le pays de Rome était mauvais.*

de M. Hooke. Elle présente un tissu non interrompu de toutes sortes d'atrocités, depuis la condamnation de Spurius Cassius, jusqu'au meurtre des Gracques; mais c'est ce que nous avons eu occasion d'observer plus haut. Renfermons-nous maintenant dans les bornes de notre sujet, et après nous être convaincus que le partage des terres parmi les Romains ne prouve rien en faveur de l'agriculture, voyons si nous avons d'autres autorités positives qui puissent répandre plus de lumière sur cette question.

Parmi le grand nombre d'auteurs anciens qui ont écrit sur l'agriculture, quatre seulement ont passé à la postérité : Marcus-Porcius Caton, Marcus-Terentius Varron, Virgile et Columelle. Nous n'entrerons point ici dans le détail des préceptes qu'ils nous ont transmis. Nous nous contenterons seulement d'observer que, s'ils diffèrent dans quelques parties de détail, ils s'accordent assez sur les principes généraux, et concourent à nous donner une même idée de la culture des Romains. Voici à peu près ce qui en résulte. Leur manière de cultiver ressemblait beaucoup plus à celle qui subsiste de nos jours en Languedoc, en Provence et en Italie, qu'à celle des pays à blé, c'est-à-dire qu'on s'attachait de préférence aux oliviers, aux arbres fruitiers, et surtout à la vigne, culture qui paraît particulièrement annexée aux climats chauds. Quant aux terres labourables, nous n'avons aucun indice qu'elles aient été plus fécondes que de nos jours et dans nos climats. On semait dans un journal de terre quatre ou cinq boisseaux de froment [1], c'est-à-dire à peu près quatre-vingt ou cent livres pesant. Il est vrai que Terentius Varron cite quelques endroits de l'Italie où la semence rend dix et jusqu'à quinze pour un ; mais sa manière de s'exprimer prouve assez qu'il regardait un pareil produit comme une chose très rare, et qu'il n'avait pas lieu dans les environs de Rome [2]. D'ailleurs Cicéron, dont l'autorité a d'autant plus de poids, que cet orateur célèbre était lui-même grand agriculteur, Cicéron nous apprend que la semence rapportait communément huit pour un, et que, lorsque cela allait jusqu'à dix, c'était une faveur des dieux [3]. La plupart des terres reposaient de deux années l'une. Virgile et Columelle conseillent cette pratique pour celles qui produisent de l'orge ou du froment [4]. Il est vrai que Varron parle

---

[1] *Voyez* Columelle. Varron veut qu'on sème un boisseau de plus par journal ; mais cette pratique ne s'éloigne pas beaucoup de la nôtre.

[2] « Seruntur fabæ modii IV in jugero, tritici V, ordei VI, « farris X.... Observabis.... Quantum valet regio, ut in eo- « dem semine alicubi, cum decimo redeat, alicubi cum quin- « quedecimo, ut in Etruria et locis aliquot in Italia. »

[3] « Ager efficit cum octavo ut benè agatur. Verum ut om- « nes dii adjuvent cum decimo. » (CIC. *in Verrem.*)

[4] « Ordeum nisi solitum et siccum locum non patitur, at- « que illa vicibus annorum requietum agitatumque alternis,

de certaines terres qui ne reposent jamais ; mais ces
terres étaient dans l'Olynthie, et non dans l'Italie,
encore moins dans les environs de Rome. D'ailleurs,
le même auteur cite sur-le-champ, et, sans le contredire, un certain Licinius, qui conseille de laisser
reposer les terres de deux années l'une [1]. Le seul
mot *Vervactum*, employé à désigner une terre en
repos, montre assez que cet usage était commun
chez les Romains ; d'autres passages prouvent encore que toutes les campagnes n'étaient pas cultivées ; tel est celui où Columelle conseille de choisir
un domaine composé de terres *arables* et de terres
incultes [2]. Je conviens qu'on pourrait m'objecter
que cet auteur a écrit dans un temps où l'agriculture était fort déchue parmi les Romains ; mais il
serait aisé de prouver que de tout temps il y eut
chez eux de vastes pâtures et des terres en friche.
On pourrait encore ajouter que les famines dont les
premiers siècles de la république nous offrent de

« et quam lætissimum volunt arvum. » (Col. Lib. ii,
cap. iii.

    Alternis idem tonsas cessare novales,
    Et segnem patiere situ durescere campum.
                  (Virg. *Georg.* i.)

[1] « Agrum alternis annis relinqui oportet, aut paulò le-
« vioribus seminibus serere, id est quæ minus sugunt ter-
« ram. » (Lib. i, cap. xliv.)

[2] « Terrenis aliis cultis atque aliis sylvestribus et aspe-
« ris. » (Lib. ii, cap. ix.)

fréquens exemples, les blés importés de Sicile et
de Grèce en différentes occasions, forment de nouvelles présomptions contre cette préférence singulière qu'on veut donner à l'agriculture romaine sur
la nôtre. Quant à celle de certains pays privilégiés,
comme la Sicile, quelques parties de la Grèce,
l'Égypte et plusieurs provinces de l'Asie-Mineure,
il n'en faut parler que pour féliciter ces heureuses
contrées sur la nature de leur climat et de leur sol,
qui leur donnent presque spontanément ce qu'on
n'obtient ailleurs que d'un travail long et pénible [1].
La seule chose à examiner, c'est si les lois des anciens et leur application aux travaux rustiques leur
ont procuré une agriculture supérieure à la nôtre,
abstraction faite de tout avantage local. Or, j'avoue
que je ne vois rien qui me le démontre, et que jusqu'à ce que l'on me fournisse de nouvelles lumières,
je crois que nous n'avons rien à leur envier. Au contraire, s'il fallait soutenir l'opinion opposée, je ne
manquerais pas d'argumens assez plausibles. Je me
contenterai d'en indiquer qui me paraissent même
décisifs : c'est le changement dans la température de
l'air, et la diminution des forêts. M. Hume a remarqué, d'après l'abbé Dubos, que le climat de Rome
était autrefois beaucoup plus froid qu'il ne l'est de

---

[1] La Mauritanie, la Barbarie et l'Égypte, quoique gémis-
sant sous un gouvernement oppressif, jouissent encore de
ce privilége local, qui leur produit un excédant de subsistance capable de nourrir des nations entières.

nos jours [1]. L'an 480 de la fondation de Rome, la
gelée fit mourir tous les arbres fruitiers ; le Tibre
fut pris en entier, et la terre couverte de neige pendant quarante jours. Juvénal, en nous peignant une
femme superstitieuse, la représente rompant la

[1] Nous ne devons pas dissimuler que M. Wallace a répondu à cet article de la dissertation de M. Hume ; mais en
vérité il ne paraît l'avoir fait que pour soutenir une espèce
de gageure de ne laisser aucun raisonnement sans réplique.
Il n'a pas été plus heureux en cette occasion que dans bien
d'autres. Il allègue quelques exemples de grands froids
éprouvés dans les pays chauds. Il cite l'hiver de 1709 ;
mais Juvénal a-t-il dit qu'il était arrivé une fois seulement
qu'une femme superstitieuse ait cassé la glace du Tibre ? Et
quoique les orangers aient gelé quelquefois à Hières et à
Nice, lorsque j'y vois ces arbres croître en pleine terre,
tandis que dans toute la France et dans toute la Lombardie
ils ne croissent que dans des caisses et dans des serres, ne
suis-je pas fondé à dire qu'il fait plus chaud là qu'ailleurs ?
Strabon prétend que de son temps les raisins ne mûrissaient
pas au nord des Cévennes : c'était faute de savoir cultiver la
vigne, répond M. Wallace. Quelle logique !

Dès le temps de Columelle, on s'apercevoit d'un changement dans la température de l'air. Voici un passage qui
le prouve suffisamment : *Multos enim jam memorabiles
authores comperi persuasum habere longo ævi situ qualita-
tem cœli statumque mutari.* Parmi ces auteurs il cite Saserna
dans les termes suivans : *Nam eo libro quem de agricultura
scriptum reliquit, mutatum cœli statum sic colligit, quod quæ
regiones antea propter hyemis assiduam violentiam nullam
stirpem vitis aut oleæ depositam custodire potuerint, nunc
mitigato jam et intepescente pristino frigore, largissimis*

glace du Tibre, afin de pouvoir y faire ses ablutions, etc. M. Hume ajoute à ces observations un passage de Diodore de Sicile, dans lequel cet auteur fait une description des Gaules, telle que nous pourrions de nos jours l'appliquer à la Norvège; et un

olivitatibus, Liberique vindemiis exuberent. Sed hæc sive falsa, seu vera ratio est, litteris astrologiæ concedatur. (Lib. 1.) On voit, par le doute dans lequel Columelle nous laisse, que de son temps ce changement n'était pas encore bien marqué; et comme il est très constant que la situation des corps célestes n'a pas changé, on ne peut l'attribuer qu'à l'amélioration de l'agriculture qui, tandis qu'elle tombait chez les Romains, pouvait se perfectionner dans les Gaules, dans l'Asie et dans l'Afrique.

La physique nous apprend aussi comment les bois contribuent à conserver la froideur du climat, en interposant toujours des nuages et des brouillards entre le soleil et nous. Dans les pays découverts et cultivés, l'eau, en tombant sur la surface de la terre, trouve des plans inclinés sur lesquels elle coule rapidement, pour se rendre dans de vastes réservoirs. Les fossés, les canaux, les torrens, les fleuves sont autant de routes qui lui sont ouvertes. Au contraire, lorsqu'elle tombe sur les forêts, elle se distribue sur les branches et sur les feuilles des arbres, et se partage sur une infinité de surfaces. Dans cet état, elle se trouve comme les eaux salées sur les bâtimens de graduation, c'est-à-dire, dans une disposition perpétuelle à l'évaporation. D'un autre côté, celle qui est parvenue au pied des arbres, et qui s'est répandue dans les bruyères et dans les ronces, n'étant exposée ni au vent, ni au soleil, ne se dissipe presque jamais. De ces circonstances naissent la fréquence des nuages et des brouillards, et l'humidité du terrain.

autre de Strabon, qui nous apprend qu'au nord des Cévennes les raisins ne mûrissent plus. Or, on sait que la température de l'air tient encore plus à la nature du sol et à la perfection de l'agriculture, qu'à la plus ou moins grande distance de l'équateur. Québec est à peu près à la même latitude que Paris; et cependant le Canada est couvert de glaces la moitié de l'année. Il en est de même d'une grande partie de la Russie, qui est beaucoup plus froide que l'Allemagne et la Hollande, quoiqu'elle soit plus méridionale. Et quant à l'immensité des bois qui couvraient autrefois l'Italie, on en peut juger aisément par la facilité avec laquelle les Romains construisaient les flottes les plus nombreuses. En général, nous ne pouvons concevoir ni les armemens de Xerxès, ni ceux des Carthaginois et des Romains, ni même, dans des temps postérieurs, ceux de Saint-Louis sur les côtes de Provence, si nous ne supposons pas qu'il y avait autrefois beaucoup plus de bois que de nos jours, et qu'on les trouvait presque toujours à portée des côtes. Tout le monde a entendu parler de cette forêt sacrée que César fit abattre lors du siége de Marseille. Or, on peut assurer que dans toute la Provence on ne trouverait pas un seul arpent de bois propre à faire des charpentes [1]. Le desséchement d'une grande quantité de marais, l'écoulement procuré aux eaux stagnantes

[1] Du moins si l'on en excepte la montagne de l'Estrelle et les pays voisins des Alpes.

dans une infinité d'endroits, et surtout dans cette partie des Gaules appelée Belgique, sont encore de nouvelles preuves de l'augmentation de l'agriculture. Mais en voilà assez sans doute pour convaincre quiconque ne se sera pas fait un système, et n'aura pas entrepris de donner la torture aux faits, pour en tirer quelques dépositions en sa faveur.

Il nous reste maintenant à examiner si la population a fait les mêmes progrès, question qui serait très épineuse, si deux savans Écossais, en rassemblant les meilleures autorités, tant pour l'affirmative que pour la négative, ne l'avaient placée dans le plus beau jour dont elle soit susceptible. [1] M. Hume, cet écrivain, ce philosophe aimable, qui répand l'élégance dans la discussion, et l'agrément dans l'érudition, et qui, possédant surtout le talent de décider les autres, en doutant lui-même, sait toujours, sous l'apparence d'un scepticisme éclairé, se faire prévenir dans l'opinion pour laquelle il penche en secret; M. Hume a conjecturé et persuadé que les nations anciennes n'avaient pas été plus peuplées que les modernes. Nulle recherche n'a été épargnée de sa part pour mettre le lecteur en état de décider. Il avait eu connaissance de la dissertation de

---

[1] M. Hume : *Discourse of the populousness of ancient nations.* M. Wallace : *Dissertation on the numbers of mankind.* Ces deux morceaux sont traduits. J'ignore s'ils le sont fidèlement.

M. Wallace, qui établit une opinion directement opposée à la sienne. Il invita l'auteur à la rendre publique. M. Wallace le fit, et y joignit une réponse à M. Hume ; réponse dans laquelle l'érudition et la dialectique n'étant pas tout-à-fait exemptes de prévention, de sophisme, et même de dureté, décèle quelquefois le Calédonien dans l'ami des Grecs. Nous allons donner ici à nos lecteurs une idée des principaux argumens sur lesquels ces deux auteurs se fondent.

Selon M. Hume, il est peu important d'examiner si le monde peut vieillir, et si les espèces peuvent dégénérer, parce que le petit espace dont l'histoire a formé ses fastes, et qui sert à la comparaison dont il s'agit, ne doit offrir et n'offre effectivement aucune nuance qu'il soit possible de saisir. Quoique les maladies aient varié, il serait tout aussi difficile d'en tirer aucune induction : si les anciens en avaient que nous ne connaissons pas, les modernes en éprouvent qui étaient connues aux anciens. D'ailleurs, notre auteur a observé, avec beaucoup de finesse, que dans toutes les sociétés policées la population est dans une espèce de gêne, et doit être considérée comme restreinte ; de façon que, lorsque les contagions ont emporté un grand nombre d'hommes, les générations suivantes en réparent bientôt la perte (d). Les nations sont alors dans le cas des colonies naissantes, où l'on voit ordinairement les peuples se

(d) *Comment population si prompte lorsque gênée ?*

multiplier dans une plus grande proportion que dans les métropoles. Cette observation ingénieuse s'est trouvée justifiée depuis par M. l'abbé Expilly, dont les calculs nous démontrent que les pertes occasionnées dans la Provence par la fameuse peste de 1720 sont déjà réparées (e). Puis donc qu'il n'existe aucune raison physique à alléguer sur cette question, il est nécessaire de recourir aux causes politiques et morales qui pourraient influer sur la population.

La différence la plus marquée entre les mœurs des anciens et celles des modernes, c'est l'esclavage généralement établi parmi les premiers, usage barbare, qui sépara l'espèce humaine en deux classes, et qui avilit indignement la plus utile de toutes, puisque pendant long-temps les mains consacrées aux travaux de l'agriculture et de l'industrie ne furent pas plus libres que celles qui étaient destinées au service domestique. Or, si toute administration oppressive tend à diminuer la population, cette classe d'hommes abjecte et malheureuse dut se multiplier moins que les autres. A cette présomption générale, M. Hume joint les observations les plus ingénieuses. Il trouve que les esclaves des Grecs et des Romains étaient pour la plupart composés d'étrangers : c'était le produit des guerres et des pirateries. Des hommes, des femmes, emmenés en captivité, étaient vendus à un prix d'autant plus vil,

(e) *Oui, par les voisins.*

qu'une plus grande quantité d'esclaves était conduite au marché ; et ces expéditions passagères, ces
événemens particuliers, qui mettaient des peuples
entiers dans les fers, en causant une grande concurrence dans la vente, établissaient des prix bien
inférieurs à ceux qui naissent d'un commerce journalier. Cette facilité d'avoir à bon marché des esclaves étrangers empêchait les anciens de laisser multiplier les leurs dans leurs propres maisons. Loin
qu'ils encourageassent de pareilles éducations, on
voit au contraire que les lois politiques et les principes
des meilleurs économes s'y trouvaient directement
opposés. Or, si d'un côté cette classe d'hommes,
gênée dans sa propagation et surchargée dans ses
travaux, devait tendre à se détruire, et si de l'autre
elle faisait des recrues perpétuelles dans la classe
des hommes libres que le sort de la guerre réduisait
en captivité, n'en devait-il pas résulter un principe
de dépopulation pour les hommes pris en général ? [1]

Mais, dira-t-on, si les mœurs des anciens nous
offrent quelques usages contraires à la propagation

[1] Parmi nombre de cruautés exercées contre les esclaves,
et rapportées par M. Hume, je ne citerai que l'usage établi
à Rome d'envoyer dans une île du Tibre, pour les y laisser
mourir de faim, tous ceux que leurs infirmités rendaient
inutiles. Cette manière de donner les invalides ne fait pas
grand honneur à ce peuple si vertueux. Nous avons déjà
parlé de la chasse aux Ilotes ; mais tout cela n'est rien. Il
n'en est pas moins vrai que les Spartiates et les Romains

de l'espèce humaine, ne trouvons-nous pas aussi dans leurs gouvernemens, dans leurs législations, de quoi compenser ces inconvéniens? La Grèce, l'Asie-Mineure, la Sicile et l'Italie étaient divisées en plusieurs petites républiques; là, le partage des fortunes était plus égal, les armées moins nombreuses, la paye des troupes moins forte, les dépenses, en général, moins onéreuses, toutes circonstances favorables à la population. Oui; mais d'un autre côté ces petits états étaient beaucoup plus souvent en guerre, les batailles étaient plus sanglantes, et les suites en étaient plus cruelles. D'ailleurs, les dissensions, les discordes civiles occasionnaient des massacres fréquens; et lorsqu'une faction, après des combats opiniâtres, avait remporté l'avantage, elle ne manquait pas d'exiler tous ceux qui étaient dans le parti opposé. De là il résultait que parmi ces peuples si heureux on ne voyait partout que des veuves, des orphelins, des bannis et des proscrits. [1]

étaient des hommes très vertueux, et que nous autres modernes, qui avons des hôpitaux de vieillards, d'incurables, d'orphelins, d'enfans-trouvés, etc. nous ne sommes qu'un amas d'hommes corrompus. (*f*)

[1] Voyez dans la tragédie d'*Eschyle*, intitulée *les sept Chefs devant Thèbes*, la description des malheurs qu'éprouvait une ville conquise.

M. Hume remarque que, lorsque Alexandre ordonna à toutes les cités de la Grèce de rappeler leurs exilés, le nom-

(*f*) *Prenez garde qu'on n'entende cela au pied de la lettre.*

Mais si par hasard ces républiques divisées tombaient au pouvoir d'un despote, rien n'égalait alors la cruauté avec laquelle il régnait; car on ne peut se dissimuler que si le gouvernement absolu est le partage ordinaire des grandes monarchies, la tyrannie proprement dite ne s'est guère élevée que sur les ruines des républiques. Je veux croire que nous n'ayons point d'idée de la sagesse des gouvernemens de Sparte et de Rome; mais on conviendra que nous n'en avons guère davantage d'une cruauté égale à celle des Denys et des Agathocle. Qu'importe la douceur prétendue de quelque législation ancienne, si cette douceur même conduit à la proscription et à la tyrannie? M. Hume remarque très judicieusement que l'abolition de la peine de mort pour les citoyens romains a donné naissance aux cruautés de Sylla, de Marius et des triumvirs. En effet, l'assassinat dut compenser l'indulgence d'une loi qui était impuissante contre le crime, et qui

bre de ceux-ci se trouva monter à vingt mille. Sur quoi j'observe que cette considération sert encore à expliquer comment il arrivait autrefois que les villes nouvellement fondées se peuplaient en très peu de temps. En effet, les campagnes étaient remplies de bannis qui ne savaient où se réfugier. Dès qu'un asile leur était ouvert, dès qu'ils espéraient y trouver le droit de bourgeoisie, droit que des hommes nés libres ne voulaient jamais perdre, ils ne manquaient pas d'accourir de tous côtés. C'est ainsi que Rome s'est peuplée, et non par la sagesse des lois et la perfection de l'agriculture.

laissait l'existence aux citoyens les plus dangereux.[1]

On a toujours regardé le commerce et les manufactures comme des alimens de la population; mais
partout où l'on verra l'intérêt de l'argent très haut,
la navigation imparfaite, de petits voyages payés
très cher, et des armateurs faire des profits exorbitans, on aura lieu de présumer que le commerce
et l'industrie sont encore dans leur enfance. Or,
M. Hume prouve que chez les Grecs et les Romains
l'intérêt de l'argent fut toujours à douze pour cent;
que souvent les biens-fonds, tels que des maisons ou
autres immeubles, étaient vendus au prix de quatre
années du revenu; enfin, qu'un simple voyage
d'Athènes dans la mer Adriatique, rapportait jusqu'à
cent pour cent de retour. Il est vrai qu'on peut
objecter que partout où le luxe n'a pas établi son
empire, on n'a besoin que de l'agriculture pour soutenir une nombreuse population; mais cette agriculture, subordonnée au simple nécessaire, qui n'est
encouragée ni par l'exportation, ni par le bon prix
des denrées, ni même par la facilité des échanges,
peut-elle jamais être florissante? Et s'il arrive que
dans quelques endroits elle soit seulement très féconde, ne doit-on pas l'attribuer à l'heureuse disposition du sol et du climat? La bonne agriculture consiste moins à jeter des semences sur un terrain qui

____

[1] Voyez ce que nous avons dit plus haut, en parlant des
Romains.

produit de lui-même, qu'à vaincre la nature partout
où elle est rebelle, à varier, à multiplier ses productions. Or, c'est un art que les anciens, et surtout
les Grecs, semblent avoir ignoré. Columelle observe
que, suivant Xénophon, tout homme pouvait être bon
agriculteur, et qu'il ne fallait pour cela, ni grand travail, ni grande intelligence; sur quoi je remarquerai
à mon tour que si le luxe et le commerce n'établissaient pas des ventes et des échanges, l'agriculture,
en général, ne pourrait manquer de déchoir, parce
qu'elle se verrait bornée aux seules productions de
première nécessité. En effet, toutes les terres qui
ne seraient propres qu'au chanvre, au lin, aux mû-
riers, aux bois de teinture, au safran, au café, à
l'indigo, etc., seraient désertes et stériles. Mais les
hommes qui cultivent ces sortes de productions
doivent pourtant être nourris aux dépens de ceux
qui cultivent des terres à blé. Ils ne peuvent donc
leur faire accepter leurs denrées qu'en provoquant
chez eux une plus grande industrie, une agriculture
plus riche, qui produise au colon un excédant de
subsistance, et lui fournisse de quoi suffire à ses
échanges.

M. Hume ne se contente pas de rassembler toutes
les autorités, toutes les conjectures qui peuvent
servir de présomption; il passe à l'examen des faits,
c'est-à-dire de tous les passages qui nous donnent
quelques notions exactes de l'état de la population
parmi les anciens; et c'est ici qu'il nous devient im-

possible de le suivre sans le traduire. Il nous suffira
d'observer avec lui que rien n'est plus fautif dans
les manuscrits que tout ce qui a rapport à des va-
leurs numéraires, exprimées en chiffres; que les auteurs qui nous donnent l'idée la plus favorable de
la population ancienne, tels, par exemple, qu'Hérodote et Diodore de Sicile, nous ont transmis des
calculs contradictoires et des résultats extravagans;
que d'un autre côté ceux qui méritent le plus de
confiance, et qui paraissent le mieux fondés en raisons, ne nous donnent pas lieu de penser que la
terre ait été plus peuplée autrefois qu'elle ne l'est
à présent; qu'à la vérité l'histoire nous offre toujours quelques exemples d'une grande population;
mais que le tout est de savoir si ces exemples ont
été simultanés; car il est important de comparer les
époques, et de ne pas regarder comme un avantage
commun à tous les anciens ce qui n'a été qu'un déplacement successif de bonheur et de prospérité.

Tels sont à peu près les résultats de la dissertation de M. Hume. C'est avec regret que nous nous
sommes vus obligés de la dépouiller de l'érudition
variée dont elle est enrichie, et des réflexions ingénieuses dont elle est ornée; mais nous avons cru
faire plaisir à nos lecteurs en leur donnant une légère idée de cet ouvrage, qu'ils pourront consulter
aisément, si nos observations ont eu le bonheur de
leur inspirer quelque goût pour ces matières intéressantes.

Passons maintenant à M. Wallace. Ici nous trouvons d'abord de très beaux calculs sur la propagation possible de l'espèce humaine, en la supposant sortie d'un seul couple; et nous avons la consolation d'apprendre qu'au bout de 1233 ans elle aurait pu s'étendre jusqu'à 412, 316, 860, 416 individus. Or, comme il y avait trois couples dans l'arche de Noé, notre auteur explique aisément comment les nations les plus anciennes pouvaient être très peuplées malgré la récence de leur origine; et je pense comme lui, car je ne vois pas même de comparaison entre le nombre des Égyptiens, des Assyriens, des Babyloniens, etc. et celui des poux, des punaises, des chenilles et autres insectes ou reptiles, sortis du même asile.

Après avoir donné ce premier échantillon de sa philosophie, M. Wallace passe à l'examen des causes qui peuvent aider ou nuire à la population; ce qui le conduit à avancer que le commerce, les arts et les manufactures y mettent un très grand obstacle. En effet, ceux qui travaillent à différens métiers sont obligés de vivre aux dépens des agriculteurs, lesquels, en cultivant pour les artisans, cultivent aussi pour eux-mêmes. Mais si les artisans devenaient cultivateurs, ils feraient naître des productions pour eux et pour d'autres, et ainsi de suite; de façon que nous aurions une série immense de producteurs de superflu. Rien de plus conséquent sans doute; c'est dommage que les faits soient directement contraires. On voit en effet que ceux qui ne trouvent ni échanges à faire , ni prix convenable pour leurs denrées, ne cultivent pas même pour leur propre subsistance. De là vient que tant de nations ont vécu misérablement avec un terrain immense , et que la terre a été couverte de peuples pêcheurs, chasseurs et nomades.

M. Wallace, satisfait de ces considérations préliminaires , se jette bientôt dans l'examen des autorités qui déposent en faveur de la population ancienne. Nous nous dispenserons aussi de le suivre dans ces détails, mais avec bien moins de regret que nous n'en avons eu tout à l'heure; car nous sommes loin de trouver chez lui la même précaution et la même critique que chez M. Hume. Pour donner une idée de la manière dont M. Wallace procède, nous dirons qu'il entasse sans choix les passages de plusieurs poètes avec ceux d'Hérodote et de Diodore de Sicile, auteurs dont l'exactitude est plus que suspecte, et que non content de se servir de pareilles autorités, il sait encore les altérer, lorsqu'il ne les trouve pas assez favorables à ses opinions. A-t-il lu dans Diodore de Sicile que l'Égypte ne contient que sept millions d'habitans ; il redresse sur-le-champ son auteur, et voici comme il raisonne : Diodore a dit que cette nation entretenait quatre cent mille hommes de troupes réglées; mais la France, qui a vingt millions d'habitans, n'entretient que deux cent mille hommes. Donc l'Égypte, qui

avait quatre cent mille soldats, devait avoir quarante millions d'habitans. Un Égyptien pourrait tout
aussi bien dire : Ma patrie n'avait que sept millions
d'habitans dans le temps qu'on creusait le lac Mœ-
ris; or, la France en a plus de vingt, donc elle doit
avoir creusé un lac trois fois plus grand que le nôtre.
Si par malheur César a dit, dans ses Commentaires,
que, dans un grand armement des Gaules, la Belgique n'avait mis que deux cent quatre-vingt-dix-
huit mille hommes sur pied, notre auteur, qui sent
la force de l'objection, se tire aisément d'embarras :
1°. dit-il, dans les spécifications de ces forces, César
a remarqué que les Bellovaces seuls, qui n'avaient
armé que six mille hommes, pouvaient en fournir
jusqu'à dix mille; il faut donc augmenter la somme
totale de cette armée, ce qui donne quatre cent
quatre-vingt-seize mille six cent soixante-six soldats,
lesquels, ne pouvant être regardés que comme le
quart de la population en général, supposent un million neuf cent quatre-vingt-six mille six cent soixante-
quatre individus. 2°. On trouve encore dans les
Commentaires de César, que chez les Gaulois il y
avait deux classes d'hommes : l'une composée de citoyens libres qu'il appelle les *Chevaliers ;* et l'autre
d'une espèce de serfs, parmi lesquels on comptait
un grand nombre de citoyens ruinés, qui s'étaient
mis dans la servitude des nobles. César ajoute que,
dès qu'il y a guerre, tous les chevaliers prennent
les armes : *Omnes in bello versantur.* Cette auto—

rité, qui est positive pour ceux-ci, M. Wallace la rend négative pour le peuple, c'est-à-dire qu'il l'exclut de toute fonction militaire, ce qui le conduit à conclure ainsi : La Belgique pouvait armer quatre cent quatre-vingt-seize mille six cent soixante-six nobles ou chevaliers, dont le nombre quadruplé, pour trouver la population générale de cette classe, est égal, à peu près, à deux millions. Or, j'évalue la seconde classe au triple de celle-là ; donc il est démontré que la Belgique avait huit millions d'habitans ; mais elle n'était que le quart de la Gaule : donc il est démontré que la Gaule avait trente-deux millions d'habitans.

César serait toujours bien incommode sans cette excellente sagacité de notre auteur. Il dit ailleurs que les Helvétiens, qu'il combattit lorsqu'ils abandonnèrent leur pays, étaient alors au nombre de deux cent (g) soixante-trois mille hommes. M. Wallace répond, sans hésiter, que César n'était pas bien au fait ; que d'ailleurs toute la nation ne dut pas se résoudre à cette émigration ; qu'il est vraisemblable que les druïdes, entre autres, attendirent l'événement. J'avoue qu'il a été de tout temps, dans le caractère des druïdes, de ne pas s'exposer, et de laisser les autres se battre pour eux ; mais je vois plus de morale que de critique dans cette allégation.

Voici encore un autre exemple des calculs de M. Wallace. Polybe a fait une énumération des forces

(g) *Trois cents.*

que les Romains pouvaient mettre sur pied au commencement de la seconde guerre Punique, et cette
évaluation monte à sept cent mille hommes de pied,
et soixante-dix mille chevaux. M. Hume, qui n'a
rien omis de ce qui était le plus contraire à son opinion, a observé que les provinces qui devaient
fournir cette armée ne faisaient pas le tiers de
l'Italie. Son adversaire s'empare du même passage;
il quadruple ce nombre, et le triple ensuite, pour
avoir la totalité de la population de l'Italie, ce qui
fait, à peu près, douze millions; mais, ajoute-t-il,
il ne s'agit ici que des hommes libres. Or, supposons trois fois autant d'esclaves, ne voilà-t-il pas
quarante-huit millions d'hommes tout trouvés? Ne
voulez-vous que deux fois autant d'esclaves, cela
fait toujours trente-six millions d'habitans, et cela
est très honnête.... Ainsi, en supposant les douze millions d'hommes libres, divisés en trois millions de
familles, dont chacune sera composée de quatre personnes seulement, M. Wallace donne, par le premier calcul, douze esclaves, et par le second huit
esclaves par famille; de sorte que tous ces pauvres
citoyens, qui ne possédaient pas vingt mines de bien,
et qui, à raison de leur indigence, étaient dispensés
de porter une cuirasse, avaient, tout au moins, cinq
ou six esclaves chez eux. Voilà qui est bien mer-
veilleux. Il me semble que je raisonnerais tout différemment. Ce n'était que le tiers de l'Italie qui
fournissait les sept cent soixante-dix mille hommes;

mais c'était la partie la plus peuplée, puisque les Alpes et l'Apennin étaient et sont encore un pays très sauvage [1]. D'ailleurs, Rome était florissante; elle avait dejà dépouillé plusieurs nations : c'était la capitale de l'Italie. Je suis donc fondé à croire que la population des deux autres tiers de l'Italie pouvait à peine égaler celle des Romains et de leurs alliés. Or, en supposant que ces sept cent soixante-dix mille combattans représentent un nombre de trois millions quatre-vingt mille citoyens libres, je me contente de doubler ce nombre, pour avoir toute la population de l'Italie, et je trouve six millions cent soixante mille hommes libres. Je calcule ensuite les esclaves; et comme je n'en dois guère supposer qu'à ceux qui sont assez riches pour être compris dans le cens équestre [2], j'en compte deux par chaque

[1] Tite-Live rapporte que dans l'an 555 de la fondation de Rome, le consul Cornelius ayant attaqué les Insubriens, on fit monter au nombre de quinze les villes qu'il avait prises, et à vingt mille celui de leurs habitans. (*Voyez* Liv. **II**, *Décade IV*.) Ce calcul ne porterait qu'à 1333 hommes la population de chacune de ces villes. (*h*)

Nous rapportons ce passage d'autant plus volontiers qu'il paraît avoir échappé également à M. Wallace et à M. Hume.

[2] Ceux qui connaissent un peu la milice romaine trouveront même ce calcul trop favorable; car nous ne sommes obligés d'admettre le *census equestris* que pour les véritables che-

(*h*) *On comptait les citoyens, non les esclaves, non les femmes et les enfans.*

chevalier romain, ce qui me donne cent quarante
mille esclaves. Je double encore ce nombre pour les
familles patriciennes, et je trouve en tout deux cent
quatre-vingt mille esclaves. Je crois pouvoir assurer
que le reste de l'Italie, beaucoup moins riche à
proportion, beaucoup moins heureux à la guerre,

valiers romains qui formaient la cavalerie des légions. Tout
le reste de la cavalerie romaine était composé d'alliés; c'est
ce qu'on appelait *Alæ sociorum*. Or, on ne voit nulle part
que cette cavalerie alliée fut soumise aux mêmes lois que
celle des Romains. Ainsi, c'est être fort indulgent que de
supposer le *census equestris* aux soixante et dix mille hommes de cheval dont Polybe fait mention. Voyez Juste-Lipse
de Militia Romana, les *Mémoires* de M. Le Beau *sur la lé-
gion*, etc.

Nous remarquerons encore qu'on pourrait bien s'être
trompé de beaucoup sur le nombre d'esclaves qu'on a donné
aux anciens. M. Hume et M. Wallace ont cité un passage
de Florus, qui nous apprend qu'Eunus et Athénion ayant
enfoncé les maisons de force où l'on gardait les esclaves,
levèrent une armée de soixante mille hommes. Dans toutes
les guerres des esclaves on ne voit pas que leurs armées
fussent aussi nombreuses qu'elles auraient dû l'être, si le
nombre de ces malheureux eût été tel qu'on se l'imagine. Il
faut observer encore qu'au commencement de la guerre Punique, les Romains possédant des fortunes plus modiques
et plus égales, n'avaient pas encore livré l'agriculture à des
mains esclaves. Ce ne fut qu'après les triomphes des Me-
tellus et de Émiles que les richesses s'introduisirent dans
cette capitale. Enfin, je persiste à croire mon calcul très
raisonnable, lorsque je suppose qu'au commencement de
la seconde guerre Punique il n'y avait que cinq cent mille

n'en possédait pas la moitié autant. Je lui en suppose cependant deux cent vingt mille , ce qui me donne en tout cinq cent mille esclaves , lesquels , ajoutés à six millions cent soixante-six mille citoyens, forment une population de six millions six cent soixante mille habitans; nombre très inférieur à celui qui existe de nos jours en Italie , malgré la grande quantité

esclaves dans l'Italie. Une autre preuve que celui de M. Wallace est très exagéré , c'est qu'il convient lui-même que Caton le censeur payait ses esclaves la valeur de quarante-huit livres sterling, c'est-à-dire, à peu près, 1100 liv. de notre monnoie. Or, il y a tout lieu de croire que, du temps de Caton, leur prix avait plutôt diminué qu'augmenté, vu le grand nombre de captifs qu'on avait faits. Supposons-le cependant augmenté, et évaluons le prix d'un esclave, avant la seconde guerre Punique, à la somme de cent pistoles. Trente-six millions d'esclaves formeraient un capital de trente-six milliards. De plus, suivant Caton le censeur, il ne fallait que treize esclaves pour cultiver deux cent quarante journaux, c'est-à-dire plus de cent trente arpens, ce qui fait plus de dix arpens par esclave. Or, M. Wallace assure que l'Italie contient quarante-huit millions d'arpens. Suivant ce calcul, en supposant qu'aucun Romain ou qu'aucun Italien libre ne travaillât à la terre, il aurait suffi de quatre millions d'esclaves, à peu près. Mais à quoi aurait-on employé le reste dans un pays où il n'y avait ni manufactures, ni commerce? Avant de finir cette longue note, je dois encore avertir que la richesse des chevaliers romains, du temps de Cicéron, ne fait pas une objection contre la modicité de fortune que je leur ai supposée lors de la seconde guerre Punique. Cette richesse ne doit être attribuée qu'au métier de financiers qu'ils exercèrent dans les provinces.

de prêtres et de moines dont cette contrée est infectée.

Nous nous croyons dispensés de suivre désormais M. Wallace, surtout dans ses réfutations de M. Hume, où il ne paraît pas avoir été plus heureux que dans ses assertions. Mais après avoir donné quelques exemples de la philosophie qu'il a répandue dans son ouvrage, et de la manière dont il a employé les faits et les autorités, nous invitons le lecteur à se procurer sa dissertation, et nous l'assurons qu'il y trouvera un excellent choix d'érudition développée partout avec élégance et clarté. Pour nous, nous pensons que les guerres étant devenues moins fréquentes, que le commerce, l'industrie et l'agriculture s'étant étendus et perfectionnés, la terre, en général, est plus peuplée qu'elle ne l'était autrefois, et que sans parler de quelques endroits privilégiés, où l'espèce humaine paroît encore se plaire particulièrement, malgré l'oppression sous laquelle elle gémit, les nations modernes qui sont policées, ne sont pas moins nombreuses que les anciennes. Nous croyons même pouvoir en apporter une preuve que M. Hume a négligée; c'est la diminution sensible des bêtes féroces et de tous les animaux malfaisans. Il faudrait peut-être dix ans à un empereur turc pour rassembler la quantité de lions, de tigres, de panthères, que les empereurs romains, les consuls, les édiles même faisaient paraître dans ces chasses extraordinaires qu'on donnait

en spectacle au peuple. Quant à la population de
quelques nations en particulier, nous croyons avec
M. Hume que si, en se plaçant entre Calais et Dou-
vres, on traçait un cercle dont le rayon aurait cent
lieues, on trouverait une population supérieure à
celle qu'une même étendue de terrain pourrait offrir
chez les anciens, en quelque endroit qu'on voulût la
prendre. [1]

[1] Peut-être ce centre pourrait-il être mieux choisi pour
l'objet que M. Hume s'est proposé. Je suis persuadé que si
on le plaçait à Lyon ou un peu plus loin, de façon que le
cercle décrit pût comprendre l'Alsace, la Souabe, la Suisse
et la Lombardie, on trouverait de quoi contrebalancer les
calculs les plus exagérés en faveur de l'antiquité. L'Italie
même, prise en entier et dans son état actuel, pourrait soutenir le parallèle. Je sais que la Campagne de Rome, la
Pouille et la Calabre sont presque désertes en comparaison
de ce qu'elles étaient autrefois; mais si tout voyageur s'af-
flige d'être obligé de chercher les ruines de Pestum au milieu des ronces et des marais, quel plaisir n'a-t-il pas ensuite, lorsque traversant la Lombardie, il trouve à chaque
station de poste une ville florissante, qui pourrait servir
de capitale à un royaume entier? Quand on pense qu'un
homme un peu pressé, partant de Venise, pourrait traverser dans un jour Padoue, Vicence, Vérone, Bresce, Ber-
game et Milan; loin de porter envie à l'antiquité, on s'éton-
nera plutôt qu'après tant de guerres civiles et tant de révolutions, après une si longue suite de mauvaises lois et de
mauvais gouvernemens cette contrée soit encore la plus florissante de l'Europe.

Les écrivains qui ne s'occupent que de politique, et qui

ne sortent point de leur cabinet, ne connaissent pas toutes
les ressources de la nature. Dans les arrêts de proscription
qu'ils lancent contre tout ce qui n'obéit pas à leurs principes, ils sont sujets à trouver bien du mécompte. J'en ai
souvent cherché la raison, et cela avec d'autant plus d'inquiétude, que je ne pouvais refuser mon approbation ni à
ces principes, ni aux conséquences qui paraissaient en dé-
couler naturellement. Or, je crois que cette différence entre
les faits et la spéculation vient de ce qu'on ne considère
pas assez les nuances de dégradation dont l'espèce humaine
est susceptible. Tel régime, tel gouvernement qui porterait la désolation, la dépopulation même dans une nation
éclairée, est loin de produire le même effet sur un peuple
abruti ou avili. Si l'on établissait en Provence ou en Languedoc le même gouvernement qui régit à présent l'Archipel, nul doute que ces provinces ne tombassent bientôt
dans l'état le plus déplorable; et cependant la Grèce a encore une nombreuse population; elle est habitée par un
peuple gai et content. Une autre considération sur laquelle
on n'a pas assez insisté, c'est le concours des avantages du
climat avec ceux de la législation. Moins un peuple jouit
des premiers, plus il a besoin des seconds. Remarquez que
la prospérité des nations septentrionales a toujours été fac-
tice, toujours fondée sur la guerre et sur la politique. C'est
vers le Nord, c'est sous un ciel triste et nébuleux que dans
ces temps modernes les armées se sont instruites et disciplinées, que la navigation s'est perfectionée, que la tolérance et la liberté se sont établies. Voilà les plus grands
efforts, les plus beaux succès dont la raison humaine puisse
se vanter. Si vous voulez juger de ses progrès, n'allez donc
pas vers l'Orient ou vers le Midi, où le sol et le climat ont
fourni tant d'élémens pour le bonheur public. Plus cette
quantité *constante* dans l'équation sera considérable,

moins les différences des gouvernemens, qui sont les *va-riables*, seront sensibles : c'est en Hollande et en Suisse qu'il faut se placer pour comparer l'antiquité avec notre âge : la France, l'Allemagne même, entreront avantageuse-ment dans ce parallèle. Partout où vous verrez la popula-tion, la richesse excéder les bornes que la nature du climat et du sol leur ont imposées, dites voilà le produit, l'effet certain de la raison humaine. Ainsi, s'il s'agissait, par exemple, de comparer l'Italie ancienne avec l'Italie mo-derne, je ne voudrais pas transporter mon observateur à l'entrée de ce magnifique golfe de Naples, où il verrait se développer à ses yeux une capitale superbe habitée par près de 400,000 personnes, et nombre de bourgs, de villages, de maisons de plaisance, dont l'aspect charmerait ses re-gards ; dans cet heureux pays la nature a tout fait, le ciel et la terre ont appelé les hommes : je ne le conduirais pas non plus dans la capitale du monde ; il trouverait sur son chemin les campagnes abandonnées et la terre inféconde ; mais il reconnaîtrait en même temps que Rome avait besoin d'être maîtresse du monde pour être riche et magnifique ; que l'air qu'on y respire est insalubre et malfaisant, que le sol même et les eaux qui l'imbibent, plutôt qu'elles ne l'arrosent, sont sulfureuses et stagnantes ; enfin qu'il n'ap-partenait qu'aux anciens Romains de surmonter tous les obstacles, et de vaincre la nature : je le conduirais à Vé-nise, où il s'étonnerait à l'aspect d'une cité superbe sortie du sein des eaux ; je le ferais naviguer le long des côtes de Gênes, où il verrait avec surprise au pied des Alpes et sur un sol qui suffit à peine à l'habitation des hommes, une suite de villages qui ressemblent à des villes, de maisons de campagne qui ressemblent à des palais, de palais apparte-nant à des particuliers, qu'on prendrait pour le séjour des rois. Alors, je demanderais si les Liguriens et les Vénètes

avaient de pareilles richesses ; si aucun peuple de l'antiquité en a rassemblé autant, ou sur d'arides rochers, ou
au milieu des flots ? — C'est peut-être un problème à résoudre si l'Italie moderne n'égale pas, non-seulement l'Italie
ancienne, mais la Grèce même. Je regrette de ne l'avoir pas
parcourue, un Pausanias à la main, et j'invite quelque
voyageur éclairé à faire avec exactitude cette comparaison,
sur laquelle je n'ai que des aperçus. Croira-t-on que Saint-
Pierre de Rome n'efface pas le temple de Jupiter Olym-
pien ? Les anciens admiraient le *Panthéon* : eh bien ! cette
fabrique immense n'étonna pas Michel-Ange ; il dit un jour :
J'en construirai une pareille, je l'élèverai en l'air, et quatre
piliers lui serviront de base ; il réalisa sa pensée, et l'on vit
. le dôme de Saint-Pierre. Nous sommes frappés des cirques,
des amphithéâtres des anciens, parce que l'objet de ces
édifices est grand et magnifique. Mais nos vastes églises go-
thiques n'ont-elles pas coûté plus de travail et de dépenses ?
le *Colisée* et l'amphithéâtre de Vérone font plus de plaisir
à voir que la cathédrale de Milan. Cependant cette église a
exigé non-seulement plus de dépense, mais encore beaucoup plus d'industrie. Les temples anciens étaient nobles
et majestueux ; mais ils n'étaient ni voûtés, ni même très
élevés. On a découvert une maison de campagne à Pompéia ;
on connaît les restes de la *ville* Adrienne, et certainement
l'une n'égale pas la *ville* Albani, et l'autre n'approche pas
de Caserte. En général, ce qu'on trouve dans les fouilles
des anciens édifices ressemble plutôt à des dépouilles qu'à
des richesses locales. Les statues grecques abondaient chez
les Romains ; mais Rome était devenue, pour ainsi dire,
le garde-meuble du monde entier. Nous terminerons cette
note où nous n'avons fait qu'effleurer un sujet que nous
pourrons traiter un jour, en observant que plusieurs spéculateurs se trompent grossièrement sur l'Italie, parce que

leurs jugemens ne portent que sur un seul principe : ils n'y voient, en effet, qu'un peuple opprimé et livré à la superstition. Mais ils ne font pas attention que ce peuple est le restaurateur des arts, des sciences et des lettres; qu'il fut jusqu'au seizième siècle le premier peuple du monde; qu'il n'a pu perdre entièrement ces heureuses dispositions qui lui donnèrent la prééminence sur les autres nations; qu'une longue paix, un gouvernement plus prospère le rappellent incessamment à son état naturel; enfin, que s'il n'est plus ce qu'il a été, il n'est ni ce qu'on le suppose, ni ce qu'il sera un jour.

CHAPITRE VI.

*Continuation du même sujet, et particulièrement des progrès de
la population chez les nations modernes.*

MAINTENANT que nous avons mis le lecteur en
état de décider sur la question précédente, il s'en
présente une encore plus importante, et peut-être
plus difficile à résoudre. La population a-t-elle augmenté ou diminué depuis quelques siècles? Est-elle
parmi nous, surtout, dans un état d'accroissement
ou de dépérissement? Cette question, qui depuis long-
temps aurait dû être décidée par des dénombremens,
n'a guère été jugée que par l'humeur et la flatterie.
En effet, suivant qu'on a voulu louer ou blâmer le
gouvernement, abroger d'anciennes lois ou en préconiser de nouvelles, on a dit : la diminution sensible dans la population, l'augmentation marquée
dans la population, prouvent, etc. Et comme la satire
et la louange ne sont guère plus exactes l'une que
l'autre, l'exagération s'est trouvée également des deux
côtés.

M. de Voltaire, supérieur à tout préjugé comme
à toute critique, décide en faveur de notre âge dans
l'immortel ouvrage qu'il a écrit pour l'instruction et
la consolation de l'humanité [1]. Cet historien philo-

---

[1] Voyez le dernier chapitre de l'*Essai sur l'histoire géné-*

sophe ne s'est point dissimulé le détriment que nos législations superstitieuses, que le gouvernement des prêtres, leur intolérance, leur multitude, leur célibat, ont dû causer à la population. Mais il a pensé que ces inconvéniens avaient été compensés par l'augmentation du commerce et de l'industrie; et il a observé qu'une seule différence dans l'exercice du droit de la guerre avait suffi pour faire pencher la balance en faveur des modernes : c'est que dans les guerres innombrables qu'ils ont essuyées, on n'a jamais transporté les nations vaincues. « Les guerres « civiles, dit-il, ont long-temps dévasté l'Allemagne, « l'Angleterre et la France ; mais ces malheurs furent « bientôt réparés, et l'état florissant de ces contrées « prouve que l'industrie des hommes a été encore « plus loin que leur fureur. Quand une nation connaît « les arts, quand elle n'est point subjuguée, trans- « portée par les étrangers, elle sort aisément de ses « ruines, et se rétablit toujours. »

L'Europe renferme du moins quelques nations auxquelles personne ne refuse une population nombreuse; parce que les faits se trouvant conformes

---

rale. C'est dans cet ouvrage immortel qu'il faut chercher le germe de toutes les vérités que nous ne faisons que développer. Un homme de lettres, fait pour en apprécier et le style et les pensées, a dit que *c'était le plus beau tableau que l'éloquence eût offert à la raison.* Mais l'esprit léger et superficiel de la plupart des lecteurs jouit un moment de l'éloquence, et néglige bientôt la raison.

aux principes les plus généralement avoués, on n'a
eu aucun intérêt à les nier. Telles sont la Suisse et la
Hollande. Il est sûr que depuis les deux fameuses révolutions qui les affranchirent de la domination
autrichienne, elles ont considérablement augmenté
en population comme en prospérité. L'Allemagne, où
les femmes sont si fécondes, doit profiter de plus en
plus de cet avantage particulier, parce que les paix
y deviennent plus fréquentes, et que l'intérêt des
souverains a été jusqu'ici conforme à celui des
paysans, qui commencent à sortir de l'oppression
dans laquelle leurs seigneurs les tenaient depuis
long-temps. Le Danemarck, affranchi de la tyrannie
des grands, et heureux jusqu'à présent sous les maîtres qu'il s'est donnés, a vu fleurir dans le sein de la
paix son commerce et sa navigation; il est plus
riche, plus tranquille; il est donc plus peuplé. Il n'en
est pas de même de la Suède, qui, semblable à une
terre livrée pendant long-temps aux braconniers, ne
s'est pas encore relevée des pertes qu'elle a essuyées
sous le gouvernement d'un héros. Ce n'est pas dans
cette contrée que la liberté a paru sous les meilleurs
auspices. Cette succession de démocratie dans les
diètes, d'aristocratie dans le gouvernement inter-
médiaire du sénat, de monarchie dans la médiation
royale, a plutôt alterné que compensé les efforts, et
l'on regrettera toujours qu'une nation noble et cou-
rageuse ne s'assemble guère que pour faire des lois
absurdes sur le change et sur le commerce; comme

si les héros du Nord et les libérateurs de l'Allemagne, transformés en agioteurs et en banquiers,
avaient pris pour modèle les Law au lieu des Gustave. [1]

On a exagéré la population de la Russie; mais
quoique le travail immense de Pierre-le-Grand ne se
laisse plus apercevoir qu'à Pétersbourg et à Cron-
stadt, on peut assurer que ce vaste empire est plus
peuplé qu'il ne l'était du temps de ses premiers ducs.
La Pologne s'était maintenue jusqu'ici dans sa périlleuse liberté [2]; elle est dans le même cas que la
Russie, plus riche, plus peuplée qu'elle ne l'était
sous les Jagellons.

Le beau climat de l'Italie, la fécondité de son sol

---

[1] Ceci a été écrit avant la révolution. On sait que depuis
cette époque la Suède a éprouvé une amélioration continuelle. C'est au temps présent à jouir de ces avantages, et
à la postérité d'en apprécier les sources, en assignant ce
que la nation doit à sa nouvelle constitution, et ce qu'elle
tient plus immédiatement du monarque bienfaisant et éclairé
qui en est l'auteur.

[2] Un Polonais à qui on objectait les troubles de sa patrie,
répondit : *J'aime mieux une liberté périlleuse qu'un esclavage tranquille.* (Voyez l'*Histoire de Sobieski* ou la *Voix
libre du citoyen.*)

Je me suis souvent demandé pourquoi la Pologne avait
conservé si long-temps un si mauvais gouvernement; j'ai
pensé que c'est à cause du voisinage des Turcs et des
Russes. En effet, IL N'Y A POINT DE LIBERTÉ DIFFORME A
CÔTÉ DU DESPOTISME.

et la variété de ses productions sont de si puissans
attraits pour les hommes, qu'elle ne paraîtra jamais
aussi peuplée qu'elle devrait l'être. Cependant c'est
encore de toutes les contrées de l'Europe celle où la
population est la plus nombreuse. Le Milanais contient 1200 habitans par lieue carrée. La plus grande
partie de la Lombardie, les côtes de la mer Adriatique, *la campagne heureuse*, ou les environs de
Naples, ne le cèdent pas au Milanais : et si nous continuons à parcourir le Midi, nous trouverons que
l'Espagne même, malgré l'expulsion des Maures, la
destruction des Juifs, malgré l'intolérance, la superstition, la multiplication des moines et du clergé,
contient encore dix millions d'habitans, quoiqu'il
ait plu à la plupart des écrivains politiques de ne
lui en donner que sept. Restent donc les Français
et les Anglais, lesquels, comme les plus éclairés de
tous les peuples, ont les connaissances les moins
exactes sur la population et sur nombre d'objets
aussi intéressans. Cette phrase, qui tient un peu du
paradoxe, s'expliquera aisément, si l'on fait attention que chez les peuples ignorans c'est le gouvernement qui fait toutes les recherches utiles, et il
a ordinairement des moyens suffisans; au lieu que
chez les peuples éclairés cette besogne est assez
communément abandonnée à l'activité des particuliers. Les administrateurs n'étant pas avertis par de
trop grands inconvéniens, et ayant perpétuellement
devant les yeux une machine très étendue et très

compliquée, passent toute leur vie politique à en étudier les ressorts, et à craindre d'y toucher; et si le hasard fait qu'un jour on ait besoin de quelques faits ou de quelques calculs, on a recours enfin à ces auteurs de bonne volonté qu'on a négligé d'éclairer ou d'encourager; mais il arrive alors que leur nombre immense fournit des armes à toutes les opinions ; on dispute long-temps, on résout peu, et l'on sait encore moins.

Tel a été parmi nous le sort de la grande question sur le nombre de nos compatriotes. On sait qu'à la paix de Riswyck il se trouva sensiblement diminué : cependant les calculs de M. de Vauban le faisaient monter à 19 millions, quoique la Lorraine ne fût pas encore annexée à notre monarchie [1]. Ceux des intendans ordonnés par M. le duc de Bourgogne n'étaient pas tout-à-fait si favorables. La guerre de la Succession fut encore plus funeste que celles qui l'avaient précédée. Depuis cette époque, la longue paix qui a suivi le traité d'Utrecht, les progrès du commerce et la tranquillité intérieure avaient dû recruter la nation; mais la dépopulation était devenue à la mode. On assura gratuitement, et sans alléguer aucune raison, que la France n'avait pas même seize millions d'habitans. Cette exagération tenait à un système très exagéré lui-même. Enfin il est arrivé, suivant notre usage ordinaire, que des particuliers, sans avoir d'autre mission que le pur

[1] Voyez *Projet d'une dîme royale.*

zèle pour le bien public, se sont avisés de commencer des recherches plus sérieuses. Des magistrats respectables ont profité des différentes administrations dont ils avaient été chargés pour constater au moins quelques élémens propres à servir de base à des calculs ultérieurs. Tel est le travail de M. de La Michodière, rédigé et publié par M. de Messence, l'un des ouvrages les mieux conçus et les plus simples qu'on ait faits dans ce genre.

M. l'abbé Expilly a profité de ces documens et s'en est encore procuré d'autres. On a rassemblé des dénombremens exacts; on a recueilli des aperçus et des approchés; on a comparé les époques, etc. Il résulte de ce travail que la population de la France est augmentée, depuis cinquante ans, d'environ un douzième, et qu'on doit la porter à présent à vingt-un ou vingt-deux millions d'habitans. [1] (a)

[1] M. de Vauban (b) avait supputé que la France ne contenait guère plus de 627 hommes par lieue carrée de 2282 toises. Il assure cependant que par des calculs très exacts, il s'en est trouvé plus de 700 dans les provinces de Bretagne, de Picardie, d'Artois et de Normandie. Or, M. de La Michodière en a trouvé dans la généralité de Rouen 1258 par lieue carrée de 2400 toises, dans celle de Lyon 866, et dans celle d'Auvergne 640. Le terme moyen de ces généralités est de 864, et ce terme moyen peut d'autant mieux

(a) *Donc en six cents ans la France serait peuplée de quarante-quatre millions d'hommes. Serrez, serrez.*

(b) *Bois-Guillebert, sous le nom de Vauban.*

Enfin le gouvernement, déterminé par l'impulsion générale, a porté son attention sur cet objet intéressant ; et profitant des élémens déjà trouvés, il

s'adapter à tout le royaume, que si la généralité de Rouen est la plus peuplée, celle d'Auvergne est dans un cas absolument contraire. Il résulte d'un très beau travail que M. de Voglie, inspecteur des ponts et chaussées, a fait sur la généralité de Tours, que cette généralité qui contient trois provinces, l'Anjou, le Maine et la Touraine, a 946 habitans par lieue carrée. Dans 603 paroisses dénombrées avec beaucoup d'exactitude, il a trouvé que le rapport du nombre total des habitans était à celui des naissances dans le rapport de $23\frac{1}{3}$ à 1. Dans les villes de la même généralité ce rapport est de 33 à 1. M. l'abbé Expilly le suppose de 25 à 1 pour tout le royaume, et l'on voit dans le livre de M. de Messence, que ce même rapport, y comprenant les villes et les campagnes, est de 25 à 1 dans la généralité d'Auvergne ; dans celle de Lyon comme $23\frac{1}{4}$ à 1, et dans celle de Rouen comme $27\frac{1}{2}$ à 1 ; ce qui prouve que l'évaluation totale de la population du royaume, en multipliant les naissances par $25\frac{1}{4}$, n'est point exagérée. Quant aux calculs de M. de Vauban, qui furent établis d'après les mémoires des intendans en 1699, le même administrateur, patriote et éclairé, à qui nous devons les recherches sur la population citées ci-dessus, a suffisamment prouvé qu'ils étaient très fautifs, et qu'il y avait eu des provinces entières oubliées (Voyez *Journal du commerce*, juillet 1762.) Peut-être les calculs actuels seront-ils encore perfectionnés, mais du moins ils sont faits avec précaution, et ils portent sur des élémens sur lesquels on peut compter. Il en résulte que la France ayant en 1772, 23,811,236 habitans, et contenant 26,954 lieues carrées de 2282 toises, on y peut compter en général 883 habitans par lieue carrée.

s'est procuré un dénombrement total du royaume,
fondé sur les naissances, sur les morts et sur les
mariages. Voici le résultat des dénombremens ordonnés dans les années 1770, 1771 et 1772, dont
on a fait une année commune. Les naissances multipliées par 25 ¼ ont donné 23,205,122 habitans. Les
mariages multipliés par 124 : 22,487,235 ; les morts
multipliées par 33 : 25,741,422 ; terme moyen des
trois élémens différens, 23,811,259.

Si la plupart de nos lecteurs voient avec plaisir
que la France est plus peuplée qu'on ne l'avait cru
jusqu'ici, nous espérons qu'ils se consoleront aisément lorsqu'ils apprendront en même temps que
le nombre des moines diminue sensiblement. Suivant un état fait avec la plus grande exactitude et
par ordre du gouvernement, il se montait, il y a
déjà quelques années, à 26,674, dont 15,338 mendians, c'est-à-dire Franciscains. Or, il n'est pas douteux que le nombre des religieux ne soit encore
diminué depuis. Des calculs sur lesquels on peut
compter, nous apprennent que depuis l'année 1726
jusques et compris l'année 1744, c'est-à-dire, en
dix-neuf ans, il est mort dans la seule ville de Paris
5538 religieux des deux sexes, et que depuis 1744
jusques et compris 1762, il n'en est mort que 3292.
Or, comme les moines, depuis trente ans, ne se
sont pas rendus immortels (c), du moins au sens

(c) *Ils sont très mortels, Dieu merci! Mais on prétend*

littéral, il paraît que leur nombre a diminué d'un tiers. Mais dans les six années, depuis 1769 jusques et compris 1775, il n'en est mort, année commune, que 92. Voilà donc une nouvelle diminution bien plus sensible; car l'année commune du dernier période de dix-neuf ans, est de 173. D'un autre côté, par le dépouillement général des registres de l'année 1775, je trouve que le nombre des personnes des deux sexes, mortes en religion, se monte à 1714, dont 1,000 religieuses, et que le total des professions dans la même année ne se monte qu'à 1,300, dont 838 religieuses, ce qui forme un *déficit* de plus de 400 dans les recrues annuelles, *déficit* qui est plus sensible parmi les religieux que parmi les religieuses, dont le nombre excède de plus d'un quart celui des moines, et qui doivent se soutenir plus long-temps, parce que les femmes participent moins que les hommes aux révolutions des mœurs et de l'opinion, et que d'ailleurs elles ont moins de ressources contre le malheur et l'indigence. En effet, les couvens de filles ne sont pas seulement le séjour de la dévotion et de l'oisiveté, ce sont des asiles contre l'oppression ou l'humiliation; c'est là qu'on ensevelit des regrets que le monde a causés, et que le monde rappellerait; c'est là qu'on évite la tyrannie des parens, et qu'on sacrifie la liberté de ses actions

que ces maroufles vivent plus long-temps qu'autrefois, parce qu'ils sont mieux soignés.

pour conserver du moins celle de son cœur. Pourquoi ne pas préparer d'autre refuge à ce sexe si
faible, mais si intéressant, si touchant dans sa faiblesse! Que de malheureuses victimes, surtout dans
les provinces, surtout parmi la noblesse! Là, les
filles sont regardées comme un fardeau pour les
familles; tout l'argent qu'on peut économiser, tout
ce que le petit domaine peut produire au-delà de
la subsisance de ses possesseurs est employé à soutenir les garçons au service. Ils partent; on a payé
leurs emplois, on fait leurs équipages, on les pare;
on veut qu'ils brillent dans leurs garnisons. Ils reviennent au bout de deux ans; il faut payer leurs
dettes, il faut contenter leurs caprices; et cependant ils règnent dans la maison paternelle, tandis
qu'on néglige, qu'on maltraite souvent les sœurs
infortunées, qui, pour prix de leurs soins assidus,
n'éprouvent que des rigueurs et des reproches. Faut-
il languir, vieillir dans cet esclavage domestique,
ou se condamner à une prison perpétuelle? Ah!
s'il arrivait jamais qu'à la place de ces couvens qui
dépeuplent les villes et les provinces, qui ne mettent pas moins d'entraves aux pensées qu'aux actions, et dont l'éducation pusillanime dérobe les individus à l'esprit public et aux progrès de la raison,
on élevât des asiles aussi purs, aussi chastes, mais
où la volonté resterait libre, où, sous une règle, sage
sans être austère, on pourrait passer à son choix
les premières ou les dernières années de sa vie,

ou même sa vie entière; quel service ne rendrait-
on pas à l'humanité, quels progrès rapides ne ferait-
on pas vers la félicité publique ? Ce ne serait ni la
liberté des chapitres d'Allemagne, ni l'esclavage de
nos couvens; ce serait l'ordre sans la gêne, la dé-
cence sans la sottise, l'obéissance sans l'humiliation.
Ainsi, en ne négligeant aucune classe de citoyens,
de quelque sexe qu'ils soient, on parviendrait à
remplir le grand objet du gouvernement, qui est
bien plus encore d'avoir une population heureuse
qu'une population nombreuse.

Une chose bien importante, c'est d'établir l'équilibre dans cette population; c'est d'empêcher que
la différence des lois locales n'attire trop les hommes
dans certains endroits pour les repousser dans d'autres. Le gouvernement a déjà beaucoup fait pour
les campagnes, en encourageant l'agriculture, par
les exemptions accordées aux défrichemens, par la
liberté qu'on a rendue à la circulation, à l'exportation des grains et des autres denrées. Quand les priviléges exclusifs seront abolis, quand l'arbitraire
sera banni des impositions, quand le crédit public
aura redoublé la circulation, et que les capitaux se
reverseront dans les campagnes et dans les provinces, nul doute que la France ne soit le royaume
le plus peuplé de l'Europe, comme il est effectivement le plus riche et le plus puissant.

Nous terminerons nos considérations sur la population actuelle de l'Europe par l'Angleterre; mais

nous avouerons en même temps que cette nation si
éclairée, si occupée de spéculations politiques, en
est encore au même point où nous étions il y a quelques années, c'est-à-dire qu'elle n'a aucune notion
fixe sur sa population. Là, comme ici, on trouve
des gens qui assurent hardiment qu'elle est fort di-
minuée depuis la reine Élisabeth; d'autres établissent, par des raisons beaucoup plus plausibles, à
la vérité, qu'elle est fort augmentée. En 1682, sir
William Petty lui donnait 7,400,000 habitans; en
1692, Davenant n'en comptait que 7,000,000. Wallace et Templeman en supposent 8,000,000; d'autres, tels que le docteur Price et M. Smith [1], ne
lui en donnent que de 5 à 6 millions. Malheureusement les Anglais n'ont d'autres élémens pour leur
calcul que le nombre des maisons. On le faisait monter à 1,300,000, à peu près à la fin du dernier siècle.
Quelques auteurs prétendent qu'il est diminué de
près d'un quart; mais comme on ne peut consulter
que les registres de ceux qui lèvent la taxe sur les
fenêtres, il est difficile de former aucun résultat,
parce qu'ils négligent d'inscrire toutes les maisons
ou cabanes des pauvres gens, qui ne payent pas la
taxe. D'ailleurs, quand on connaîtrait le nombre des
maisons, il faudrait encore arbitrer celui des personnes qui habitent dans chaque maison. Nous nous
bornerons donc à dire que la nation anglaise ayant

---

[1] Voyez YOUNG, *Arithm. polit.*, p. 78 et 322.

toujours prospéré depuis un siècle, le commerce
s'étant multiplié, la culture ayant augmenté, ainsi
que le prix des terres et celui des salaires, il y a
tout lieu de croire que la population est augmentée
en même proportion, et que lorsqu'on viendra à
faire des dénombremens exacts, les frondeurs qui
crient à *la dépopulation*, se trouveront tout aussi
loin de leur compte qu'en France et en beaucoup
d'autres pays. [1]

[1] C'est toujours avec beaucoup de défiance qu'il faut examiner les calculs, et en général, toutes les autorités sur lesquelles se fondent la plupart des auteurs anglais : j'en dirai
autant des auteurs français et de ceux de toute nation
éclairée ; en voici la raison : lorsque toutes les opinions ont
été énoncéese t discutées, si l'on vient à consulter les faits,
c'est lorsqu'il s'agit de justifier quelque principe qu'on a
déjà établi, et alors les objets passent à travers un verre
inégal et coloré, qui les change et les dénature. Un homme
d'esprit disait un jour qu'il n'ajoutait guère de foi aux livres
d'histoire, à moins qu'il ne lui fût démontré que leur auteur
était un sot. Ce paradoxe s'appliquerait encore mieux aux
calculs en matière de politique. Que dans un état qui
cherche, qui commence à s'éclairer, on fasse des dénombremens, des cadastres, je suis tout prêt à leur donner ma
confiance : mais que dans un pays où depuis cent ans on
raisonne politique et administration, on s'avise enfin d'alléguer des faits et des calculs, je suspendrai mon jugement,
et je me croirai obligé de vérifier moi-même tout ce que
j'aurai lu dans les livres. Il n'y a pas long-temps qu'en
France on avait limité la population à 16 millions d'habitans, et le revenu net des terres à 280 millions. Il n'est

pas moins risible de voir l'auteur du *Present state of Great Britain*, imprimer en 1755, que la France n'avait que 13,500,000 habitans, dont 270,000 prêtres ou religieux, sans compter les religieuses. D'autres Anglais, plus défavorables encore à leur patrie qu'à ses rivaux, assurent gravement que la population de l'Angleterre a beaucoup diminué depuis la reine Élisabeth, époque où le prix des biensfonds n'était que 15 fois la valeur des revenus, où il n'y avait ni commerce ni manufactures, et où il fallait annuellement acheter des grains de l'étranger. Aucun de ces auteurs n'a imaginé de consulter son compatriote Thomas Morus, qui, peu de temps avant cette époque, se plaignait de ce que le peuple diminuait de jour en jour, et en donnait de très bonnes raisons. Les principales étaient, 1°. la manie des pâturages, qui faisait que les riches détruisaient des villages entiers pour agrandir leurs parcs; 2°. la multiplication des moines et la richesse du clergé; 3°. le faste des grands, qui nourrissaient, entretenaient un grand cortége d'officiers et de valets, tous tellement accoutumés à l'oisiveté et à tous les vices qu'elle entraîne avec elle, que lorsqu'il leur arrivait de perdre leurs maîtres, ils devenaient des mendians ou des voleurs de grands chemins. (Voyez *Utopia*, lib. 1.) Une chose digne de remarque, c'est que Thomas Morus en prend sujet de se récrier contre la sévérité des lois pénales, et surtout contre la peine de mort infligée aux voleurs, qu'il soutient hardiment que le gouvernement n'a pas droit de punir si rigoureusement des crimes dont il est la première cause, et que pour le prouver, il expose tous les principes qui ont fait depuis la fortune du livre intitulé *Des délits et des peines*. Ainsi la vérité, comme la plupart des raretés qu'on expose à la curiosité des passans, dépend et de l'adresse de celui qui la montre, et du moment où on l'expose. Rarement va-t-on la chercher au lieu de son origine; aussi ne parvient-on pas aisément a la connaître. C'est un enfant qu'on orne dès le berceau, et qui ne paraît nu qu'au moment de sa naissance.

Avant de passer à la question intéressante que nous traiterons dans le chapitre suivant, nous croyons devoir encore arrêter un moment ceux de nos lecteurs qui prennent quelque intérêt à tout ce qui concerne la population. En effet, la bonne foi dont nous faisons profession ne nous permet pas de dissimuler un fait très singulier que nous trouvons dans *l'Histoire de France*, continuée par Villaret. Cet auteur assure avoir vu à la Bibliothèque du roi un manuscrit qui en cite un autre, sous le titre d'*État du subside imposé par feux, en* 1328. Suivant cet état, les provinces soumises à l'aide, du temps de Philippe de Valois, contenaient deux millions cinq cent mille feux, ce qui annonce une population d'autant plus considérable, que la plus grande partie de la Guyenne, les comtés de Foix et d'Armagnac, le Roussillon, la Bourgogne, la Franche-Comté, la Flandre, le Hainaut, l'Artois, la Bretagne, l'Alsace, la Lorraine, le Dauphiné et la Provence n'y étaient pas compris. M. Villaret estime que les provinces soumises à cette imposition ne formaient pas le tiers du royaume tel qu'il est à présent, lequel devait par conséquent contenir alors près de 8 millions de feux; ce qui donnerait 24 millions d'habitans, à ne compter que trois têtes par feu, à quoi il faudrait encore ajouter tous les serfs, le clergé, les universités et la noblesse, qui en étaient exempts : d'où il conclut qu'on pourrait porter cette population à 32 millions. Ce résultat est trop extraordinaire pour ne pas inspirer quelque doute sur les documens dont il est tiré. Il est impossible que la multiplication du clergé, les croisades, l'anarchie féodale, la servitude des peuples, etc. ne se soient pas opposés aux progrès de la population, ce qui forme d'abord un préjugé contre les calculs précédens. J'observerai ensuite que c'est peut-être très gratuitement que M. Villaret suppose que les

provinces soumises à l'aide ne formaient pas le tiers de la
population (*d*). Il dit ailleurs que lorsque le Prince-Noir
voulut imposer cette taxe de 20 sous par feu, qui fit révolter
la plupart de ses sujets, on calculait qu'elle lui aurait produit 1,200,000 liv. Il est clair que cette conjecture était très
hasardée, puisqu'elle supposait que la population des provinces soumises à l'Angleterre égalait la moitié de celle des
provinces qui composaient la monarchie. Admettons-la cependant pour un moment; mais n'en négligeons pas une
autre que nous trouvons dans DUCANGE (au mot *Focagium*).
Ce savant auteur rapporte un instrument qui se trouve dans
l'Histoire de Bretagne, où il est parlé d'une imposition par
feu, sur laquelle le duc assigna le paiement d'une dette que
le connétable Clisson réclamait. Suivant cet instrument, le
nombre des feux dans toute la province ne se trouve monter
qu'à 69,748. *Erat autem exhibitus numerus focorum tum
contribuentium in communis focagiis, qui ascendebant ad
summam* 69,748. Or, si la Bretagne ne contenait qu'un pareil nombre de feux, ne pourrait-on pas faire des provinces
qui restaient hors de la domination royale quatre lots, dont
chacun serait à peu près égal à la Bretagne? Le premier
contiendrait la Bourgogne et la Franche-Comté; le second,
la Flandre, le Hainaut et l'Artois; le troisième, l'Alsace et
la Lorraine; le quatrième, le Dauphiné et la Provence; ce
qui ne formerait en tout que 350,000 feux à peu près, y
compris la Bretagne. Si l'on ajoute cette somme à celle
qu'on a trouvée pour la Guyenne, on n'aura que 1,330,000
feux pour toutes celles des provinces de notre monarchie
qui n'étaient pas soumises alors à l'autorité de nos rois. A
la vérité, je ne donne pas ce calcul pour bien exact; mais
il y a apparence qu'il l'est pour le moins autant que celui
de M. Villaret. Cet auteur ne compte que trois têtes par

(*d*) *J'ai parlé de cette méprise dans* l'Histoire générale.

feu; ce qui est fort éloigné de l'estimation actuelle; mais il y a tout lieu de croire que cette imposition était répartie différemment qu'elle ne l'est de nos jours. Je trouve encore dans DUCANGE un passage qu'il a tiré des registres de la chambre des comptes. Il s'agit de la manière dont l'affouagement doit se faire en Normandie; il y est dit : *Si in eadem domo manserint quatuor homines vel plures vel pauciores de quibus unusquisque vivat de suo proprio, dat foagium : Vidua etiam, si habet de mobili* 11 *sol. aut amplius, dat foagium.* Et quant au nombre des exempts que M. Villaret fait monter si haut, le même manuscrit nous apprend qu'un évêque ou un abbé ne pouvaient exempter que six personnes de leur suite.

Il résulte de tout ceci qu'on ne peut rien conclure d'après des élémens si incertains et si contradictoires. M. Villaret aurait pu s'étonner que nous n'eussions porté la population de toutes ces provinces dont nous avons fait l'énumération, qu'au tiers de celle qu'il attribue à la Guyenne et aux autres pays soumis à l'Angleterre; nous le serons à notre tour qu'il évalue cette population à la moitié de celle des provinces qui obéissaient directement au roi. D'ailleurs, il ne produit aucun registre pour la Guyenne, et nous en avons un très précis pour la Bretagne. Il résulte de son calcul que le royaume, tel qu'il est à présent, pouvait contenir alors 32 millions d'habitans; il résulterait du nôtre qu'il n'en contenait que treize ou quatorze. Car quatre millions de feux ne nous donneraient que douze millions de contribuables, et nous nous croyons fondés à supposer que le nombre des exempts était beaucoup moins considérable qu'il ne l'a cru. Au milieu de ces obscurités, c'est à la raison de juger : elle nous apprendra qu'un peuple livré à l'anarchie et à la superstition, ne peut jamais se multiplier à un certain point.

CHAPITRE VII.

Continuation du même sujet. La population est-elle un indice certain de la force d'un état?

Je ne doute pas que bien des gens ne se décident pour l'affirmative, et cette opinion paraît dériver naturellement des principes que nous avons établis jusqu'ici; mais il en est un important, qui est plus connu que suivi dans ce siècle disert, c'est «qu'on « ne connaît bien les vérités qu'en connaissant leurs « limites. » Il est généralement vrai que la population est la preuve de la prospérité et de la force d'une nation, parce qu'il est généralement vrai que l'agriculture, le commerce et la bonne législation multiplient le nombre des hommes. Mais la population n'a-t-elle pas quelquefois des causes physiques qui peuvent prévaloir sur les causes morales? N'existe-t-il pas des pays plus favorables à la propagation de l'espèce; et la proportion du nombre des hommes à la félicité dont ils jouissent est-elle toujours égale? Les faits suffisent seuls pour nous décider; car si, dans cette supposition, il paraîtrait encore fort difficile de trouver des contrées toutes couvertes d'habitans, il ne le serait pas du moins d'en trouver qui fussent totalement désertes. Les côtes d'Afrique, l'empire Ottoman, et même celui des Czars ne nous en offraient que trop d'exemples. Mais pour nous dispenser de les aller chercher si loin, nous pouvons citer plusieurs petits états d'Allemagne, sans commerce et sans industrie, gouvernés assez tyranniquement, et perpétuellement opprimés par la présence d'un petit souverain, qui le plus souvent ne devant son domaine qu'à une dignité ecclésiastique, se hâte de dévorer une propriété précaire qu'il ne peut faire passer à sa postérité. Eh bien! dans ces petits états, les peuples se multiplient; les mariages ne sont pas heureux, mais ils sont communs : les ménages ne sont pas riches, mais ils sont féconds, et l'espèce humaine se soutient toujours. (a)

On ne peut se dissimuler qu'il existe en France des provinces très misérables. Il en est qui jusqu'ici paraissent avoir été constamment oubliées du gouvernement, excepté dans la répartition des impôts. Il y a quelques années que le Berry et le Limosin n'avaient ni chemins, ni commerce, et gémissaient pourtant sous le poids de leurs impositions, d'autant plus onéreuses, que dans ces pays d'élection la taille est arbitraire. L'état recueillait où il n'avait point semé. J'avoue que ces provinces ne sont pas les plus peuplées du royaume; mais elles sont loin d'être désertes, et certainement les hommes s'y trouvent dans une proportion qui excède de beaucoup celle de leur

(a) Ils fournissent des emigrans à l'Europe.

aisance; c'est que nous ne connaissons pas toutes les ressources de la nature; c'est qu'elle est capable d'efforts que nous ne pouvons pas apprécier; et voilà la raison par laquelle on se trompe toujours dans les principes trop généraux, ou plutôt dans les conséquences qu'on en tire.

« Les subsistances sont la mesure de la popula- « tion [1]. Si la quantité de subsistance diminue, le « nombre des hommes doit diminuer en même pro- « portion. » Il doit diminuer, sans doute. En même proportion? C'est une autre affaire, ou du moins ce n'est qu'au bout d'un très long temps que cette proportion se trouve juste. Les dégradations dans l'ordre politique ressemblent assez à la récession des marées; le flot en fuyant revient toujours sur ses pas; il faut le bien observer pour juger qu'il rétro- grade. Avant que la vie des hommes s'abrége, que les sources mêmes de la vie s'altèrent, il faut que la misère ait abattu les forces et multiplié les ma-

---

[1] On peut voir dans les calculs publiés par M. de Mes- sence, qu'après les ravages causés par la peste de Marseille, les mariages furent plus féconds en Provence qu'ils ne l'a- vaient été auparavant. Il en est de même après tous les fléaux qui diminuent la proportion des hommes aux sub- sistances, sans détruire les moyens de faire renaître ces subsistances. Cette seule considération doit faire juger d'un coup-d'œil que la dépopulation qui se répare le plus aisé- ment, est celle qui est la suite d'une contagion. Le con- traire arrive, si elle vient d'une guerre ruineuse ou d'une mauvaise administration.

ladies. Lorsqu'elle s'empare d'une contrée, lorsque les subsistances diminuent d'une certaine quantité, d'un sixième, par exemple, il n'arrive pas qu'un sixième des habitans meure de faim ou s'exile; mais ces infortunés consomment, en général, un sixième de moins, et ainsi de suite. Malheureusement pour eux, la destruction ne suit pas toujours la misère; et la nature, plus économe que les tyrans, sait encore mieux à combien peu de frais les hommes peuvent subsister (*b*). Ils pourront encore être nombreux, mais ils seront faibles et malheureux toutes les fois qu'une année de travail ne fournira à chaque homme qu'une subsistance pénible pour lui et pour sa famille, ou que l'exaction lui enlèvera journellement le petit excédant dont il pourrait se former un capital, un moyen de perfectionner sa culture et d'améliorer son sort; c'est alors qu'en prenant peu on enlève beaucoup. Je dis donc qu'une pareille contrée peut être peuplée sans être forte ni redoutable : je dis qu'en cas de guerre, on a peu de ressources à en attendre, et qu'elle pourrait être soumise aisément par un peuple moins nombreux.

Au contraire, s'il existe une nation qui, sans être très nombreuse, possède une grande quantité de terres bien cultivées; si cette nation augmente journellement son agriculture et son commerce, sans que sa population augmente en pareille proportion; enfin, si elle fait naître plus de subsistances, sans

(*b*) *Bravo!*

nourrir plus d'habitans, je dis : « Il faut que cette
« nation consomme spécifiquement plus que les au-
« tres ; il faut que le tarif de la vie humaine y soit
« plus haut, et c'est là l'indice le plus certain de la
« félicité des hommes. » Tel est le cas où se trouve
l'Angleterre [1] : comparez état à état, classe à classe,

[1] On ne parle ici que de l'Angleterre proprement dite ;
car il n'est point de nation dont l'Écosse et l'Irlande doivent exciter l'envie. On compte communément sept à huit
millions d'habitans en Angleterre. Comme elle n'est guère
plus étendue que le tiers de la France, si ce calcul était
juste, elle se trouverait peuplée précisément dans la même
proportion ; mais il faut observer que l'Angleterre a plusieurs avantages dont la France est privée. Son terrain est
presque partout uni, et par conséquent propre à la culture
des blés et au pâturage ; d'ailleurs, elle est environnée de
la mer, et la nature de son sol rend les chemins très faciles.
D'un autre côté, sa position entre l'Europe et l'Amérique
la rend très propre au commerce, tandis que sa situation
insulaire assure sa tranquillité. Il serait donc juste de ne
comparer l'Angleterre qu'aux provinces les plus riches de la
France, et de n'opposer le Limousin, l'Auvergne, la Provence et quelques parties de la Champagne qu'à l'Écosse et
à l'Irlande. Sous ce point de vue l'Angleterre serait spécifiquement moins peuplée que la France ; car l'Écosse et
l'Irlande réunies ne contiennent pas quatre millions d'habitans. Mais je suis très porté à croire que les Anglais ont
aussi la manie de dénigrer leur population. Ils n'ont d'autre
dénombrement que celui des maisons (c) ; on en compte
douze cent mille, et les spéculateurs ne supposent que 5
ou 6 personnes par maison. Or, nous voyons par les cal-

(c) *Et les listes des morts et des naissances.*

profession à profession, vous trouverez que la subsistance de l'Anglais est toujours évaluée à un taux plus haut que celle d'un Français ou d'un Allemand. Je n'en excepte pas même les pauvres, auxquels on ne refuse dans les hôpitaux aucune de ces consommations que nous regarderions comme une espèce de luxe, telles que la bière, le thé, [1] le pain

culs de M. de Messence que dans Paris il faut compter 24 personnes par maison. Il est vrai qu'elles y sont plus hautes qu'en Angleterre; mais dans Londres, Bristol, Oxford, Birmingham, on peut bien compter 15 ou 18 personnes par maison. Les mêmes calculs nous donnent dans les provinces 5 personnes par feu, et comme il existe toujours beaucoup plus de feux que de maisons, tout concourt à prouver que douze cent mille maisons doivent donner beaucoup plus de sept millions d'habitans.

[1] C'est ce qui rend la taxe des pauvres si onéreuse en Angleterre. Il en aurait même résulté un grand inconvénient; car les propriétaires, craignant de voir augmenter cette charge, commençaient à décourager la population le plus qu'ils pouvaient, en éloignant les petits tenanciers, et surtout ces manufactures qui ne donnent qu'une aisance précaire, et dont les vicissitudes exposent quelquefois le peuple à la mendicité. On vient de remédier depuis quelque temps à cet inconvénient; la plupart des propriétaires s'étant réunis pour former des établissemens auxquels ils contribuent en raison de leur propriété, et où ils font travailler les pauvres. De cette façon, personne n'a plus un intérêt immédiat à les éloigner de chez soi : chacun doit même désirer d'y attirer une population dont tout le produit sera pour lui, tandis que les charges en seront partagées par ses voisins.

blanc, etc. Aussi ce peuple est-il plus robuste, plus
actif, et surtout meilleur ouvrier que les autres; car
il faut bien se rappeler cette vérité démontrée par
l'expérience, c'est que le haut prix des salaires n'est
pas si contraire au commerce que bien des gens se le
figurent; la raison en est que l'homme qui consomme
le plus est celui qui travaille le mieux. Un officier
anglais, chargé de la construction de quelques retranchemens, avait partagé l'ouvrage entre des Anglais et des Écossais; il payait la journée des premiers le double de celle des autres. Les Écossais
se plaignirent; il mit les ouvriers à la tâche, en
égalisant (d) les prix, et ceux-ci y perdirent encore
plus. Je ne parle pas ici de quelques salaires extravagans qu'on paye dans la ville de Londres, parce
que toute ville trop considérable renverse toujours
les lois de la raison et de la politique; parce que
dans une capitale où toutes les classes font corps,

Ces faits, qui sont peu connus en France, peuvent être de
quelque importance, en ce qu'ils font voir que les établissemens de charité, qui tendent au soutien et à la multiplication du peuple, peuvent quelquefois aller directement
contre leur objet, et qu'ils nous prouvent en même temps
que toutes les manufactures qui ne s'allient pas avec l'agriculture, sont la source la plus commune de la mendicité.
Les ouvrages vraiment utiles, ce sont les filatures, les petits
métiers, etc.; parce que le cultivateur et sa famille peuvent
y employer les jours d'hiver, les longues soirées, et tout le
temps qu'ils ne doivent pas au soin de leurs terres.

(d) *Égalant.*

et où tous les corps peuvent se faire craindre, le
commerce, la police et le sens commun sont également exposés. Mais je me suis assuré par moi-
même que dans les campagnes de l'Angleterre les
salaires sont dans une juste proportion entre eux, et
que généralement les hommes y consomment plus
qu'ailleurs. [1]

Ce que j'ai dit des consommations doit s'entendre
de toutes les commodités de la vie. Les paysans,
les journaliers sont tous bien vêtus. On ne connaît
pas là l'usage d'acheter des vieux habits de livrée,
comme dans certains pays, où, lorsque vous entrez
le dimanche dans une église, vous croyez voir, au
lieu d'une assemblée de paysans, un ramas de domestiques mal entretenus. Le feu de charbon est,
à la vérité, beaucoup moins cher que celui que l'on
fait avec le bois; mais le feu est regardé en Angleterre comme de première nécessité, et toutes les
maisons sont échauffées avec soin quoiqu'il y ait partout des portes et des fenêtres bien fermantes et
bien entretenues, qui défendent des injures de
l'air.

Tels sont les véritables avantages de ce peuple,

[1] Consultez un livre intitulé : *A six weeks's tour, etc.*,
vous y verrez que les journées des moissonneurs, des fau-
cheurs, sont communément de trente à quarante sous, dans
des pays où le prix du pain est de deux sous (c) la livre, celui de la viande de six, et celui du beurre de douze.

(c) *Ces deux sous en font quatre des nôtres.*

lesquels, réunis à la sûreté de ses propriétés et au privilége inestimable de ne dépendre que de la loi, le rendraient le plus heureux de la terre, si son climat, ses anciennes mœurs et ses fréquentes révolutions ne l'avaient pas tourné au mécontentement et à la mélancolie ; mais ces considérations ne sont point de notre sujet. Nous venons de voir qu'une nation peut augmenter son commerce et sa culture dans une beaucoup plus grande proportion que sa population ; il nous reste à examiner si c'est un inconvénient pour elle, et si elle en sera moins puissante pour cela.

Tâchons de simplifier la question, et supposons, comme nous l'avons fait au commencement de cet ouvrage, que le travail d'une nation est partagé entre tous les individus : imaginons encore deux cités ; supposons dans l'une six mille habitans, et dans l'autre quatre mille : je soutiens que si les premiers sont dans une telle situation qu'ils soient obligés de travailler toute l'année pour se procurer une subsistance modique, et que les autres puissent produire avec le même travail une quantité de subsistances spécifiquement plus considérable, ou bien avec un travail beaucoup moins pénible une subsistance suffisante, ceux-ci seront les plus forts, comme les plus heureux ; de façon que dans le cas où la guerre s'élèverait entre les deux cités, ils seraient nécessairement victorieux.

Allons plus loin, et voyons comment les choses

doivent se passer. Le peuple le moins nombreux,
mais le plus riche [1], se résout à mettre des troupes
en campagne. Je suppose qu'il arme mille hommes.
Voilà le quart du peuple qui ne travaille plus : il
faut donc qu'il arrive de deux choses l'une, ou que
le pays, fournissant le quart moins de subsistances,
les cultivateurs se privent journellement d'une partie
de leurs consommations pour faire vivre leurs soldats, ou qu'ils augmentent leur travail pour suppléer
à celui que ces derniers ont été contraints d'abandonner. Mais chez un pareil peuple, ces deux ressources sont également possibles. Nous observerons
seulement que cette alternative n'existe guère, les
deux efforts se faisant conjointement, de façon que
la partie laborieuse travaille un peu plus, et consomme un peu moins, et c'est là ce qui soutient tous
les états pendant la guerre.

Examinons maintenant ce qui se passe chez l'autre
peuple. Il mettra aussi mille hommes sur pied; car
dans les premières campagnes les armées sont ordinairement égales, et de part et d'autre on calcule
plus ses espérances que ses moyens. L'embarras est
de savoir comment on soutiendra cette petite armée. Les cinq mille hommes qui resteront travail-
leront-ils davantage? mais à peine leur travail excessif suffisait-il à leur consommation; consomme-

---

[1] Cette richesse doit toujours s'entendre des subsistances;
car jusqu'ici nous avons éloigné toute idée de commerce et
d'argent monnayé.

ront-ils moins? mais à peine leur consommation suffisait-elle à leur subsistance : dans cet état de crise et de souffrance, comment entretenir une armée, l'approvisionner, la recruter? Il paraît donc démontré, qu'outre le désavantage qu'auront toujours mille soldats faibles et languissans contre un pareil nombre d'hommes forts et vigoureux, la seule différence des moyens et des efforts décidera la ruine de ce peuple plus nombreux, mais aussi plus misérable que l'autre.

On m'objectera peut-être que ceci n'est qu'une hypothèse, et que je me donne la liberté d'y pousser les choses à l'extrême. J'en conviendrai : oui, j'ai pris les choses à la rigueur, et je les ai poussées à l'extrême ; mais c'est pour mettre la question dans tout son jour. Maintenant ajoutez, diminuez, marquez les nuances intermédiaires, mais avouez du moins que le principe est vrai, et que tous les événemens que l'histoire nous présente s'y rapportent plus ou moins. Que serait-ce si la nation la moins peuplée avait un plus grand capital en argent monnayé ? Que serait-ce si, en supposant toutes les choses vénales, comme les hommes même le sont de nos jours, tous les efforts de la guerre consistaient en dépenses ? Certainement mon principe, loin de perdre dans l'application, en recevrait un nouveau jour, et paraîtrait sans réplique.

Je prévois cependant une objection, et je vais me hâter d'y répondre avant de terminer ce chapitre. Vous parlez, dira-t-on, de l'argent monnayé comme d'une ressource, comme d'un capital, et cependant il paraît que dans les guerres les plus dispendieuses, le dépérissement du travail, de la population et de l'agriculture précède toujours l'exportation ou l'aliénation entière de ce capital : telle guerre a ruiné un pays qui n'en a pas fait sortir le quart de son numéraire. Je prendrai la liberté de ne répondre à cette objection que par l'exposition d'une théorie que je crois aussi vraie qu'elle est simple.

Toutes les denrées étant vénales, et le commerce intérieur, qui n'est qu'un troc perpétuel, pouvant se faire par échange, ou avec plus ou moins de signes représentatifs, il serait naturel de regarder tout l'argent monnayé qui existe dans un état, comme une créance sur un surplus de travail ou de production à prendre sur l'étranger; de façon qu'une nation qui aurait une reproduction annuelle de six cents millions, et qui posséderait deux cents millions d'argent comptant, pourrait se figurer qu'elle a pour huit cents millions de subsistances à sa disposition : mais comme il est arrivé très antérieurement que tous les échanges se sont faits par l'argent; que sans argent les déplacemens de fonds, les transports, les trocs, les payemens ne pourraient avoir lieu; il s'ensuit qu'il est devenu impossible de disposer de l'argent comme capital, sans le détourner, dans une bien plus grande proportion, de ses fonctions d'agent général du commerce. Dans le corps humain une saignée dégage également tous les vaisseaux ; il n'en est pas de même dans le corps politique : tout s'y fait par convulsion, et vous ne pouvez en changer l'économie, sans y jeter le désordre et la confusion. C'est ainsi que les impôts attaquent les propriétés, et ruinent les provinces ; c'est ainsi que les emprunts et les affaires extraordinaires bouleversent les fortunes, et interrompent le commerce. Telle est encore la raison pour laquelle les nations se ruinent bien plus par la mauvaise administration que par la guerre. De tout cela il résulte que dans l'état présent des sociétés politiques, l'argent monnayé peut bien être regardé comme un capital qui représente des denrées ou des mains-d'œuvres étrangères ; mais qu'en même temps c'est un capital qui n'est point disponible ; qu'il ne peut être rassemblé et employé qu'en très petite partie : enfin, qu'une nation vraiment puissante est celle qui consommant spécifiquement plus, ou travaillant spécifiquement moins qu'une autre, peut dans un temps de crise trouver une épargne dans ses subsistances, ou une augmentation dans son travail. [1]

[1] Il est pour les états des capitaux beaucoup plus avantageux que l'or et l'argent. Ce sont les ports de mer, les places de guerre, les arsenaux, les chemins, les canaux, les magasins, les fermes, les manufactures, et tous les édifices utiles à l'agriculture et au commerce. C'est, pour ainsi dire, la première mise, les avances d'une nation, sans les-

quelles il n'y a nul profit à attendre. Au reste, je n'ai pas besoin d'avertir que si j'ai comparé dans le courant de ce chapitre la France à l'Angleterre, tout ce qui a été dit depuis sur deux peuples, dont l'un est pauvre et l'autre riche, n'a plus aucun rapport à ces deux nations. La plupart des provinces de la France sont aussi riches et aussi bien cultivées que l'Angleterre. Le peuple, à la vérité, n'y est pas si à son aise : mais c'est un bien qui ne peut s'opérer qu'avec le temps et à l'aide des lois favorables à l'agriculture, comme l'exportation des grains, le rachat des corvées, l'encouragement des chemins *vicinaux*, et surtout l'abolition de l'arbitraire dans la taille.

CHAPITRE VIII.

**De la guerre, et des causes qui peuvent la rendre plus ou moins
fréquente de nos jours.**

Sɪ les spéculateurs ne sont pas encore d'accord
sur les véritables symptômes de la félicité des peuples,
personne ne disputera du moins que la paix n'en soit
généralement le principe. La paix entraîne avec elle
les idées de tranquillité, d'ordre et de bonheur. Pourquoi donc le calme qui doit la suivre est-il troublé si
souvent chez les peuples libres, par des factions; chez
les autres, par des murmures ? C'est qu'on est à la fois
et beaucoup plus heureux et beaucoup moins occupé. Ce n'est jamais qu'au moment où l'on commence à être mieux (*a*) qu'on s'efforce d'être bien (*b*).
Un moribond, accablé sous le poids de la maladie,
ne sent rien, n'espère rien, ne craint rien : la crise
favorable est-elle arrivée, la douleur l'avertit bientôt
de son existence; il s'agite, il se plaint, il commence
à craindre la mort, et il est déjà guéri. Il en est de
même des corps politiques. Ceux-là ne connaissent ni
les hommes ni les gouvernemens, qui entendant
parler d'opposition, de remontrances, de murmures, etc. s'empressent de conclure qu'une na-

(*a*) Bien.

(*b*) Mieux. *Faux en tout sens.*

tion est malheureuse. Sans doute que le calme de l'ancienne Arcadie ou du moderne Lignon serait une chose bien douce; mais les hommes ne se gouvernent pas comme les bergers de d'Urfé, et les lois d'un état puissant ne sont pas si aisées à perfectionner que celles de la vallée de Tempé. Pour moi, si j'arrivais dans un pays où l'on ne parlât dans la capitale que de plaisirs et de spectacles; dans les provinces, que de jeu et de tracasseries; dans les campagnes, que de la pluie et du beau temps; je dirais, voilà un peuple vain et stupide (c), que sa frivolité aveugle un moment, mais qui tend certainement vers sa ruine. Au contraire, si je trouvais les esprits en activité; si je les voyais soumettre à l'examen tout ce qui est bon et mauvais, utile ou nuisible; si le bien public, quoique souvent méconnu, était l'objet de toutes les recherches; si les conversations, ou raisonnables ou chagrines, se tournaient souvent sur la législation, l'agriculture et le commerce; si toutes les questions intéressantes étaient discutées, si toutes les opinions étaient soutenues, débattues et réfutées; je dirais, voilà un peuple déjà très estimable, qui commence à être heureux, qui mérite de l'être, et qui le sera encore plus par la suite.

L'humeur est condamnable dans les inférieurs; mais elle est bien plus dangereuse dans ceux qui gouvernent. Il faut qu'ils aient soin de se prémunir

(c) *Quoi! on est stupide pour parler de* **Cinna** *et d'Armide?*

contre cette impatience qui naît des petites impor-
tunités. La fermentation des discours et des écrits
est incommode, mais n'est point inquiétante *(d)*.
Cromwell n'écrivait pas de *North-Briton*, ni Jacques
Clément des brochures politiques. J'ai vu bien des
Français et même des Anglais se récrier sur les
divisions qui agitent l'Angleterre depuis la paix ; je
n'en ai pas vu un seul qui se soit souvenu que depuis les Tarquins jusqu'aux Césars la république
Romaine ne s'était élevée que par les dissensions.
Nous l'avons dit plus haut, et nous le répétons encore, sans l'orgueil excessif des patriciens, et sans
l'audace effrénée des tribuns, cette vaste république
n'aurait peut-être été qu'une démocratie éphé-
mère, ou une aristocratie languissante. Du temps
des Scipion et des Émile on n'entendait que plaintes, reproches et censures. Tout fut en silence sous
les Néron et les Domitien ; mais, suivant l'expression ingénieuse d'un auteur moderne, ce calme était
celui des tombeaux. Heureuse encore la nation française en ce que sa tranquillité n'est pas fondée sur
un équilibre toujours incertain et souvent chimérique, mais sur un concours général à soutenir
toutes les formes modératrices, à rendre toute propriété respectable, à prévenir toute précipitation
dans la confection des lois, à éclairer le législateur
lui-même par la liberté de penser, de parler et
d'écrire.

(d) Bravo !

Gardons-nous donc d'aimer la guerre parce qu'elle enivre les esprits d'une gloire passagère, et qu'elle amuse le peuple par des réjouissances publiques, toujours interrompues par les larmes des particuliers. Gardons-nous de craindre la paix parce qu'elle donne occasion aux discussions, aux mouvemens intérieurs. Rendons plutôt cette justice aux hommes; c'est que tout passionnés, tout injustes qu'ils sont, ils auraient mieux connu leurs véritables intérêts, s'ils n'avaient pas toujours été plutôt distraits qu'aveuglés. En effet, je regarde comme une longue distraction les guerres entreprises pour la conquête du Milanais et du royaume de Naples. Il en est de même de celles qui ont eu pour origine, d'abord l'ambition de la maison d'Autriche, ensuite celle de Louis XIV, et enfin cette manie d'équilibre poussée depuis jusqu'à l'extrême. La postérité ne pardonnera jamais à un ministre nonagénaire (e) de n'avoir pas apaisé dans son principe une longue querelle qui a tourmenté le système politique de l'Europe, et ne l'a point changé. Cette querelle une fois terminée, avec quels succès, avec quelle rapidité les esprits ne se sont-ils pas portés ensuite vers les objets d'une véritable utilité? Avec quel empressement ne cherchaient-ils pas à jouir des principaux avantages de la paix (f), tels que le commerce et

(e) *Il prend madame de Vintimille pour le cardinal de Fleury.*

(f) *Témoin la guerre de* 1756!

l'agriculture [1]? Je ne parlerai point de la dernière guerre, parce que les faits trop récens sont le domaine de la louange ou de la satire ; domaine sur lequel je n'ai rien à prétendre : mais j'observerai que si les querelles d'ambition ont été de malheureuses distractions pour les peuples qui auraient dû travailler à leur bonheur, le désir injuste d'un commerce exclusif, d'un commerce établi par la domination, et soutenu par la force, fut aussi une cruelle méprise, dont plusieurs nations ressentent encore les effets. Espérons que, las enfin de tant de distractions inutiles et de méprises dangereuses, nous commencerons à sentir que les intérêts de toutes les nations sont les mêmes, et peuvent s'accorder entre eux (g). Espérons que les guerres deviendront moins opiniâtres et plus rares ; et pour nous persuader que ces espérances ne sont pas frivoles, entrons dans quelques détails sur les raisons qui les ont fondées.

[1] Je place ici, pour la première fois, le mot *Commerce* avant celui d'*Agriculture*, parce que tous les écrits publiés pendant la dernière paix eurent plutôt pour objet le commerce que l'agriculture. On n'écrivait, on ne rêvait que commerce. Ce fut alors qu'on agita cette vaine question : *Si la noblesse devait être commerçante*, comme si le négoce se recrutait comme les armées, et n'avait pas besoin de capitaux plutôt que d'individus. Ces écrits étaient les précurseurs de la raison : *Non erant illi lux, sed, etc.* Il faut pourtant se rappeler que ce fut alors que M. Herbert publia le premier et peut-être le meilleur ouvrage qui ait paru sur la liberté du commerce des grains.

(g) *Pas tout-à-fait.*

Nous avons déjà fait entendre, en plusieurs occasions, que dans l'état présent de l'Europe, tout projet de monarchie universelle serait téméraire et chimérique ; mais s'il suffit, pour la sûreté des peuples, qu'il soit impossible de l'exécuter, il faut, pour assurer leur repos, qu'il soit encore impossible de le former. Or, plusieurs raisons concourent maintenant à éloigner cette idée, même de la tête la plus folle et la plus ambitieuse. Non-seulement un équilibre suffisant balance les pouvoirs de l'Europe ; non-seulement chaque état en particulier, par la situation de ses frontières, par quelques places fortes, par un nombre de troupes convenable, s'est mis à portée de résister à un coup de main ; mais encore des alliances multipliées, des traités défensifs ont fait de l'Europe une grande république, une immense confédération, dont les liens ne peuvent être rompus que par de longs et puissans efforts. Le temps n'est plus où, en risquant deux légions, on pouvait espérer la conquête d'un royaume. Les premiers armemens sont devenus aussi dispendieux que les derniers ; et les connaissances militaires, répandues assez également, doivent par là même éloigner la guerre, à peu près comme l'égalité entre deux joueurs d'échecs ralentit bientôt en eux la passion du jeu. D'ailleurs, toutes les nations puissantes sont obérées. Le poids de leurs dettes et de leurs impositions est porté à un tel degré, qu'il leur faut de grandes nécessités pour augmenter ce fardeau ; et la dénomination même des subsides a changé, de façon qu'au lieu de moyens on n'a plus que des ressources. Il faudrait donc plus que de l'ambition ; il faudrait une passion bien décidée pour porter les peuples à l'agression. Mais qui est-ce qui excitera cette fureur ? Sera-ce la haine nationale ? Elle n'existe plus que dans la canaille, et tous les jours encore elle est amortie par le commerce, et par la fréquentation réciproque que le goût des voyages a établie depuis peu. Sera-ce le fanatisme religieux ? La matière n'en subsiste plus, parce que les progrès de la raison sont tels, que s'il existait encore des peuples superstitieux, ils seraient gouvernés par des princes sages et éclairés, et que s'il existait des princes superstitieux, ils gouverneraient des peuples trop instruits pour seconder leur folie. (*h*)

Voilà déjà des motifs bien consolans pour espérer que le repos des nations policées ne sera plus désormais si souvent et si cruellement troublé ; mais cet amour de la paix, cet intérêt à la conserver, on ne peut l'inspirer qu'aux nations les plus policées ; et tandis qu'un long repos, qu'une sage administration les auront formées à toutes les vertus, excepté aux vertus guerrières, qui nous répondra qu'une nation pauvre, mais belliqueuse, livrée aux préjugés, mais pleine de mépris pour la mort, ne viendra pas détruire en un jour le brillant édifice de cette prospérité passagère ? Qui nous en répondra ?

(*h*) *Bravo!*

Les hommes instruits et éclairés, qui ne se croient pas obligés de penser que tout ce qui a été sera encore, et que les mêmes événemens doivent se reproduire après que les causes ont changé. Les Barbares ont envahi la plus grande partie du monde; mais remarquez que ce n'est pourtant que l'empire romain qu'ils ont envahi. Caligula désirait que le peuple de Rome n'eût qu'une seule tête pour l'abattre du même coup (i). Je ne sais si les nations barbares avaient désiré pareillement que la terre n'eût qu'un maître, afin d'en pouvoir triompher plus aisément; mais ce souhait se serait trouvé rempli. Dans le fond, ces peuples étaient peu redoutables; ils échouèrent à tous les siéges qu'ils entreprirent; et si, en se renfermant dans les places, on avait voulu se contenter de les harceler, la fatigue et les maladies les auraient bientôt détruits; mais ils n'eurent à combattre que des armées mal disciplinées, et des généraux aussi haïs du peuple, que méprisés des soldats. Ces soldats eux-mêmes étaient pour la plupart des Barbares, comme leurs ennemis. L'autorité faible et chancelante à Constantinople ne pouvait remédier à des événemens qui se passaient sur des frontières si reculées; les bras qui combattaient étaient trop éloignés du cœur qui les animait, et ce cœur lui-même était faible et corrompu.

Nous ne craindrons pas de le dire : il n'y a pas de campagne du roi de Prusse qui n'ait été plus

(i) *L'a-t-il dit?*

difficile que les conquêtes d'Attila. Que serait-ce,
si les Barbares avaient trouvé sur leur chemin des
places comme Olmutz ou Schweidnitz? Que serait-
ce si, au lieu d'avoir combattu quelque multitude
indocile, commandée par des domestiques du palais, par des eunuques même, ils eussent eu affaire
successivement à la Prusse, à l'Autriche, à la France?
Les Russes ne peuvent plus être regardés comme des
peuples barbares; ils font la guerre avec un grand
train d'artillerie, de vivres, de munitions, etc. Les
Turcs eux-mêmes ont une grande confiance dans
leurs canons; et le nombre prodigieux d'esclaves
qu'ils conduisent à la suite de leur armée rend
leurs campagnes très dispendieuses. Mais je suppose
que la manie des conquêtes prenne à ces nations,
je crois que ce serait une chose curieuse que de les
voir devant une place comme Strasbourg [1]. Soyons
tranquilles sur les Russes et les Turcs. Les Calmoucks
ne prendront pas Luxembourg, et les Janissaires
n'entreront pas dans Besançon; d'ailleurs, la puissance ottomane tend à sa dissolution, sans que celle
des czars devienne plus à craindre. Ces souverains,
possesseurs d'un pays immense, et maîtres de faire
des conquêtes faciles vers l'Orient, n'en tenteront

[1] Les Turcs ont réussi au siége de Candie, mais l'art de
l'attaque et de la défense des places n'était pas encore porté
au point où il l'est de nos jours. D'ailleurs, les Vénitiens
manquaient de secours; et malgré cela quelle résistance
n'ont-ils pas faite?

pas de périlleuses vers l'occident : faibles et pauvres dans leur grandeur, ils songeront à se policer, et lorsqu'ils y auront réussi, ils se diviseront; leur empire se partagera et se démembrera, de façon que de ses vastes ruines il naîtra des états libres et heureux, comme autrefois des entrailles d'un taureau naquirent ces essaims d'abeilles dont le miel rendit aux humains une nourriture douce et bienfaisante. (*k*)

Convenons-en : ce n'est plus des préjugés grossiers et barbares que les hommes ont à craindre le retour de leurs calamités ; c'est bien plutôt de l'abus qu'on fait de quelques bonnes maximes nouvellement établies. Telle est, par exemple, l'utilité généralement reconnue d'un commerce très étendu. Si l'Angleterre, depuis les gouvernemens d'Élisabeth et de Cromwell; si la Hollande, depuis qu'elle a été affranchie du pouvoir absolu, et la France, depuis qu'elle y a été soumise, ont acquis par le commerce des richesses et de l'éclat, il n'en faut pas conclure que ces avantages doivent être obtenus par toutes sortes de moyens. Il faut surtout se bien défendre des plus faciles, c'est-à-dire, de la force qui favorise l'usurpation, et de l'exclusif qui la soutient. Qu'une administration à grands projets et à petites vues ait voulu, sur la correspondance d'un intendant avec un bureau, échafauder le système

(*k*) *Quelle comparaison des débris d'un empire avec la table des Abeilles !*

ridicule d'étendre notre domination en Amérique,
au lieu de l'assurer; que la manie de planter des
pieux dans la neige pour faire ensuite des forteresses
sur des cartes, et toute cette ambition puérile des
sous-ordres, aient inspiré au gouvernement l'opi-
niâtreté de faire la guerre pour la démarcation de
quelques déserts, c'est ce qu'on ne conçoit que trop
aisément; mais qu'une nation, qui se pique d'être
philosophe et politique; qu'un peuple, accoutumé
depuis deux siècles à décider de ses propres intérêts, conserve toujours cette folle prétention à un
commerce conquérant et exclusif; qu'aveuglé sur
ses véritables intérêts il sacrifie encore à cette vaine
idole, c'est ce qui me paraît encore plus surprenant,
et en même temps plus affligeant, parce que l'esprit des conseils change bien plus aisément que les
préjugés populaires.

Dispensons-nous de rappeler aux Anglais que tout
trafic, qui n'est pas fondé sur un libre échange des
denrées, n'est pas commerce, mais tribut; que le
négoce ne peut avoir d'autre objet que de procurer
à une nation plus de subsistances et une plus grande
variété de consommations; que, pour remplir cet
objet, il doit être étendu, et que par conséquent
il ne peut être fondé sur la domination, parce que
toute domination trop étendue doit tomber tôt ou
tard, et entraîner le commerce dans sa chute : ces
avis et ces remontrances seraient superflus; une
lettre d'Amérique leur en dit plus que notre phi-

losophie; mais, avant d'aller plus loin, il ne sera peut-être pas inutile de faire ici quelques observations sur ces préjugés qui ont perverti jusqu'à présent le meilleur emploi de l'industrie humaine.

Nous sommes dans le siècle de la métaphysique. Depuis que la mode passagère de la géométrie est venue débrouiller l'ancien chaos de la discussion, l'ordre et la méthode se sont mis en vogue. On n'a plus écrit sur la politique sans remonter jusqu'à l'origine des sociétés. Une famille s'augmente, se divise, se subdivise, etc. etc., et l'on suit cette belle progression jusqu'à ce qu'on soit arrivé à une question particulière, très éloignée du point d'où l'on est parti. S'agit-il de commerce, on suppose trois propriétés, trois îles, si l'on veut, dont l'une produit du blé, l'autre du vin, l'autre du chanvre, etc. ; et l'on développe ainsi l'origine de toute chose, à peu près comme le philosophe de Molière fait connaître les voyelles à un disciple de quarante ans : *Avocat, passons au déluge*; ce déluge, c'est la confusion de toutes choses, le renversement de tout principe, suite funeste des erreurs, des passions, des crimes et de la folie des hommes. Pendant long-temps on n'a travaillé à la chimie que pour avoir de l'or. Les Espagnols n'ont cherché des terres inconnues que pour y trouver de l'or. Les Anglais n'ont attaqué les colonies des Espagnols que pour leur prendre leur or. Cherchons donc les faits, non dans les abstractions métaphysiques, dans les

discours préliminaires, dans les introductions, etc.,
mais dans l'histoire, et surtout dans les auteurs qui
l'ont écrite sans intention, et qui ont, pour ainsi
dire, traité les matières sans le vouloir.

Le commerce des modernes, comme nous l'avons
dit plus haut, ne s'est point établi pour favoriser la
communication des denrées, ou pour faciliter les
échanges; il est né de l'avarice; il s'est élevé au milieu des fureurs de la guerre et de l'acharnement
des haines nationales; il a pris, dès son principe,
l'esprit d'exclusion et de domination, et il ne l'a
que trop conservé de nos jours : *Prima mali labes.*
Il faut connaître ce mal pour le guérir; il faut en
démêler l'origine, et redoubler nos efforts pour
tourner au profit de la raison cet ouvrage de nos
passions. Un grand point, c'est que l'or et l'argent
soient tombés en discrédit, ou, pour mieux m'expliquer, que les mines et le faible commerce qu'elles
produisent soient appréciés à leur juste valeur.
Mais si quelques Anglais (je connais trop l'esprit
d'ambition et de convoitise qui règne encore dans
cette nation, pour dire les Anglais en général);
si quelques Anglais donc méprisent les mines du
Brésil et du Pérou, ils ont encore un terrible attrait
pour ces galions dont la prise fait une véritable
fortune au particulier, et présente au public le fan-
tôme d'une richesse passagère : *Auri sacra fames!...*
Eh! sans chercher ces dangereuses acquisitions,
qu'ils partagent leurs communes, qu'ils assimilent

leurs vastes bruyères à ces belles campagnes de Kent et d'Yorkshire; c'est là qu'existent leurs plus fécondes mines; c'est là leur Potosi, leur Pérou, la véritable source de leurs richesses. [1]

Je m'adresse volontiers aux Anglais, parce que ce sont eux qui sont le plus infectés de la manie de l'exclusif et de l'agrandissement. Les Français paraissent avoir adopté, depuis quelque temps, des principes plus raisonnables; mais je dirais volontiers à toutes les nations : « Désabusez-vous de juger de « votre puissance ou de votre félicité sur des cartes « enluminées; gardez-vous surtout de conclure entre « vous ces traités de commerce, qui ne suivent les « traités de paix que pour les détruire, à peu près « comme les vers rongeurs s'attachent aux vaisseaux « européens, lorsqu'ils reviennent de l'Amérique; « ou si vous êtes obligé de prendre quelques arran- « gemens réciproques, qu'ils aient la liberté pour « base; que toutes les nations soient traitées égale- « ment. Songez-moins à avoir la paix par les richesses « que les richesses par la paix. Plus de ces vaines ré- « serves de droits et de préférence; ne stipulez que la « liberté, tout renaîtra, tout prospérera, et les na-

---

[1] Quoiqu'on ait déjà partagé et cultivé beaucoup de communes en Angleterre, il en reste une grande quantité qui est encore négligée, le partage ne s'étant pas fait par un bill général, comme on le croit en France, mais par des arrangemens pris dans chaque comté, et confirmés par des actes du parlement.

« tions ayant toutes une grande quantité de pro-
« ductions avec une grande variété de besoins, le
« commerce ne sera plus fondé que sur le bonheur
« général. »

Nous avons exprimé nos vœux, annonçons nos
espérances. Elles portent toujours sur les progrès de
la raison humaine; mais comme les événemens politiques accélèrent ou retardent considérablement
cette marche, naturellement lente et timide, nous
observerons que la guerre dernière, ou plutôt la paix
dont elle a été suivie, doit avoir une si grande influence sur l'avenir, que notre postérité la regar-
dera peut-être comme l'époque d'une révolution
intéressante. Toute paix qui laisse les choses où
elles étaient avant la guerre, ne doit être regardée
que comme une trève ou une suspension d'armes.
La raison en est bien simple. Chacun avait un objet;
cet objet a reçu encore plus d'importance par les
efforts qu'il a excités; on s'y est encore plus attaché. Instruit par l'événement, on se croit assuré
de prendre de meilleures mesures; les dispositions
sont donc les mêmes, et le feu reste caché sous la
cendre. Telle a été la paix d'Aix-la-Chapelle. Les
Anglais ayant pris l'île Royale, et les Français Ma-
dras, les premiers ont regretté de n'avoir pas conquis tout le Canada, et les derniers de n'avoir pas
détruit les établissemens anglais sur la côte de l'Inde.
Une armée formidable, encouragée par la présence
de son roi, et dirigée par un excellent général, avait

employé quatre campagnes à s'emparer des villes
de Flandre. On se flatta à Londres qu'une autre fois
avec de meilleurs généraux, plus d'accord, plus de
vigilance, on défendrait mieux la Flandre, tandis
que par d'autres conquêtes on se procurerait plus
aisément la restitution de ce qu'on y aurait perdu.
D'un autre côté, les Français, malheureux en Italie,
se rappelaient que sans les échecs de Plaisance et
d'Asti, il leur aurait été facile d'y donner la loi; les
esprits fermentaient encore. Au premier prétexte
de rupture, les projets, les plans d'agrandissement
étant prêts de part et d'autre, on reprenait la partie
où on l'avait laissée.

Il n'en a pas été de même de la paix de 1762.
Les pertes considérables que nous avons faites dans
nos colonies, nous avertissaient, pour la première
fois [1], de porter notre attention de ce côté-là, tandis
qu'une expérience malheureuse nous enseignait à
prendre des précautions plus sûres, pour ne pas
laisser rallumer une guerre dont le succès est incertain, et dont les désastres sont irréparables. D'un
autre côté, le présent dangereux que nous avons
fait aux Anglais, paraît avoir éloigné doublement
les sujets de rupture, en détruisant toute contesta-

---

[1] Je dis pour la première fois, parce qu'il est très sûr
que, du temps du Louis xiv, les sacrifices faits à la paix
d'Utrecht ne furent pas regardés comme des pertes véritables, l'établissement de Philippe v ayant passé alors pour
un dédommagement plus que suffisant.

tion sur les limites, et en inspirant aux Américains une sécurité qui les conduit à l'indépendance.

Nous nous abstenons de former aucun pronostic sur les événemens qui se préparent au-delà des mers. Peut-être pourrions-nous nous applaudir de voir la guerre exercer ses fureurs dans des climats si éloignés; mais il faut se réjouir de son sommeil, et non pas de son absence. Quand elle est une fois en activité, elle franchit aisément les espaces. Cependant nous observerons que toutes les guerres ne sont pas contraires au bien de l'humanité, comme toutes les maladies ne sont pas contraires à l'individu qu'elles attaquent. Dans l'un et dans l'autre cas, il peut s'opérer une crise favorable, qui guérisse des maux antérieurs, et amène un état de santé robuste et permanent. Ce que tout philosophe doit désirer, c'est que l'issue de la guerre présente soit telle, que l'Amérique continue à se peupler et à se perfectionner; car la raison, la législation, et le bonheur qui en résulte, ne sauraient acquérir trop de surface sur ce globe où tout se tient, tout se correspond par une chaîne, tantôt apparente, tantôt cachée. Quant à l'Asie, si je considère nos mauvais succès comme un grand malheur passé, je ne puis m'empêcher de regarder la démolition de nos remparts à Pondichéri, l'extinction de nos anciennes prétentions dans l'Inde, et surtout l'abolition du privilége de la Compagnie des Indes, comme un grand bonheur pour le présent et pour l'avenir. Les Anglais, devenus fermiers du Mogol ou de ses Nababs, s'enrichissent à la vérité dans cette affaire; mais si les choses continuent sur le pied où elles sont, on ne peut envisager cette fortune comme appartenant au commerce, ou même aux colonies; ce ne sera jamais qu'un établissement précaire, soumis aux révolutions habituelles de l'Indoustan, et dépendant de la première invasion des Marates, ou des entreprises d'un autre Thamas-Kouli-kan (*l*). Si, au contraire, les Anglais, à force d'hommes, de combats et de dépenses, acquièrent dans ce pays une véritable propriété, nul doute alors qu'ils ne soumettent l'Inde, et même la plus grande partie de l'Asie ; mais cet établissement rentrera dans la classe des colonies de l'Amérique, à cette différence encore que l'autorité y sera d'autant plutôt méprisée, qu'on en sera plus éloigné, et qu'on habitera un pays abondant en toutes sortes de productions. Dans tout cela je ne vois rien qui doive alarmer la France ou l'Espagne. Peut-être les Hollandais pourraient-ils en prendre quelque ombrage, mais ils possèdent des îles d'un difficile accès, et des forteresses en état de défense; et puis, quelle apparence que les Anglais, à portée de piller l'Asie, aillent épuiser leurs forces contre Batavia? [1]

(*l*) *Ouvrez la négociation du roi d'Angleterre avec le Mogol.*

[1] Les Anglais auront beau prospérer dans les Indes, ce ne sera jamais qu'avec des peines excessives qu'ils y entretiendront dix mille hommes de troupes européennes : il est

En traitant de la situation politique des royaumes de France et d'Angleterre, nous croyons avoir examiné les véritables sources de la guerre; car l'Allemagne ne peut pas la faire long-temps sans les subsides de ces deux puissances. Si nous voulions cependant porter un jugement particulier sur cette partie de l'Europe, nous dirions que les troupes autrichiennes et prussiennes font trop bien l'exercice pour que la guerre soit prête à recommencer entre elles. Deux maladroits, le fleuret à la main, se portent des bottes au hasard : deux maîtres les remplacent; ils se mesurent des yeux, se tâtent, se menacent, font de fréquens appels, et sont long-temps avant de se compromettre.

vrai que c'en est assez pour conquérir l'Inde; mais, s'ils perdaient seulement trois ou quatre mille hommes dans une guerre contre les Hollandais, ils s'exposeraient à voir reprendre le Bengale et tout ce qu'ils possèdent sur ces côtes.

CHAPITRE IX.

Des suites de la guerre, des plaies de l'humanité qui restent à
refermer. Avantages et désavantages qui résultent de la situation
présente de quelques états.

Puisque les réflexions que nous avons faites dans
les chapitres précédens nous ont conduits à présumer que les guerres seraient désormais moins
longues et moins dispendieuses, il nous reste à examiner si, par hasard, nous n'aurions pas acheté trop
cher un repos que nous ne devrions qu'à notre épuisement, et si nous n'avons pas échangé des fléaux passagers contre de longues souffrances. Nous sommes
devenus tranquilles, mais pauvres; et ce repos ap-
parent, dont nous nous applaudissons, ne le devons-
nous pas à un effort continuel, qui assimile l'état
de paix à la guerre même ? On ne craint plus les invasions ni les conquêtes; mais cette confiance n'est
fondée que sur de nombreuses forteresses, sur d'immenses armées, garans très coûteux des traités; et
tandis que nous nous chargeons de ces frais énormes,
nous portons encore tout le poids des dettes qui ont
été contractées par nos pères.

Cependant une nouvelle guerre s'est établie dans
le sein des états : cette guerre, plus ruineuse que
sanglante, plus importune qu'effrayante, s'est allu-
mée partout entre le peuple et le gouvernement, ou

plutôt entre le contribuable et l'exacteur. De nouvelles armées ont été levées pour être toujours en
activité, et ne prendre jamais de quartier d'hiver; et
tandis que nos bataillons, après avoir rempli les tâ-
ches modiques de leurs exercices, se reposent dans
le sein des cités, où souvent même ils aident le commerce et secourent l'industrie, les brigades des fermiers tiennent toujours la campagne; elles occupent
des postes, établissent des patrouilles, envoient des
détachemens. Ce n'est pas tout : le défaut de concours entre les nations et les souverains a fait de
la levée des subsides, tantôt un affreux brigandage,
tantôt un vil escamotage. Cette imposition a été choi-
sie de préférence, parce qu'elle présentait moins
d'obstacles, moins de difficultés; des moyens également ruineux et extravagans ont été mis successivement en usage. Les emplois les plus utiles ont été
changés en offices onéreux, et les emplois les plus
vils en charges honorables. On croyait voir renaître,
entre les ministres et les citoyens, ces anciennes lois
de Sparte, qui toléraient le vol, pourvu qu'il fût
fait avec adresse. Le peuple, sans force, sans défense, était accablé sous le poids de l'imposition,
tandis que des exemptions, vendues aux riches,
redoublaient encore son fardeau. Alors l'oppression
était devenue un système; car, plus l'imposition
était ruineuse, mieux on vendait le moyen de s'en
affranchir.... Hâtons-nous de tirer le rideau sur ce
funeste tableau, dont nous n'aurions pas offert ici

les vives couleurs, si nous n'avions voulu prouver à nos lecteurs que nous ne négligeons aucune objection. Entrons plutôt dans quelque détail, et ne nous refusons pas à développer la suite de nos idées, quand même elles nous engageraient encore dans quelques discussions.

Convenons d'abord, pour simplifier la question, que la peinture que nous venons de faire ne se rapporte guère qu'au royaume de France. En effet, quelque considérables que soient les dettes de l'Angleterre et de la Hollande, les arrérages s'en paient facilement. En Hollande, presque tous les revenus publics sont levés sur les consommations : la perception en est simple et facile, tandis que l'activité du commerce et l'affluence des étrangers en diminuent le fardeau. En Angleterre, les droits sont immenses et multipliés; mais ils peuvent se rapporter à trois principaux : la taxe sur les terres, les douanes et l'excise. Or, la taxe sur les terres, étant toujours assise sur un ancien cadastre (a), a le double avantage d'être constante et uniforme, et d'avoir acquis, par le laps du temps, le mérite de la proportion; car les fonds ayant presque tous changé de possesseurs, l'inégalité dans la répartition a été compensée dans les ventes et dans les achats; et c'est ainsi que tout cadastre est utile en soi, et ne tarde pas à devenir juste et proportionnel. Mais nous avons trop d'esprit en France pour faire une besogne si

(a) *On en a fait un nouveau.*

grossière, et nous passerons encore une centaine d'années à mesurer des héritages, et à peser des gerbes, avant de nous délivrer de nos taxes arbitraires. Les droits d'entrée sont considérables en Angleterre, mais ils sont tous rejetés sur la frontière extrême; et soit que vous ayez acquitté les droits à Portsmouth ou à Édimbourg, vous pouvez, après cela, traverser toute la Grande-Bretagne, sans avoir aucune signature à faire ou à demander. J'avoue que l'excise qui exige des visites chez les particuliers et une espèce d'inquisition domestique, s'est toujours présentée à moi sous l'aspect le plus odieux; mais je conviens en même temps que je n'ai vu nulle part l'effet répondre à mes conjectures. Elle est établie en Flandre, en Hollande et en Angleterre, et elle n'y cause ni plaintes, ni murmures, ni procès [1]; c'est peut-être que cet impôt ne se paye qu'une fois et sur de grandes quantités; tandis que nos droits d'aides sont multipliés, embarrassés, fatigans et importuns. Les Anglais payent une taxe sur les fenêtres; et je sais combien une loi, qui fait payer l'air et la lumière même, peut fournir à l'éloquence, si elle veut servir le mécontentement; mais, après tout, cette imposition est égale et uniforme. Un exacteur ne peut, par avarice ou par animosité, vous supposer des fenêtres; et puis ces impositions ont été consenties et approuvées par le peuple. En un mot, je ne craindrai

---

[1] L'Artois, qui jouit de la plus belle administration qu'il y ait en France, a une excise, et ne s'en plaint pas.

pas de l'avancer : les Anglais peuvent souffrir de leur luxe et de l'inégalité des richesses, mais ils ne gémissent pas sous le poids des impositions; ils ne sont pas malheureux par leurs dettes et par leurs dépenses. Il n'en est pas de même des Français quoique leurs charges ne fussent pas plus pesantes si elles étaient mieux réparties. Mais ici le fond disparaît sous les formes hideuses dont il est revêtu; et la contribution des sujets, légitime en elle-même, se trouve chargée de tout l'odieux de la perception.

Pour connaître parfaitement l'état intrinsèque de ce royaume, il faudrait séparer deux choses, trop souvent réunies dans l'opinion commune, la dette en elle-même, et les moyens qu'on prend pour en payer les arrérages; mais c'est une matière qui demande à être traitée à part, et que nous réservons pour une autre place. Nous nous contenterons d'observer ici qu'il y a plusieurs provinces de la France qui ont échappé à ces malheurs : ce sont celles qui ont été assez heureuses pour être gouvernées par des états; et parmi les autres, il en est encore qu'une sage administration soutient journellement contre les vices de la législation; il en est où l'arbitraire est repoussé par la précaution éclairée des intendans; où des cadastres particuliers, des dénombremens exacts servent de remède aux vices de l'imposition. Si des édits bursaux ont gêné le commerce et enchaîné l'industrie, un ministre vigilant rompt quelquefois ces entraves, dispense de quelques règlemens abusifs, modifie les lois trop difficiles à abolir, et soulage ainsi le malade qu'il ne peut guérir [1]. On ose même assurer qu'une certaine aisance, une sorte de prospérité se laisse apercevoir dans le royaume ; mais elle n'a pas encore gagné son niveau ; elle n'est pas parvenue aux classes les plus utiles, au petit peuple, au cultivateur. Tout n'est donc pas si mal qu'on le croit d'abord ; mais tout est loin, beaucoup trop loin, d'être bien ; et soit que le poids augmente ou diminue, il restera toujours que les Français sont de tous les peuples celui qui souffre le plus des impositions. Ce qu'il s'agit d'examiner, c'est par quels avantages ces inconvéniens sont compensés. Je n'en citerai que deux, mais qui sont bien intéressans ; les voici en deux mots : moins de guerres (*b*), et moins de despotisme.

Moins de guerres : parce que si l'ambition de la noblesse, celle de quelques ministres, de quelques cour-

---

[1] **M.** de Trudaine a été le premier qui ait affranchi le commerce. Avant lui, c'était un galérien attaché à son banc ; maintenant c'en est un qui a la liberté d'aller et de venir, mais qui porte encore au pied un anneau, dont sa démarche est gênée, et qui marque son esclavage. M. de Trudaine, en mourant, n'a pas laissé la liberté sans défenseur : ce qu'il a pensé, son fils l'a osé. Le commerce doit à celui-ci sa liberté la plus chère, celle de l'exportation des grains. C'est un titre acquis à la contradiction du siècle présent, et à la reconnaissance des siècles à venir.

(*b*) *Nous en avons eu trois injustes et malheureuses en peu de temps.*

tisans veut quelquefois la rallumer, l'état des finances
vient tout à coup se présenter, et les arrête tout court.
La difficulté de faire passer de nouveaux édits, de lever de nouveaux subsides ; la crainte de troubler par
les murmures ou les réformes les plaisirs d'une cour
brillante et fastueuse ; le labyrinthe inextricable dans
lequel on se trouve engagé ; l'avantage qu'on donne
à certains corps, habiles à saisir les occasions de résistance et les moyens de conserver la popularité ;
tous ces obstacles sont autant d'égides pour le peuple,
autant de barrières qui arrêtent la première saillie
d'une nation plus entreprenante que prudente.

Moins de despotisme : parce que dans tous les
pays du monde les besoins du fisc sont les vrais pré-
cepteurs des rois. Les monarques les plus absolus
reconnaissent à la fin que leur autorité, qui les rend
maîtres des individus, est un pouvoir inutile, dont
ils ne peuvent aimer l'usage, et qui ne sert qu'aux
intérêts personnels des ministres ; ils reconnaissent,
dis-je, que cette autorité, forte contre les particuliers, ne peut rien contre les fortunes. On peut em-
prisonner un homme qui a tenu un propos indiscret ;
mais on ne met à la Bastille ni les cours souveraines (c), ni les états d'une province, ni des propriétaires qui se disent dans l'impossibilité de payer.
D'ailleurs, il arrive souvent que des besoins pressans engagent à de certains ménagemens. Des corps

(c) *Apparemment cela fut écrit avant la destitution des
parlemens.*

qui veillent toujours, tiennent registre des plus lé-
gères démarches qu'on fait pour les gagner, et bientôt
une suite de complaisances se trouve avoir fondé
des droits : car, comme nous l'avons dit plus haut,
que sont les lois des hommes, sinon l'exemple et l'habitude ? (d)

Qu'on n'aille pas donner un mauvais sens à ces
réflexions. Eh ! qui pourrait en faire l'application au
moment présent? Nous n'ignorons pas, sans doute,
que c'est un privilége précieux du gouvernement
monarchique d'inspirer quelquefois la sécurité la plus
parfaite dont les nations puissent jouir : je veux dire
celle qui n'est pas fondée sur des choses abstraites
et inanimées, toujours faibles, toujours impuissantes
contre les passions des hommes ; mais sur le caractère, sur les vertus du souverain. Heureux les peuples lorsque ce souverain, déjà parvenu à l'âge où
l'homme se montre tout entier, est encore assez
jeune pour leur promettre une longue prospérité !
C'est alors que l'attachement aux lois et au gouvernement est d'autant plus solidement établi, que le
sentiment en est la source, et qu'il mêle à chaque
satisfaction et la reconnaissance qui en redouble le
prix, et l'espérance qui embellit l'avenir des charmes
du présent. Telles sont les réflexions d'un Français;
mais un philosophe écrit pour tous les temps, pour
tous les pays. Le même royaume qui pleure un
Henri IV, déteste la mémoire d'un Louis XI. L'esprit

(d) *Tout a changé.*

léger et superficiel ne voit que le présent; mais la réflexion embrasse le passé et l'avenir. Voyez un vaisseau traverser les mers : les matelots s'agitent sur le pont, montent sur les vergues et dans les manœuvres; tout paraît en mouvement : l'officier commande, l'inférieur obéit, le pilote seul paraît oisif; c'est pourtant lui qui trace la route du navire, et calcule sa marche et sa position. Les états, les sociétés tendent tous à un but. Mais leur marche est-elle lente ou rapide, directe ou oblique, progressive ou rétrograde ? Ce sont des questions qui valent bien, à mon avis, les disputes sur les théâtres et sur la musique. Et dussent quelques mauvais esprits s'en offenser, j'oserai dire qu'on peut prêter quelque attention à celui qui les traite, surtout s'il n'écrit pas dans le genre systématique et romanesque.

Le bonheur des peuples est une chose si sacrée qu'on ne saurait trop l'assurer. Comptons beaucoup sur les vertus des hommes, mais traitons avec leurs intérêts (e). Il faudrait des vertus plus qu'humaines pour que des souverains qui auraient tous des revenus considérables, et même des épargnes, ne cherchassent pas à étendre leur pouvoir et leur domination. S'il est quelquefois des princes sans orgueil et sans ambition, c'est un présent que la nature ne fait pas souvent, et qu'elle n'accorde pas à

(e) *Ancienne maxime : Il faut croire les hommes vertueux, et traiter avec eux comme s'ils étaient fripons.*

toutes les nations à la fois. Or, si la guerre n'était pas devenue si difficile et si dispendieuse, il suffirait de deux ou trois princes ambitieux pour troubler toute l'Europe. La flatterie a trop loué les souverains ; la malignité les a trop condamnés. Qui d'entre nous sait ce qu'il aurait fait en plusieurs occasions, s'il avait pu tout ce qu'il aurait voulu (*f*) ? Avons-nous toujours agi avec la même maturité ? Avons-nous toujours aimé nos semblables ? Avons-nous toujours combattu nos passions ? Le meilleur des rois a-t-il toujours été le même dans tous les instants de sa vie ? Titus a été sans reproche ; mais il n'a régné que deux ans. Les princes, comme les autres hommes, sont soumis aux lois de la nature. Plus présomptueux, plus ardens dans leur jeunesse, plus ambitieux, plus opiniâtres dans leur maturité, plus timides, plus jaloux dans leur vieillesse, ils sont les arbitres des hommes et les esclaves de la nature et du temps. Gardons-nous donc de souhaiter pour nos supérieurs, pour nos rois, pour nous-mêmes, que le mal soit jamais facile à faire.

C'en est assez sur ces vérités, qu'il suffit de montrer aux bons esprits, et qu'il est dangereux de développer aux âmes basses et corrompues. Tout ce que nous avons voulu prouver, c'est que plusieurs inconvéniens attachés à l'état actuel des choses se trouvent compensés par des avantages indirects, qui échappent à la plupart des déclamateurs ; parce

(*f*) *Bon et vrai.*

que ceux-ci, ne considérant qu'une partie des objets,
n'y voient que l'*absolu*, et jamais le *relatif*. Semblables en cela aux médecins ignorans, qui entrepren-
nent la cure d'un mal local, sans se douter que de
ce mal même peut dépendre le salut de l'individu.
Oh ! qu'il est aisé de dire : « Ce peuple n'est pas assez
« militaire, assez commerçant, assez navigateur; »
mais qu'il est difficile de définir ce qu'un peuple doit
être, en raison de sa situation, de son gouvernement, de son caractère.

> *Infelix operis summá, quia ponere totum*
> *Nesciet....*   (Hor. de Arte poet.)

Les temps anciens abondaient en législateurs; le
nôtre abonde en réformateurs. Les premiers, ayant
beaucoup à créer et peu d'exemples à suivre, se sont
abandonnés à des spéculations souvent frivoles; les
autres, livrés à l'impression du moment, n'ont eu
pour guide qu'une expérience trop circonscrite et
trop isolée. Il est temps d'édifier sur des fondemens
plus vastes et plus solides. Le livre de l'histoire est
ouvert, nous avons essayé de le parcourir avec le
calme de la philosophie et de l'impartialité : maintenant que nous sommes parvenus au dernier chapitre,
et qu'il ne nous reste plus devant les yeux que les
innombrables feuilles encore blanches, où doivent
s'inscrire un jour les leçons de la postérité, profitons
du moins de nos observations, et rappelons-nous les
principales idées qu'elles nous ont suggérées.

RÉSUMÉ DE CET OUVRAGE.

S_I les recherches auxquelles nous nous sommes livrés ont eu pour objet de constater quel fut le sort de l'humanité dans les différentes époques de l'histoire, il ne faut pas oublier que ce travail long et pénible tend à un grand résultat, sans lequel il pourrait être considéré comme une spéculation stérile. Tandis que plusieurs écrivains éclairés et respectables s'efforcent d'enseigner aux hommes la route qui conduit à la plus grande félicité possible, nous avons choisi pour notre tâche d'examiner si l'état social était effectivement susceptible d'amélioration; nous avons voulu prévenir surtout cette objection, commune à la vérité, mais bien importante et bien dangereuse : « A quoi tout cela aboutira-t-il? Les « hommes ne seront-ils pas toujours les mêmes? » Or, pour y parvenir, nous avions une marche tout indiquée.

Premièrement, nous pouvions nous assurer que la législation, la morale et les habitudes ont un tel empire sur les passions, qu'elles peuvent apporter des différences infinies dans l'état social; et comme ces différences ne peuvent jamais se trouver qu'entre deux points principaux, le bien et le mal, il est sûr que la législation et la morale peuvent rendre les hommes plus ou moins heureux. Mais c'est un article sur lequel nous n'avons pas eu besoin d'insister, ayant été prévenus dans ce travail par des auteurs très célèbres, dont deux entre autres [1] ont jeté le plus grand jour sur cette matière. Secondement, il nous restait à prouver la chose par le fait, c'est-à-dire, à nous assurer que si les hommes n'avaient pas encore fait de grands progrès dans la véritable politique, on ne pouvait en tirer aucune conséquence pour l'avenir, parce qu'il est clair que non-seulement ils ont généralement négligé cet objet, mais que lorsqu'ils y ont donné quelque attention, ils ont été bien loin de choisir les meilleurs moyens pour l'atteindre. C'est à ces considérations que nous nous sommes plus particulièrement attachés. Elles nous ont conduits à recueillir ce que l'histoire nous a transmis de plus probable sur les gouvernemens anciens. Nous n'avons trouvé qu'obscurité et contradictions dans le petit nombre de documens qui nous restent sur les vieilles monarchies, telles que celles des Égyptiens, des Assyriens, des Mèdes, etc.; mais nous avons pu reconnaître que le despotisme et la superstition avaient régné assez généralement dans ces premiers âges du monde. Or, comme toute autorité qui n'est pas exercée pour le bonheur de tous, ne peut avoir été

[1] M. le président de Montesquieu dans l'*Esprit des Lois*, et M. Helvétius, dans le Livre de l'*Esprit*.

fondée que sur la force et l'imposture, nous n'avons pas été surpris de voir le brigandage et l'usurpation se montrer avec les premiers rois, et se propager avec les premiers peuples. Passant ensuite à l'établissement des plus anciennes républiques, nous avons reconnu que l'esprit d'ambition et de jalousie n'avait que trop présidé à leur législation; et s'il s'en est présenté quelques-unes qui se soient bornées à la défense et à la conservation, il nous a paru qu'elles avaient fondé cette défense et cette conservation sur des moyens violens, et proportionnés seulement à l'état forcé dans lequel elles avaient pris naissance. En effet, lorsque ces régimes différens ont eu quelques succès momentanés, et lorsqu'il est arrivé que des causes morales ou physiques ont multiplié les hommes dans quelques endroits et sous quelques gouvernemens, il s'est trouvé que les législations comportaient si peu ces avantages inattendus, qu'il a fallu disperser la population naissante, et fonder de nouvelles colonies. Or, ces colonies ne pouvant s'élever que dans des contrées désertes, ou habitées par des peuples grossiers, il s'est établi de nouveaux rapports de supériorité, existans dans le fait, et exagérés encore par l'opinion, lesquels ont éloigné de plus en plus la réunion des peuples, source de toute vertu sociale; de façon que les hommes se sont trouvés partagés en trois classes qui pesaient les unes sur les autres; des nations nombreuses et anciennes soumises à des monarques; des républiques actives et ambitieuses qui tendaient à s'agrandir, et des peuples grossiers et sauvages qui se cachaient dans les bois pour n'en sortir que par essaims, et ne se faire connaître que par des invasions.

Dans cet état des choses, la véritable morale et la saine politique pouvaient difficilement naître ou se propager. Il ne faut pas attendre que l'intérêt personnel cherche des chemins détournés, tandis qu'il en trouve de plus courts et de plus faciles. Les hommes connaissaient déjà les richesses et tous les autres avantages de la vie civile. Du désir de posséder à la volonté d'envahir, il n'y eut aucun intervalle. Là, se trouvait l'or, ailleurs l'ivoire et les parfums. C'était à la force à acquérir des trésors pour lesquels l'industrie n'avait pas préparé d'échange. Les étrangers furent appelés *Barbares* (*a*); il n'en fallut pas davantage pour s'autoriser à leur enlever leurs possessions, et à les réduire en captivité. L'agriculture et les arts offraient des jouissances plus faciles, mais c'étaient encore des mains esclaves qui devaient les procurer. Enfin, si alors on eût ôté à l'homme le droit d'opprimer l'homme, il se serait trouvé aussi dénué qu'il le serait de nos jours, si on le privait du secours des animaux domestiques (*b*).

(*a*) *Les Grecs appelaient Barbares les peuples les plus policés, Chaldéens, Perses, Indiens.*

(*b*) *Il n'est point dit que les Égyptiens eussent des esclaves quand ils bâtirent les pyramides.*

Les malheurs de la terre ayant toujours augmenté
en proportion du progrès successif des nations qui
s'étendaient ou se multipliaient sur la surface du
globe, il semblait que la seule manière de terminer
ces longs désastres était de donner à quelque peuple
puissant une telle prépondérance, qu'il devînt le
maître ou l'arbitre des autres. C'est ce qui arriva au
peuple romain; mais comme cette prépondérance
ne venait que de la force, il n'en résulta aucun effet
favorable à l'humanité. Cette idée ne saurait être
trop développée; nous nous y arrêterons encore un
moment.

Lorsqu'une nation se perfectionne par le progrès
naturel des lumières, elle améliore à la fois tous
les moyens qui conduisent à la prospérité générale :
législation, commerce, agriculture, milice, navigation, tout marche d'un pas égal; et alors le bonheur
est fondé sur une base étendue et durable. Tel a
été le sort de l'Angleterre depuis deux siècles; mais
lorsqu'une seule ou un petit nombre de prééminences
particulières ont donné à quelque peuple un avantage marqué sur les autres, il ne peut établir sa supériorité que sur l'exercice continuel des facultés
qui lui ont procuré cet avantage. C'est ainsi que la
perfection dans la guerre n'est bonne que pour conquérir, et que l'activité dans le commerce ne sert
qu'à s'enrichir, mais jamais à établir un empire heureux et permanent. Rome et Carthage en firent l'expérience : l'une fut assez forte pour soumettre le monde,

l'autre assez industrieuse pour le dépouiller; mais
ni l'une ni l'autre ne furent assez sages, assez éclairées pour s'assurer la jouissance de ce qu'elles
avaient acquis. C'est Rome surtout qui mérite notre
attention, parce que tous ses malheurs sont venus
de ce qu'elle a été puissante avant d'être éclairée.
Voyez-la soumettre la Sicile et la Grèce sans prévoir
encore l'usage des arts et des richesses qui vont faire
partie de son domaine. Elle ne connaît pas encore
la jouissance, et elle éprouve déjà la corruption.
Elle porte ses armes jusqu'aux rives du Nil, et voilà
que le culte d'Isis et toutes les superstitions égyp-
tiennes, si opposées à l'esprit de son gouvernement,
viennent infecter ses foyers. A peine a-t-elle conquis
l'Asie-Mineure, que le judaïsme se répand dans tout
l'empire. Il en est de même de la subtilité grecque,
des principes plus sages, mais non moins contraires
à ses mœurs, que dictèrent les Carnéades, les Épi-
cure, et tant d'autres fondateurs de sectes, bonnes
tout au plus pour amuser l'esprit prompt et facile
des Grecs, mais totalement étrangères à l'austérité
romaine. Nulle erreur, nul prestige, nulle sottise
qu'ils n'acquièrent en conquérant une province. Il
semble voir les Impériaux gagner une bataille sur
les Ottomans, et revenir dans leur camp avec une
maladie cruelle qui détruit l'armée victorieuse, et
lui fait pleurer ses succès.

Toute nation dont le gouvernement n'a pas suffisamment pourvu à son propre bonheur, ne pourra

jamais, ni par ses conquêtes, ni par son influence politique, dispenser à l'étranger un bien qu'elle n'a pu se procurer à elle-même. En parcourant l'histoire, en réfléchissant sur les faits, nous avons trouvé qu'ils justifiaient constamment ce principe, et passant bientôt à de nouvelles révolutions, nous avons vu l'inondation des Barbares changer la face entière du monde, mais ramener une seconde fois, et d'une façon plus marquée encore, cette situation singulière où les sciences, les arts, la raison même sont d'un côté, et la force de l'autre. Dans cette crise le mal est plus violent, et le remède plus éloigné. Deux causes y contribuent particulièrement : 1°. le vainqueur plus brut, plus féroce, n'a pas même la faculté de jouir et de s'amollir ; 2°. le hasard place le centre d'activité de cette force dans des climats où la nature moins féconde et le ciel moins pur n'ont pas le pouvoir de l'énerver. En France, en Angleterre, en Allemagne, les Barbares restent long-temps barbares : ils restent aussi les plus forts, tandis qu'en Espagne, en Italie, les Goths et les Lombards ne tardent pas à se civiliser, ou plutôt à s'affaiblir. Si l'invasion survient encore d'un autre côté, et si sortant des bords de la mer Caspienne, et passant par la Perse et l'Arabie, elle inonde enfin la Grèce et l'Asie-Mineure, alors un excès opposé produit à peu près le même effet, et la férocité se trouve également dans les ardeurs du Midi et parmi les glaces du Nord.

Dans la même époque une révolution plus extra-ordinaire, mais d'un ordre supérieur, donne nais-sance à un nouvel empire que la force n'a pas établi, et que la force ne peut détruire. Le christianisme, à peine dans son ber ;au, triomphe des anciennes religions. Il attaque toutes les superstitions des anciens, mais il fait alliance avec leur philosophie, alliance qui lui devient funeste, en altérant la simplicité de ses dogmes (c). Dans un temps, dans un pays où toutes les opinions sont dans une espèce de fermentation, l'esprit de controverse devient l'esprit dominant, et comme la philosophie a ses écoles, la religion a ses sectes. Mais ce qu'on ne peut se lasser d'admirer, c'est que les habitans du Nord saisissent avec avidité cette subtilité *éristi-que* [1]; accessoire pour le moins inutile à la morale de J. C., qu'on les voit se livrer à toutes les idées frivoles et exagérées que les Grecs avaient intro-duites dans la religion, tandis que les Orientaux, à qui les Grecs avaient dû jadis leur philosophie, montrent un mépris stupide pour toutes les sciences et pour tous les dogmes, et conservent obstinément, avec l'ignorance la plus grossière, le fanatisme le

(c) *Le christianisme était, comme la société des esséniens, des thérapeutes, des stoïciens, faite pour le petit nombre; dès qu'il s'étendit, il fut corrompu.*

(1) Le genre *éristique* était celui de la dispute, et de la dispute opiniâtre, qui avait pour principe de ne pas céder. Nous n'avons pas de mot pour le désigner; malheureuse-ment le mot seul nous manque.

plus cruel : contradiction frappante , dont on pourra
pourtant se rendre raison, si l'on considère que le
seul besoin attira les habitans du Nord vers les contrées plus fertiles du Midi, de sorte qu'ils ne furent
que de simples usurpateurs plus incultes que présomptueux, et plutôt ignorans qu'ennemis de la
science, au lieu que l'esprit de révolte et l'esprit de
fanatisme précipitèrent les Ottomans dans la guerre,
et les conduisirent dans leurs invasions. Une fois
maîtres de la plus grande partie du monde connu,
leur religion, aussi barbare qu'absurde, les tint séparés des peuples qu'ils avaient soumis, et la terreur
qui leur avait donné l'empire, fut seule chargée de
le conserver : tant il est vrai que de tous les fléaux
de l'humanité, le fanatisme et l'intolérance sont les
plus à redouter !

Le gouvernement féodal, né du sein même de
l'usurpation, s'établit sous de meilleurs auspices. Il
porte, sinon le caractère, du moins les signes exté-
rieurs de la justice. Les formes, les apparences de
la police et de la législation s'y laissent apercevoir.
Vaste et simple dans sa première institution, il se
modifie ensuite suivant les lieux et les circonstances;
mais partout il rappelle son origine barbare. L'ignorance l'accompagne dans tous ses progrès : content
d'opprimer le peuple, il consent à en partager la
dépouille avec les moines et le clergé. D'un autre
côté, la théologie d'autant plus subtile, d'autant
plus intolérante, que les peuples sont plus grossiers,

présente alors le spectacle le plus funeste et en même temps le plus ridicule ; l'entêtement stupide du Nord, attaché à l'extravagance et à l'exagération du Midi, et le glaive du Belge ou du Sicambre aiguisé pour protéger les rêves de l'Asie et les sophismes de la Grèce. Enfin, pour mettre le comble au désordre général, les deux vastes systèmes politiques qui régissent le monde viennent se heurter l'un contre l'autre. Les usurpateurs de l'Orient et du Midi se trouvent aux prises avec ceux du Nord et de l'Occident. En Espagne, en Grèce, en Afrique, en Asie, on les voit se livrer une guerre cruelle. Il semble alors que les malheurs de l'humanité soient parvenus à leur dernier période. L'épuisement de ses forces, l'abattement où elle est plongée amènent enfin quelque repos ; c'est la crise favorable. La raison, depuis long-temps exilée de la surface de la terre, n'ose encore y reparaître, mais elle y envoie les arts et les lettres pour sonder le terrain, à peu près comme Noé lâcha la colombe après le déluge universel.

L'ignorance et l'erreur se partageaient l'empire du monde. L'ignorance fuit la première ; l'erreur reste encore, parce que la raison seule peut en triompher. Enfin, le moment est venu où celle-ci ose se montrer ; mais quel chaos, quelle confusion de toutes choses s'oppose encore à ses progrès ! L'avarice, éclairée par les arts mêmes, réveille l'ambition et rallume le flambeau de la guerre. L'Amérique est conquise, et l'or qu'on en rapporte va conquérir l'Europe à son tour; cependant cette nouvelle usurpation ne tarde pas à trouver des limites. Le despotisme n'est plus fait pour des peuples désormais éclairés. L'ambition de Charles-Quint et la politique de Philippe ii échouent contre la constance héroïque des nations qu'elles veulent enchaîner. La liberté reprend ses droits, tant dans l'ordre civil que dans l'ordre religieux; le despotisme même se modère, et sous le nom de monarchie, il se change en autorité légitime. Bientôt le commerce et l'industrie deviennent des sources plus pures de la richesse et de la puissance, la prospérité s'annonce de toute part. Mais qu'il est difficile de jouir sans abuser! A peine Louis xiv a-t-il réuni les membres déchirés d'un puissant empire, qu'il le rend la terreur des autres. Avide d'une gloire mal entendue, il va toujours cherchant la grandeur, et bientôt il ne lui reste plus d'autre gloire que celle d'être grand dans ses désastres. Eh! c'était bien assez de grandeur, et le monde était déjà trop vieux pour de telles frivolités. Le repos et la paix, les premiers besoins des hommes, commencèrent à acquérir quelque importance à leurs yeux. Il était temps d'entrer en jouissance de la terre que jusque-là on n'avait fait que se disputer. Fatigués de carnage, de superstitions et d'erreurs, les peuples cessent enfin de fermer l'oreille à la raison, qui ne parle jamais assez haut pour se faire entendre au milieu du bruit, et qui a coutume de se taire, si on ne l'écoute. Les mots de *tolérance*, de *liberté*, d'*agriculture*, d'*industrie*, sont les premiers qu'elle prononce. Ils se font entendre dans toute l'Europe, et vont retentir jusqu'en Amérique. C'est la semence jetée au hasard, qui dans quelques endroits est emportée par les vents, mais qui fructifie dans d'autres, et prépare de riches moissons : progrès heureux dont nous avons reconnu la réalité, et que nous avons voulu présenter à nos contemporains comme un objet de consolation et d'encouragement. Cependant telle est la propension des hommes à la satire et à la *morosité* (car ce terme, peu usité, rend mieux notre idée), qu'ils veulent méconnaître les avantages qu'ils ont sur leurs ancêtres, qu'ils se plaisent toujours à dire, à publier que tout va mal, que tout se détériore. La critique austère et tranchante les séduit, les entraîne; elle seule est dispensée de discuter. Pour nous, tandis qu'elle crie à la dépopulation, quoique la population augmente tous les jours, qu'elle annonce la décadence de l'agriculture (quoique l'agriculture s'étende de plus en plus), qu'elle décrie les lois et le gouvernement, quoique le gouvernement et la législation se perfectionnent généralement, nous avons jugé à propos de nous retirer de la foule, et persistant à croire que la raison fait toujours des progrès, nous avons dit comme Galilée : *E però si muove* [1]. Puissent nos réflexions persuader à nos

---

[1] Galilée, après s'être rétracté au tribunal de l'Inquisition

semblables, non qu'ils sont arrivés au terme où ils doivent tendre, mais du moins qu'ils sont dans le bon chemin. Le voyageur qui s'est égaré dans une épaisse forêt ne marche qu'avec lenteur et incertitude ; mais s'il vient à reconnaître la route qui le conduit à ses foyers, il double le pas, et retrouve ses forces avec l'espérance. Tel doit être maintenant le progrès de la philosophie. Qu'elle ferme l'oreille à la voix imprudente ou perfide qui lui demande où elle va, et lui crie de retourner sur ses pas ; mais aussi qu'elle ne s'arrête pas en chemin, qu'elle se garde surtout de se détourner : et nous autres modernes, qui jouissons déjà des bienfaits qu'elle a répandus, n'envions pas à nos neveux les biens plus précieux qui leur sont réservés. Contens de les prévoir et de les annoncer, jouissons de ce que nous avons, et rêvons le reste.

de l'opinion qu'il avait avancée sur le mouvement de la terre autour du soleil, reçut humblement son absolution, mais en sortant il dit : *Cependant c'est elle qui tourne.*

VUES ULTERIEURES

SUR

LA FÉLICITÉ PUBLIQUE.

Sans doute lorsqu'un auteur traite une matière aussi intéressante que la félicité publique, il doit lui être permis de revenir sur ses pas, et de jeter un regard sur l'objet agréable et fugitif qu'il a su fixer pour quelques instans; mais, en cédant au penchant qui m'entraîne, il est consolant et flatteur pour moi d'obéir au public, et de rendre du moins un hommage de reconnaissance aux lecteurs indulgens, dont les suffrages m'ont encouragé, et dont les conseils m'ont aidé à rendre cette légère esquisse un peu plus digne d'eux. Après m'avoir vu parcourir tant de siècles, et poursuivre, pour ainsi dire, avec mes réflexions, les révolutions rapides et successives que le monde a éprouvées, ils ont désiré que j'étendisse l'horizon de mes idées, et que j'ajoutasse quelques vues générales aux observations particulières répandues dans mon ouvrage. En effet, s'occuper des malheurs de l'humanité, et se contenter d'en développer les causes et les progrès, n'est-ce pas imiter les médecins qui décrivent soigneusement les mala-

dies, sans définir l'état de santé? Mais si dans l'étude
des êtres inanimés, où le but de la nature est si aisé
à apercevoir, où les moyens qu'elle emploie pour
l'atteindre sont si uniformes et si sensibles, il est
encore difficile de saisir son plan général, et de
connaître l'harmonie de ses lois, combien cette connaissance n'est-elle pas plus inaccessible dans l'étude
des causes rationnelles, où tout est obscurité, parce
que tout dépend d'un principe plus ou moins perfectible, dont nous ne connaissons ni la nature, ni les
limites. C'est à la métaphysique à analyser ce principe que nous nous abstenons d'examiner, parce
que s'il existe un art de raisonner, il consiste bien
plus à simplifier les questions qu'à les multiplier. Il
nous suffira donc d'observer que l'homme sauvage,
l'homme brut, se rapprochant beaucoup des animaux, nous sommes fondés à croire que son essence
particulière ne renferme rien de contraire au plan
que la nature paraît avoir suivi relativement à tous
les êtres vivans, je pourrais même dire à toutes ses
productions organisées. Subsister et se reproduire,
c'est la loi générale qu'elle leur a imposée; et cette
loi si simple s'exécute par des moyens aussi simples
qu'elle. Le plaisir et la douleur sont les seuls ministres qui la secondent : le plaisir attaché à tous
les moyens de conservation et de multiplication ; la
douleur annexée à tous les moyens de destruction.

En partant de ce principe, qu'il est impossible de
nier, il est aisé de voir que le bonheur de tout ce

qui existe consiste uniquement à remplir le vœu de la nature. L'individu qui se sera développé, aura subsisté, et se sera reproduit dans la proportion qui lui a été assignée, aura certainement joui de tout le bonheur dont il est susceptible, puisque le plaisir a dû accompagner toutes les fonctions utiles à son être; au lieu que la douleur les aurait interrompues ou contrariées; et si vous n'êtes pas content de ces considérations générales, et que vous vouliez descendre à des observations particulières, regardez autour de vous : voyez l'herbivore occupé pendant la journée entière à se pourvoir d'une nourriture volumineuse et peu substantielle, dont il est obligé de rassembler une grande quantité pour suffire à sa subsistance : voyez d'un autre côté l'animal carnassier dont la vie est une chasse continuelle, qui le tient sans cesse en activité, et qui ne laisse aucune place à l'ennui. Les désirs sont-ils satisfaits, le repos vient les remplacer; le repos dont les êtres perfectionnés n'ont guère d'idée que par le sommeil, et dont les animaux connaissent plusieurs degrés qui suffisent tous pour les soulager du fardeau de l'existence; car l'existence en est un véritable, lorsqu'elle est sans intérêt et sans activité. A tous ces avantages dont jouissent les êtres sous la main de la nature, il faut encore ajouter l'uniformité de situation parmi les individus d'une même espèce. Nous savons, il est vrai, qu'il est des animaux qui réussissent mieux dans tel pays ou dans telles circonstances; mais partout où ils prospèrent, ils prospèrent également ; partout où ils souffrent, ils souffrent tous également : ainsi point de rapprochemens, point de parallèles humilians ou douloureux ; car, si l'envie est un sentiment qui n'appartient pas moins aux animaux qu'à l'homme, comme nombre d'expériences le prouvent, il est vraisemblable en même temps qu'elle n'existe pas d'une espèce à l'autre. Ce n'est que dans les *Fables* de La Fontaine que les loups sont jaloux des chiens, ou les renards des cigognes. D'ailleurs, tous les herbivores n'ont rien à envier les uns aux autres, et la chasse isole naturellement les animaux carnassiers, dont la subsistance dépend plus du hasard. Enfin, dans quelque détail que vous entriez, vous trouverez toujours que le bonheur de tous les êtres consiste à remplir exactement le vœu de la nature, et que, sous ce point de vue, le bonheur de l'individu ne peut être différent de celui de l'espèce.

Ne doutons pas que les mêmes observations ne soient applicables à l'homme vraiment sauvage, à l'homme brut ; mais avouons en même temps qu'il est très difficile de trouver l'espèce humaine dans cet état primitif, que je n'appellerai pas l'état de nature, parce que je suis persuadé qu'il est dans la nature de l'homme de perfectionner ses facultés, comme il est dans la nature d'un enfant de devenir un homme fait. Quoi qu'il en soit, quiconque aura voyagé, ou quiconque aura seulement lu des voyages, sera convaincu qu'il existe encore des sauvages presque bruts; et c'est un point sur lequel les relations récentes de M. de Bougainville, de MM. Cook, Wallis et Carteret ne laissent aucun doute : mais comme il en résulte aussi que les hommes ne restent guère dans cet état humiliant, à moins que les inconvéniens du sol et du climat ne s'opposent à leurs progrès, comme sur les bords du détroit de Magellan et dans la terre de Feu, rien ne nous oblige à fixer nos regards sur de si tristes objets, et c'est uniquement des progrès de l'espèce perfectionnée que nous devons nous occuper, si nous voulons apprécier le bonheur dont elle est susceptible.

Or, la première réflexion qui se présente à notre esprit, c'est que l'espèce humaine étant la plus perfectible de toutes, et n'ayant pu exercer cette faculté d'une manière égale et uniforme, il a dû en résulter une grande inégalité dans le sort des individus. Tel peuple, mieux secondé par le climat, par la fertilité de la terre, par les ressources qu'il aura trouvées dans une chasse, dans une pêche abondante, se sera instruit plus tôt que ses voisins : dans ce peuple, quelques hommes auront fait un usage plus utile des connaissances acquises; ils les auront perfectionnées, étendues : mais quel usage l'homme peut-il faire de son industrie comme de sa force, si ce n'est d'augmenter son pouvoir pour multiplier ses jouissances, ou pour les obtenir plus facilement? Peut-être les premières armes furent-elles destinées à faire la guerre aux animaux; mais on ne tarda pas à s'en servir contre ses semblables. Le courage n'est que le sentiment de nos propres forces : or, l'inégalité des forces dut favoriser la violence, et la violence amener enfin la guerre, lorsque les faibles commencèrent à se réunir pour se défendre contre les forts. Laissons les poètes vanter la paix qui règne parmi les animaux, et l'opposer aux guerres cruelles que les hommes se livrent mutuellement. Il est plus important d'observer que la raison pour laquelle les animaux d'une même espèce ne se battent pas entre eux, c'est qu'ils se battraient à armes égales. J'en excepte cependant ceux chez qui la passion de l'amour est une espèce de fureur; encore remarque-t-on que, dans cette crise passagère, les vieux cerfs, les vieux sangliers, qui ont la supériorité des armes, se font respecter des plus jeunes : usurpateurs orgueilleux et tyrans des forêts, ils vivent en paix au milieu de leur sérail, tandis que les plus faibles vont exhaler au loin leur impuissante colère.

D'un autre côté, il est impossible de se dissimuler que, si la tranquillité des animaux est troublée par la crainte que les différentes espèces s'inspirent mutuellement, l'homme a ce désavantage particulier d'avoir encore à craindre son semblable; ou du moins sommes-nous obligés d'avouer que cette crainte ayant augmenté à mesure qu'il s'est perfectionné, elle a compensé l'avantage que sa force et son adresse lui donnaient sur les bêtes féroces. L'état de guerre est devenu son état habituel. Il fallait inspirer la terreur,

ou la ressentir ; être oppresseur ou opprimé. Mais il
est arrivé dans l'ordre moral ce qui arrive assez communément dans l'ordre physique. De l'excès même
du mal est sorti le remède. La nécessité de se combiner, soit pour l'attaque, soit pour la défense, a
formé ou resserré les nœuds de la société, et donné
naissance au gouvernement, à la législation. Je sais
tout ce qu'on a rêvé d'agréable et de spécieux sur
le gouvernement patriarcal ; comment on a voulu
que celui d'une famille, s'étendant à ses diverses
ramifications, devînt le modèle de celui d'un empire ;
mais je suis persuadé que dans l'étude de la morale,
comme dans celle de la nature, il ne faut supposer
que le moins qu'il est possible ; et quand je vois partout le gouvernement se perfectionner en raison
contraire de la tranquillité publique, les sauvages
chasseurs ne choisir des chefs que pour la guerre,
tandis que les peuples nomades ou pasteurs ne connaissent ni lois ni magistrats ; quand je viens à examiner encore les constitutions politiques des différentes nations anciennes ou modernes, et que je
trouve qu'elles sont toutes sorties d'un état de guerre
extérieure ou intérieure, je rejette loin de moi tous
ces romans, pour le moins inutiles ; et je dis que la
guerre seule, la force et la violence ont donné origine à tout ce qui existe encore parmi nous : de
sorte que toutes les constitutions, même celles qui
sont en vigueur de nos jours, ne sont à mes yeux
que des traités de paix. Qu'était-ce, en effet, que

la constitution de la république romaine, sinon le
résultat des pactes successifs qui se sont faits entre
le peuple et les grands? Quelles sont encore de nos
jours les bases du gouvernement germanique, sinon
une suite de conventions, de traités de paix, tels
que la bulle d'or, qui fut un instrument de pacification; la paix publique, qui n'eut pour objet que
de rétablir l'ordre et la police dans le sein de l'empire; et la paix de Munster, dont la plupart des ar-
ticles furent des points de législation? Cette constitution britannique, si vantée et si digne en effet de
nos éloges, n'est autre chose qu'une paix assez récente, qu'un accord fait entre les Whigs et les
Torys, entre les Anglais et le prince d'Orange [1]; et
en France, qui ne reconnaîtra pas dans l'autorité
même du roi celle d'un pacificateur que le peuple
implora jadis contre la tyrannie des grands? Ainsi,
remontez d'époque en époque, et, à force de parcourir diverses révolutions, vous arriverez à la conquête, à l'usurpation.

Cependant de l'organisation de la société, de l'établissement même du gouvernement sont sortis différens rapports d'inégalité parmi les hommes : inégalité dans le sort de différens peuples, inégalité de
fortune et de condition parmi les hommes soumis
à une même législation. C'est à la première qu'il faut

[1] Si l'on remonte jusqu'à la grande charte, ne trouvera-
t-on pas encore un traité de paix, un accord fait entre Jean-
sans-terre et les barons de son royaume?

attribuer la fréquence des guerres et tous les événemens malheureux, dont l'ambition est le principe,
et l'oppression la conséquence. Toutes les fois qu'un
peuple sera meilleur navigateur que les autres, il
deviendra le tyran des mers; toutes les fois qu'il sera
plus habile que ses voisins dans l'art de la guerre, il
voudra les conquérir ou les opprimer : enfin, toutes
les fois qu'il sera le plus industrieux, et par conséquent le plus riche, il abusera de ses richesses et de
son industrie, pour usurper encore le bien d'autrui.
Inutilement la politique, par des associations forcées
et passagères, s'efforcera-t-elle de maintenir l'équilibre : on peut compenser le nombre des combattans;
mais la supériorité de science et de lumière ne connaît pas de contre-poids. Quel est donc le remède à
ce malheur de l'espèce humaine ? Si vous voulez le
trouver, rappelez-vous l'origine du mal : les hommes
sont perfectibles, ils le sont au plus haut degré;
mais la plus grande inégalité règne dans leurs progrès, et ce ne sera jamais qu'au terme de ces progrès
qu'ils pourront se rencontrer. Tâchez donc d'accélérer leur marche, de rendre la carrière facile à tous;
et loin de fonder le bonheur d'un peuple sur la prééminence qu'il conservera sur les autres, ne préten-
dez plus que votre part de la félicité générale :
partage heureux, où, par un effet magique, chaque
portion s'augmente à mesure qu'elle est subdivisée;
où l'on s'enrichit de ce qu'on donne; où le bonheur
est le lot de tous.

Rien de plus simple que cette manière d'envisager un des plus vastes objets que la philosophie puisse se proposer : cependant, si nous nous y arrêtons un moment, nous serons surpris des conséquences qu'on en peut tirer ; nous nous étonnerons surtout de voir quels beaux systèmes de politique et de morale disparaissent à nos yeux, et se dissipent comme les brouillards du matin. Ici, pour rendre les hommes heureux, on veut les ramener à l'état de brute ; c'est-à-dire, que pour faire tenir une boule en repos, on la place au haut d'un plan incliné, dont il faut toujours qu'elle descende : là, on prétend bannir le commerce et l'industrie, parce que le luxe marche sur leurs pas : ailleurs, on défend aux hommes de raisonner, de crainte qu'ils ne diffèrent dans leurs opinions ; un homme seul, ou bien une classe d'hommes se charge de penser pour un peuple entier. Cependant, qu'est-il arrivé jusqu'ici ? Le courant rapide a entraîné avec le vaisseau qui secondait son effort, celui qui s'efforçait en vain d'y résister ; mais le premier est arrivé à bon port, et le second s'est brisé contre les écueils. Lycurgue ne veut, dans sa république, que du fer pour monnaie : qu'en résulte-t-il ? c'est qu'il faut moins d'or aux Perses pour corrompre les généraux de Lacédémone. Le sénat romain s'obstine à ne donner que deux arpens de terre à chaque citoyen : quel sera le fruit de cette rigueur ? c'est que le premier tribun qui en fera distribuer le double, renversera la constitution. Dans des temps plus modernes, l'inquisition poursuit Galilée : et les connaissances utiles passent chez des insulaires, qui deviennent bientôt les plus puissans ennemis des pontifes. Eh! laissons aller les choses suivant leur pente naturelle; et puisque l'homme est perfectible, soyons bien sûrs qu'il ne sera en repos que lorsqu'il aura atteint le plus haut degré de science et d'industrie auquel il puisse prétendre.

Ce que nous venons de dire sur la disproportion nécessaire établie entre différens peuples, s'applique également à celle qui règne entre les individus qui composent une nation : en effet, avant que la richesse appelât la richesse, avant que le commerce et la finance eussent ouvert à tous les capitalistes des routes faciles pour arriver à la fortune; la force, l'adresse, les talens et l'industrie furent les seuls moyens de s'enrichir. Or, il est aisé de voir que, plus il y eut de disproportion dans les moyens, plus il y en eut aussi dans le sort des individus. Je n'aurai même pas besoin de remonter bien haut pour en chercher la preuve. Si Jacques Cœur fut le plus riche des négocians qui aient jamais existé, c'est que, de son temps, les Français ignoraient parfaitement tout ce qui a rapport au commerce et à la navigation. Si les Anglais payaient, il y a cinquante ans, un chanteur ou un violon italien beaucoup plus cher qu'ils ne le font maintenant, c'est que l'étude de la musique était bien moins perfectionnée alors qu'elle ne l'est de nos jours. La finance même, que les revenus et les dépenses immenses de notre monarchie ont rendue si importante et si lucrative, la finance commence à n'être plus une source de richesses très abondante : c'est que l'expérience est le meilleur et peut-être le seul instrument de l'instruction; c'est que toute pratique ne devient un art que long-temps après qu'elle a été établie. Le commerce a existé long-temps avant la science du commerce, et alors il a été très lucratif. La finance a pris naissance, et s'est agrandie long-temps avant qu'on en connût les détails et les principes. Le voile commence à se lever, déjà ses profits sont limités, excepté dans les affaires nouvelles. La banque l'a remplacée depuis peu ; mais la banque, à son tour, éprouve le même sort, et le crédit, dégagé des nuages qui l'environnaient, a laissé apercevoir aux yeux clairvoyans qu'il reposait sur une base qui ne lui appartenait pas [1]. Enfin, de quelque côté qu'on porte ses regards, on ne verra sur la surface du globe qu'une immense carrière, où les uns courent rapidement, et les autres se traînent avec peine, heurtés, froissés par ceux qui veulent les devancer; et l'on sera conduit à cette réflexion,

[1] Ceci se rapporte particulièrement à la France. Autrefois les Bernard, les Pâris paraissaient la soutenir de leur propre crédit. Depuis quelque temps, on s'est bien convaincu que, quelques avances que fissent les banquiers, leur crédit n'était jamais que celui du roi, celui de la chose même.

que si la disproportion dans le sort des individus est un inconvénient nécessairement attaché à la perfectibilité de l'espèce humaine, le remède le plus sûr à cet inconvénient est encore la plus grande accélération dans la marche de ses progrès.

Mais à quel point cette disproportion dans le sort des individus est-elle contraire à la félicité publique? C'est une question qu'il ne faut pas passer sous silence ; car cet article seul serait capable de donner un grand avantage aux détracteurs de la société ; et soit que nous les regardions comme des enthousiastes de bonne foi, soit que nous ne les envisagions que comme des sophistes adroits, il faut toujours apprécier leurs argumens. Quoi! me diront-ils, vous plaignez une peuplade de sauvages, parce qu'elle habite sous des huttes, et n'a pour vêtemens que des peaux de bêtes : voyez dans les rues de vos superbes cités, voyez un malheureux couvert de haillons, qui porte avec effort un pénible fardeau, tandis que son semblable, traîné rapidement dans un char magnifique, lui ravit jusqu'à l'usage des chemins, et ajoute le danger à ses travaux : quand il serait vrai que la subsistance de ce malheureux serait encore plus assurée que celle d'une grande partie des sauvages, quel poids ne doit pas ajouter à sa misère la comparaison accablante qu'il peut faire à chaque instant? car il n'est donné aux hommes de juger que par comparaison, et ce n'est qu'en voyant des gens plus heureux que soi qu'on se trouve malheureux.

Comment répondre à ces observations? En avouant ingénument qu'il peut y avoir parmi les nations civilisées un certain nombre d'hommes plus malheureux que ne le sont la plupart des Sauvages; mais nous ne craignons pas d'avancer que ce nombre n'est pas considérable, et n'excède guère la dixième partie de la population générale. Si l'on entrait même dans quelque détail à ce sujet, on trouverait peut-être cette quantité beaucoup plus petite. Tous les ouvriers qui travaillent aux arts mécaniques ont non-seulement une subsistance assurée, mais encore une existence assez agréable. Cette classe même, qui vous paraît la plus à plaindre, parce qu'elle remplace, pour ainsi dire, les bêtes de somme, n'échangerait pas son sort contre un travail plus doux, parce que les gros salaires qu'elle reçoit la dédommagent des fatigues que la nature et l'habitude l'ont mise en état de supporter. Tels sont à Londres les *coal-heaver*, et à Paris les *forts de la halle* [1]. Mais, ajoutera-t-on, les laboureurs ne font-ils pas une partie considérable du peuple? Sans doute; mais qu'il me soit permis d'observer ici que la plupart des âmes sensibles et bien intentionnées sont égarées par les déclamateurs et par les poètes. Il y a certainement beaucoup de malheureux dans les campagnes, mais ce ne sont pas en général les labou-

[1] *Coal-heaver*, ceux qui déchargent les bateaux de charbon. Ils gagnent jusqu'à 14 livres par jour. Les *forts de la halle* gagnent souvent la moitié de cette somme.

reurs. En effet, ceux-ci sont séparés en deux classes, les fermiers, les métayers avec leurs domestiques, et les petits propriétaires, qui cultivent eux-mêmes leurs champs : or, ce ne sont pas ces deux classes qui sont le plus à plaindre. Ce sont les paysans sans propriété, qui, ne possédant qu'une chaumière et leurs bras, dépendent, pour leur subsistance, d'un salaire incertain et toujours trop modique. C'est de ces infortunés dont les cœurs bienfaisans doivent être principalement occupés. Condamnés par leurs besoins à subir la loi du riche qui les emploie, ils voient encore leur misère augmentée par les impositions, par les corvées, et surtout par la multiplicité des fêtes. Comment la paresse et le découragement ne gagneraient-ils pas les habitans des campagnes, lorsque, pressés entre l'état qui leur demande leurs bras, et l'église qui leur ordonne l'oisiveté, ils ont également à souffrir du travail et du repos ?

Tel est le sort des paysans en France et dans quelques autres pays de l'Europe ; mais devons-nous le regarder comme un mal nécessaire, comme une conséquence immédiate des progrès de la société ? Non assurément ; c'est un reste de barbarie qui nous révolte, et qui ne durera pas long-temps.

Disons, au contraire, que chez la plupart des peuples éclairés ces inconvéniens n'existent déjà plus : disons que dans une nation commerçante, industrieuse et policée, tous les hommes trouvent un emploi, que la concurrence dans les objets de travail hausse le prix des salaires, et établit une balance juste entre le riche qui consomme, et le mercenaire qui sait se faire payer ; enfin, que si la politique intérieure est une science, elle doit se perfectionner comme les autres. Or, l'objet et l'intérêt de tous les gouvernemens, même du gouvernement despotique, est de rendre les hommes heureux : et c'est ici l'occasion de faire une remarque à laquelle le lecteur aura été conduit par différentes observations répandues dans cet ouvrage ; les mœurs, les opinions modernes ont cet avantage sur les anciennes, que toute l'humanité doit profiter des progrès de la législation. En effet, supposant, ce qui est assurément très faux, que de nos jours le nombre des hommes vivant dans la misère et accablés de travail, égale la quantité d'esclaves qu'avaient les anciens, l'état des choses actuelles ne serait-il pas de beaucoup préférable à celui des temps passés, puisque la prospérité de chaque nation qui se perfectionnera, s'étendra sur tous les individus, au lieu qu'Athènes, Rome et Carthage pouvaient devenir les plus florissantes républiques du monde, sans que le sort des esclaves fût jamais amélioré. L'erreur de la plupart des écrivains politiques ou moralistes vient de ce que dans les parallèles qu'ils font des anciens et des modernes, ils comparent toujours nos plus pauvres ouvriers avec les citoyens Grecs ou Romains. Je sais que le Spartiate avait tous les jours un souper assuré, assez mauvais à la vérité ; je sais aussi que dans les derniers temps de la république romaine, quelque valeur qu'eussent le blé et l'huile, chaque citoyen en recevait tous les ans une quantité à peu près suffisante pour sa subsistance ; mais ces ilotes opprimés dans tous les temps, et égorgés quand ils devenaient trop nombreux ; mais ces malheureux esclaves des Romains, enchaînés par milliers dans des souterrains, battus, mutilés dans leur jeunesse, et abandonnés dans leur vieillesse ; mais ces domestiques fustigés , livrés aux bêtes pour un plat renversé ou pour un verre mal nettoyé ; croyez-vous qu'ils n'eussent pas envié le sort de notre mercenaire qui vit avec peine, mais qui ne vit que pour lui, et qui jouit au moins du privilége d'être libre dans sa misère ? Or, c'était une conséquence des mœurs et des opinions anciennes, que plus les citoyens d'un état devenaient riches et puissans, plus ils étaient injustes et cruels envers tout ce qui dépendait d'eux. Qui sait même si l'obligation où est le pauvre parmi nous de concourir aux dépenses publiques n'est pas une égide contre l'oppression ? Chez les anciens, l'esclave était hors de l'état, et c'est précisément ce qui devait perpétuer son infortune. [1]

[1] C'est une chose extraordinaire que l'esprit chagrin et satirique de quelques auteurs modernes les ait égarés au point de leur faire avancer ce paradoxe singulier : que les esclaves des anciens étaient plus heureux que nos paysans

Mais veut-on un exemple encore plus frappant pour juger à quel point l'homme non perfectionné et que la plus grande partie de nos journaliers. La plus légère connaissance de l'antiquité aurait suffi pour les convaincre du contraire. Chez les Grecs et surtout chez le Romains, il y avait trois sortes d'esclaves : les esclaves domestiques, les esclaves artisans et même artistes, et les esclaves ruraux ou cultivateurs. De ces trois classes la première était, sans contredit, la mieux traitée, puisqu'on voit, à chaque instant, dans Plaute et dans Térence, les esclaves domestiques trembler qu'on ne les renvoie aux travaux de la campagne. Cependant quelle destinée que celle même qu'ils s'efforçaient de conserver ! Nous avons rapporté plus haut le fait de *Vedius Pollio*, qui voulut faire jeter un esclave dans son vivier pour un verre cassé. Nous avons observé que *Pedanius Secundus* ayant été assassiné dans sa propre maison, quatre cents esclaves, qui s'y trouvèrent alors, furent condamnés au supplice. On sait aussi que lorsqu'un citoyen était accusé, où même soupçonné, tous ses esclaves pouvaient être mis à la torture; encore n'était-ce rien pour ces misérables d'être exposés à la rigueur des lois publiques, lorsque leurs maîtres avaient droit de vie et de mort sur eux; droit barbare dont ils abusèrent très long-temps, puisqu'Auguste, Claude, et ensuite Adrien furent les premiers qui songèrent à y mettre des bornes. (Voyez Heineccius, *Antiq. Rom.*, L. I, tom. vii.) Voilà pour la justice qu'on exerçait envers eux. Quant au traitement habituel, on en peut juger par les traits suivans : Sénèque, dans une de ses épîtres (cxxii) censure quelques Romains du bel air, qui, dédaignant de suivre les usages communs, et n'ayant pas d'heures réglées, faisaient pendant la nuit ce que les autres avaient coutume de faire dans la journée. J'entends, dit-il, vers la troisième heure de la

est enclin à abuser de ses forces ; on le trouvera
dans l'empire absolu qu'il a toujours exercé sur la

nuit, retentir des coups de fouet ; je demande ce que fait
mon voisin. On me répond qu'il se fait rendre compte de
son domestique, qu'il met l'ordre dans sa maison : *Audio
circa horam tertiam noctis flagellorum sonos, quæro quid
faciat ? Dicitur rationes accipere.* Or, cette expression *rationes accipere* était un mot d'usage. Il désignait le petit travail
qu'un maître de maison faisait journellement pour se faire
rendre compte de ce qui s'était passé chez lui, et pour punir les esclaves qui avaient commis quelque faute. C'est à
cette coutume que Juvénal fait allusion dans la satire des
femmes. Il en est, dit-il, qui tiennent des bourreaux à gage
pour battre leurs esclaves : il en est qui tandis qu'on fait en
leur présence ces horribles exécutions, s'amusent à regarder
des étoffes, à régler leurs comptes, ou à causer avec leurs
favorites, jusqu'à ce que leurs bourreaux tombant de lassi-
tude, elles disent d'un air terrible : *C'en est assez :*

> . . . . *Sunt quæ tortoribus annua præstent.*
> *Verberat, atque obiter faciem linit ; audit amicas,*
> *Aut latum pictæ vestis considerat aurum ;*
> *Et cædit : longi relegit transacta diurni,*
> *Et cædit ; donec lassis cædentibus :* Exi
> *Intonat horrendum, jam cognitione peractâ.*

On trouve encore dans la XVIIIe épitre de Sénèque ces
paroles remarquables : Nous en sommes venus à tel point
que ce mot a passé en proverbe : *Tout esclave est notre ennemi : Deinde ejusdem arrogantiæ proverbium jactatur totidem
esse hostes quot servos.* Je ne parlerai pas des humiliations
qu'on leur faisait essuyer, ni des choses indignes et criminelles qu'on exigeait d'eux, parce que ces excès ne pouvaient appartenir qu'à la corruption des mœurs. Mais la
nature même de leur service n'était-elle pas révoltante ? Que

plus belle moitié de son espèce. Chez les sauvages,
où la force et l'adresse sont les seuls avantages de

dirait un Français ou un Anglais, si en entrant chez un grand
seigneur, au lieu de trouver un Suisse de bonne mine, bien
logé et superbement vêtu, il voyait un esclave attaché par
le pied à une borne; et obligé de garder la porte comme un
dogue qu'on enchaîne dans sa loge?

Quant à la seconde classe, qui était composée des artisans
et des artistes, son sort n'était pas meilleur. Ces esclaves
étaient renfermés et attachés comme les autres. D'ailleurs
rien ne prouve mieux combien leur situation était cruelle
que les efforts qu'ils faisaient pour se mettre en état d'acheter leur liberté. Nul service assez grand pour n'être pas suffisamment payé par l'affranchissement. (Voyez à ce sujet
Sénèque, *de Beneficiis*, Lib. iii, cap. xxiii *et seq.*)

Restent donc les esclaves ruraux. Or c'étaient certainement les plus malheureux. Traités exactement comme les
animaux, on ne les nourrissait qu'à proportion de l'utilité
qu'on en pouvait tirer. Personne n'ignore que Caton le censeur, le vertueux Caton, conseille dans son livre sur l'économie rustique de ne jamais garder un vieil esclave, comme
on pourrait conseiller à un laboureur de se défaire des chevaux dont le service ne pourrait payer l'entretien. D'autres
poussaient la cruauté jusqu'à leur vendre la permission de
coucher avec leurs femmes. Partout ils étaient conduits aux
travaux dès le matin, et ne rentraient le soir que pour être
enfermés dans des espèces des cachots. Pline ne nous laisse
aucun doute sur ce point, lorsqu'il dit, Liv. xviii, ch. iii,
que les mêmes travaux dont s'honoraient jadis des hommes
consulaires, étaient livrés de son temps à des malheureux
chargés de fers, et qui portaient sur leur front la marque
honteuse de leur esclavage : *Nunc eadem illa, vincti pedes,
damnatæ manus, inscripti vultus exercent.* Mais il n'est pas

l'individu, rien de si malheureux que les femmes ; obligées de se traîner à la suite des chasseurs, de préparer leurs alimens, de suffire à tous les travaux domestiques, elles sont les esclaves et non les com-

nécessaire de recourir à ces autorités, quelque respectables qu'elles soient ; la preuve de ce que nous avançons existe encore de nos jours. En Italie, les *Ciceroni* qui vous promènent dans les ruines des palais et des maisons de campagne antiques, ne manquent pas de vous montrer des souterrains immenses qu'ils appellent *le cento camere*, parce que ce sont différentes chambres qui communiquent toutes à une seule galerie ; et lorsqu'on leur demande à quoi servaient ces *cento camere*, ils répondent que c'étaient des prisons, ou plutôt ils ne savent que dire. Or, il est clair que c'était la demeure des esclaves, qu'on y faisait rentrer tous les soirs, et qu'on y gardait d'autant plus aisément que ces chambres n'avaient qu'une seule issue. L'antiquité nous offre partout l'exemple des précautions que le petit nombre d'hommes qui avaient part au gouvernement était obligé de prendre contre la multitude. Le prétoire de Pompéia qui est encore parfaitement conservé en est une preuve. Les portes qui conduisent aux chambres des soldats sont excessivement basses, de façon qu'on est obligé de se baisser pour entrer et pour sortir. Or, la seule explication qu'on ait pu donner de cette bizarrerie, c'est que les officiers qui craignaient la mutinerie des soldats avaient pris cette précaution, afin qu'en cas d'émeute, il fut plus difficile à ceux-ci de se rassembler et de prendre les armes. Esclave ou soldat, tout ce qui était gouverné était régi par une verge de fer, et c'est ainsi qu'on verra l'antiquité toutes les fois qu'on voudra en juger par ses propres réflexions et par ses propres yeux.

pagnes de leurs maris. Chez les Orientaux, où leur prématurité les met, dès l'enfance, c'est-à-dire dans l'âge de la faiblesse, au pouvoir de leurs époux, leurs chaînes sont plus pesantes qu'ailleurs. Enfin, ce sexe trop encensé par quelques hommes, mais certainement trop tyrannisé par le plus grand nombre, a tout gagné aux progrès des lumières et de la société. La raison en est bien simple. Quand la force régnait sur la terre, et que toute la perfectibilité du genre humain était uniquement dirigée de ce côté-là, les femmes ne pouvaient prendre aucune part à ces progrès, et la supériorité que les hommes avaient sur elles s'en était encore augmentée ; au lieu qu'elles ont pu réclamer une part considérable dans les progrès de l'esprit, et surtout dans toutes les choses qui dépendent de l'adresse, de la pénétration et de l'industrie. Comment ce peuple sensible et enthousiaste, qui offrait de l'encens aux neuf Muses, qui écoutait avec transport les chants de Sapho, et qui consultait journellement la Pythie, aurait-il pu mépriser les femmes ? Bientôt le gouvernement s'étant perfectionné, et la loi de l'hérédité, qui ne peut être fondée que sur l'expérience et la réflexion, ayant prévalu parmi quelques nations éclairées, les femmes se trouvèrent placées sur le trône. Ce fut un triomphe d'autant plus éclatant, qu'elles ne s'en laissèrent pas éblouir, et qu'elles ne parurent faire usage de la supériorité que pour justifier les droits qu'elles avaient à l'égalité. Cependant le crédit qu'elles acquirent par les arts et les talens fut encore plus solide et plus durable. La poésie, la peinture, la sculpture, l'érudition même, se perfectionnèrent dans leurs mains ; mais c'est surtout l'art du raisonnement et de l'observation qui leur assurera à jamais la liberté, je dirais presque l'empire, parmi les peuples civilisés. En effet, il est aisé d'apercevoir que pour les femmes, être libres et souveraines n'est qu'une même chose, parce qu'elles ne peuvent être libres sans avoir en leur pouvoir ce que les hommes désirent le plus, et dans ce commerce, moins égal qu'on ne pense entre deux sexes différens, celui qui demande doit toujours dépendre de celui qui peut refuser.

Telle est donc, nous osons le dire, la vérité, la certitude des principes que nous avons adoptés, que plus nous supposons d'objections, plus nous trouvons à nous confirmer dans notre opinion. C'est ainsi que les réflexions affligeantes que nous avons faites sur le malheur attaché à certaine classe du peuple dans certain pays, nous ont conduits à ce résultat consolant, que le progrès des lumières avait affranchi de l'esclavage non-seulement les dernières classes du peuple, mais même la moitié de l'espèce humaine ; de sorte qu'en examinant si la perfectibilité des hommes n'était pas la source de leurs maux, nous avons trouvé qu'elle en était le remède général. Continuons avec la même impartialité, et tâchons d'apprécier encore l'efficacité de ce remède ;

car il faut l'avouer, quelque rapprochement qu'une bonne législation puisse opérer entre les différentes conditions des hommes, il régnera toujours une grande inégalité dans leur sort, d'où il suit que si cette inégalité était un si grand mal qu'on le pense, elle suffirait seule pour opposer un obstacle insurmontable à la félicité publique.

Ici nous avons besoin de remonter encore aux premiers principes, et de considérer le plan de la nature relativement à tous les êtres. Nous avons vu plus haut qu'elle avait attaché leur bonheur à leur conservation, et que leur existence n'était que la succession d'un travail nécessaire, qui a pour objet de satisfaire leurs besoins, et du repos salutaire qui suit les besoins satisfaits. Or, si nous venons à examiner l'homme en société, nous trouverons qu'il ne s'est point entièrement dérobé à ce plan général de la nature, et que son bonheur consiste encore dans l'alternative de l'activité et de la jouissance. Supposons qu'un philosophe, pénétré des mêmes idées qui nous occupent au moment présent, se réveille avant le jour, et monte sur une des tours les plus élevées de nos cités pour y contempler le réveil de la nature. Si, dès l'instant où les premiers rayons du jour se seront fait apercevoir, il veut porter ses regards jusque dans la campagne, il verra les animaux commencer à se remuer et à s'agiter, puis courir chercher leur subsistance; les pigeons s'échappent du colombier, et vont par troupes se ré-

pandre dans les champs; les troupeaux sortent de
l'étable et s'acheminent lentement vers la prairie :
tout obéit à la voix de la nature, et chaque animal
n'a d'autre objet le matin que de trouver à vivre
dans la journée. Mais si notre observateur ramène
ses regards sur la cité, n'y verra-t-il pas à peu près
le même spectacle ? Les maisons, les boutiques s'ouvrent ; le menuisier, le serrurier, le tourneur, prennent leurs outils ; le marchand prépare, étale ses
denrées ; l'avocat, le juge, courent au palais ; le médecin vers le lit de son malade ; tout est en mouvement : et pour quel objet ? toujours pour le même.
La différence n'est que dans les moyens de l'obtenir.
Le menuisier, qui travaille dès le matin, trouvera à
midi un dîner tout préparé. Dans une heure, dans
une demi-heure de temps, il aura pourvu à sa subsistance, mais jusque-là il aura travaillé pour se la
procurer. Le bœuf n'a cessé de manger depuis l'aube
du jour ; mais de ces deux êtres, l'un a travaillé
à rassembler sa nourriture, l'autre à la gagner :
voilà toute la différence que j'aperçois entre eux.
Il peut cependant en exister une autre, et il faut
convenir qu'elle serait à l'avantage des animaux. On
doit supposer que l'occupation de se nourrir est
accompagnée d'une sensation agréable; mais il y a
apparence aussi que cette sensation est d'autant
moins agréable, qu'elle est plus répétée, et que la
nourriture est plus légère ou sous un plus grand
volume, de sorte qu'il pourrait se faire que l'homme

jouît autant dans un repas d'une heure que l'herbivore dans un repas qui dure toute la journée, et c'est assez pour son bonheur que d'avoir une occupation continuelle jusqu'à ce moment-là. [1]

Mais prévenons une autre objection. On me demandera peut-être d'engager mon observateur à rester plus long-temps à sa place; on voudra qu'il attende l'heure où le riche oisif sorte enfin de chez lui pour aller chercher des plaisirs. Eh bien! j'y consens; mais voici comment je raisonne. Si ces plaisirs sont toujours faciles, toujours habituels, ils ne seront pas long-temps des plaisirs; et s'il est un être qui désire sans un sentiment actif et même un peu inquiet, les faveurs de la gloire ou celles de l'amour, ou l'éclat des honneurs, ou l'opinion publique, ce sera un être fourvoyé, écarté du chemin de la nature, qu'il faut bien se garder d'envier, parce qu'il sera sans activité, et par conséquent malheureux; car remarquez bien que si les progrès de la société ont amené un tel état de choses, que les hommes n'aient aucune inquiétude pour leur subsistance, cet état de choses entraîne nécessairement

---

[1] Il est inutile d'énoncer que dans la subsistance de l'homme il faut faire entrer non-seulement sa nourriture, mais encore son vêtement, son logement, etc.; mais n'est-il pas des animaux qui ont à peu près les mêmes besoins? Les fourmis, les abeilles, les oiseaux, les quadrupèdes même se construisent des demeures et rassemblent des provisions.

de nouveaux objets de désirs, tels que l'aisance, le luxe, les plaisirs factices, etc. Or, ce sont de pareils objets qui entretiennent cette activité si nécessaire à l'homme. Il ne faut pas être bien avancé dans la morale pour savoir que le bonheur se compense assez dans les différentes classes de la société ; que les courtisans, les ministres ne sont pas plus heureux que les cultivateurs et les artisans. Mais ces différens états ont du moins des avantages apparens, et le désir, l'espérance de passer de l'un à l'autre servent à entretenir l'activité parmi tous les hommes, qu'une subsistance assurée plongerait bientôt dans l'ennui et dans le dégoût. Le Spartiate nourri, entretenu par la république, également étranger à la crainte et à l'espérance, avait pour divertissement de lutter sur les bords de l'Eurotas, et de laver dans ce fleuve ses membres couverts de poussière. J'ai peine à croire que cet exercice, quelque piquant qu'il puisse être, fût plus amusant que la paume et la chasse dont on s'ennuie à la longue ; son sort ne devait donc pas être plus heureux que celui des moines, parce qu'il était également opposé au plan de la nature. L'Athénien, plus actif, livré au commerce et à l'industrie, était sans doute le plus heureux des habitans de la Grèce.

Que si ces considérations paraissaient frivoles ou de simple spéculation, on pourrait en montrer tout d'un coup l'importance, en disant que les gouvernemens, après avoir fait tous leurs efforts pour

diminuer la disproportion qui existe entre les différentes classes des citoyens, doivent s'occuper de
nourrir l'émulation et l'espérance, en facilitant le
passage de l'une à l'autre. Rien de plus contraire
au bonheur public que cette loi des Indiens, qui,
séparant le peuple en plusieurs *castes*, condamne
l'homme, ainsi que ses descendans, à être toujours
ce qu'il a été : rien de plus favorable en même temps
à la félicité des peuples que la législation de l'Angleterre, qui rend tout accessible au mérite et même
à la richesse ; car qui est-ce qui peut exciter l'industrie, si ce n'est le désir de la richesse ? et à quoi
servent les richesses, sinon à nous procurer l'honneur et le crédit? Sous ce point de vue, nos lois,
ou plutôt nos opinions sur la noblesse sont contraires à la félicité publique, du moins dans leur
exagération ; car il est aisé de prouver que le respect pour les anciennes familles est une chose naturelle, et qui s'établira toujours, même dans les
gouvernemens démocratiques.

La société étant un champ immense où non-seulement les richesses et les jouissances, mais aussi
les désirs et l'espérance doivent circuler librement,
toute ligne de démarcation, toute barrière insurmontable devient un obstacle à la félicité du plus
grand nombre. Ce n'est donc pas toujours, comme
on le croit, le besoin d'argent ou la corruption du
gouvernement qui a rendu la noblesse accessible à
la richesse. Rome la première en donna l'exemple.

et l'antique et sage république de Venise n'a pas craint de le suivre. Elle a senti que le sujet opulent se découragerait bientôt, ou deviendrait l'ennemi du gouvernement, s'il n'avait l'espérance d'y être admis un jour. C'est cet espoir qui maintient dans l'obéissance et dans l'activité le propriétaire de Terre-Ferme et le négociant de l'Archipel. Gênes, plus riche que puissante, mais qui figurerait encore dans l'Italie, si elle ne se laissait pas gouverner par les moines, Gênes a recruté souvent son sénat des plus opulens de ses citoyens, et le nom de *Cambiaso* n'y est pas moins honoré que celui de *Doria* [1]. Observons, en passant, que cette politique est peut-être le seul point où le gouvernement républicain et le gouvernement despotique se rencontrent. L'intérêt du despote est de donner le plus grand prix possible à la faveur, et de joindre à l'effet d'une crainte générale celui d'une espérance que tous les sujets partagent également; car la crainte a toujours besoin d'être compensée par l'espérance. Il n'en est pas de même dans les monarchies. Comme l'honneur en est un des principaux mobiles, toute distinction qui dépendrait uniquement de la faveur ne tarderait pas à perdre de son prix. Moins les droits des différentes classes y sont définis et assurés, plus elles

---

[1] M. Cambiaso a fait construire récemment, à ses frais, une grande partie du chemin de la Polihevera. Cet ouvrage entrepris dans la seule vue du bien public lui a coûté plus de 600,000 livres.

ont besoin de s'appuyer sur une longue possession, sur une ancienne origine. Dans plusieurs états, si la noblesse n'est pas tout-à-fait esclave, c'est qu'elle se souvient d'avoir été libre. Cette idée plaît encore lors même qu'elle cesse d'être utile ; il semble voir le Nil se consoler de couler sous les lois des soudans, parce que sa source est hors de leur empire.

Une autre manière, plus sûre encore, d'apprécier le pouvoir de l'espérance sur le bonheur des hommes, c'est d'examiner l'influence de la religion sur différens peuples et à différentes époques. Il ne s'agit pas ici du dogme en lui-même, parce qu'il ne peut en exister de bon que celui qui est vrai, et que celui-là doit être vrai en tous temps et en tous lieux ; mais seulement de la disposition particulière que les hommes ont eue à se livrer à certaines opinions religieuses, soit qu'ils les aient exagérées, soit qu'ils les aient adoucies. Or, on trouvera toujours une certaine proportion entre le sort des peuples et la doctrine qui prévaut parmi eux. On verra, par exemple, que les religions qui menacent et promettent beaucoup, conviennent particulièrement aux peuples opprimés ; parce que les malheureux gardent l'espérance pour eux, et renvoient les menaces aux oppresseurs dont ils se flattent que le ciel fera justice. Dans les temps heureux de la Grèce, et tant que la république romaine fut florissante, le dogme de l'immortalité de l'âme n'était guère qu'une simple

opinion plus ou moins accréditée parmi quelques
sectes de philosophes ; mais lorsque la tyrannie des
empereurs eut répandu la consternation dans le
monde entier, le stoïcisme s'étendit et s'épura ; le
dégoût de la vie présente porta toutes les espérances
vers l'immortalité. Ce fut alors que le christianisme
fit ses rapides progrès : les consolations qu'il offrait
adoucirent le malheur des peuples. Ils y trouvaient
les espérances les plus flatteuses, et ils voyaient en
même temps la vengeance la plus sévère dénoncée à
leurs tyrans. Cette heureuse influence de l'opinion
continua de produire le meilleur effet, jusqu'à ce
que le sacerdoce, usurpant l'empire temporel, re-
plongea les hommes dans de nouveaux malheurs.
Alors tout changea sur la surface de la terre. Les
nations qui profitèrent de ces révolutions, telles
que les Italiens et les Espagnols, ne portèrent dans
les matières de religion d'autres dispositions que
celles qui tenaient à leur climat. Ces nations, naturellement sensibles et exaltées, multiplièrent les pratiques, et se livrèrent à la superstition ; mais en
même temps elles surent concilier leurs opinions
avec leurs passions : leur morale fut relâchée, et
la dévotion leur tint lieu de piété. Les peuples sep-
tentrionaux, qui les premiers s'étaient séparés de
l'Église, suivirent une route tout opposée. Naturellement sombres et portés à la méditation, révoltés
surtout par l'impression encore récente des chaînes
qu'ils avaient portées, ils donnèrent dans le rigo-

risme. L'esprit de controverse, si puissant chez les
hommes, les discussions, les guerres civiles entre-
tinrent long-temps cette disposition parmi eux. Mais
lorsque l'Angleterre, après l'expulsion des Stuart,
eut joui d'une tranquillité, d'une prospérité durable;
lorsque la Hollande eut goûté en paix les fruits de
son industrie, que l'Allemagne et le Nord furent
pacifiés, alors la doctrine devint plus douce et plus
modérée, et les hommes, trouvant plus de bonheur
et d'espérance dans les choses temporelles, commencèrent à s'occuper beaucoup moins des choses
spirituelles. L'esprit de tolérance s'établit non-seulement entre les différentes religions, mais encore
entre les différentes sectes d'une même religion. La
France même suivit, quoique la dernière, cette pente
générale, et du moins elle n'eut plus à rougir du
jansénisme et du *molinisme*.

Il résulte de ces réflexions, qu'à ne considérer
cet objet que du côté politique, les opinions religieuses les plus modérées conviennent plus aux gouvernemens libres et prospères, et que les plus exagérées s'accordent mieux avec les gouvernemens
despotiques; car ce qui est obstacle dans un cas,
devient remède dans l'autre. Au reste, il serait inutile
de pousser nos recherches plus loin, parce que la
religion ne doit pas venir des hommes, et qu'il serait
absurde à un législateur de composer des dogmes.
Nous nous contenterons d'observer que si l'on voulait les diriger vers l'objet de la félicité publique, il

faudrait qu'il y eût plus à espérer qu'à craindre.
Ajoutez à cela que sans parler du danger qu'il y aurait à faire de la religion un moyen de gouvernement,
cet instrument serait toujours faible et insuffisant.
La raison en est, que les hommes n'ont jamais une
idée assez sensible, assez immédiate de ce qu'on leur
fait craindre ou espérer dans une autre vie. A peine
en trouve-t-on un sur mille qui ait voulu s'exposer
à la peine des galères; à peine en trouve-t-on un sur
mille qui n'ait pas craint de s'exposer à des supplices
éternels. En général, tout gouvernement sage ne
doit employer le pouvoir de l'imagination que dans
des temps de crise, dans des cas pressés, et lorsque
son effet doit être prompt et rapide. Or, tout ce qui
est opinion est presque toujours du ressort de l'imagination. Voyez comme en matière de religion elle
agit différemment sur les deux sexes. L'homme plus
attaché aux impressions physiques se laisse gouverner par elles. Les femmes, plus sensibles, plus exaltées, sont plus portées à la dévotion. Mais cette dévotion n'a-t-elle pas été souvent contraire à la tranquillité publique, à la religion même? Heureux les
peuples, heureux aussi les ministres de la religion,
si les gouvernemens, pénétrés de ces principes, n'en-
treprenaient de pourvoir au bonheur des sujets
qu'autant qu'ils sont sous leur puissance, et se con-
tentaient de ne jamais mettre d'obstacles à la vérité
éternelle qui seule a droit d'éclairer les hommes! [1]

[1] On peut observer encore que lorsque les opinions des

Ainsi, de quelque côté que nous portions nos regards, nous retrouvons toujours ce grand principe, qu'il ne faut jamais mettre d'obstacles à la perfectibilité de l'espèce humaine. Je suppose, en effet, qu'il s'élève un législateur fortement pénétré de ce désir si louable en lui-même de rendre les hommes heureux ; ne pourrait-il pas faire le raisonnement suivant : « Si je veux approcher le plus près possible « de mon but, il faut que je m'empare de tout ce qui « peut agir sur les hommes, et que je me rende maître « surtout de ces deux grands moyens de gouverne- « ment, la *crainte* et l'*espérance*. J'ai pour objet

hommes sont fondées sur des choses sensibles et auxquelles on accorde une croyance de sentiment, les mœurs publiques s'en ressentent toujours. Les lois ne punissent pas la lâcheté dans les affaires particulières, non plus que les manquemens en matière de religion : or, personne ne veut vivre avec des hommes déshonorés, tandis qu'il n'est aucun particulier, quelque dévot qu'il soit, qui ne vive avec un mauvais chrétien, avec un hérétique. Je me rappelle à cette occasion que Thomas Morus, dans son *Utopie* (Liv. 1.), s'étonne qu'on ne puisse contredire les princes et les grands sur leur administration, et qu'il soit permis de censurer leur conduite religieuse. La solution de cette difficulté, c'est que les espérances ou les craintes en matière de religion sont dans un certain lointain qui ne permet de les voir que d'une manière vague et confuse. Si vous ne faites pénitence, dites-vous à un roi, vous serez brûlé éternellement: un autre vient, et dit : Si vous ne gouvernez pas avec plus de justice, vos peuples se révolteront, et cet autre est mis en prison.

« seulement le bonheur dont on peut jouir sur la
« terre, et pour secours toutes les choses sensibles et
« matérielles dont je puis user à mon gré. Je ne per-
« mettrai donc pas qu'on vienne inspirer aux hom-
« mes un intérêt différent de celui que je regarde
« comme mon premier mobile ; je ne souffrirai pas
« qu'en même temps que je publierai des lois pour
« encourager les talens et l'industrie, il soit permis
« à quelques personnes de déclamer publiquement
« contre les jouissances que je m'efforcerai de pro-
« curer, et de les faire envisager comme criminelles.
« Lorsque obligé d'infliger des peines, j'aurai cru
« imprimer la plus grande terreur à mes peuples en
« ôtant la vie à un citoyen, j'empêcherai sans doute
« qu'on ne promette un bonheur éternel à celui que
« j'aurai destiné pour victime au bien général. Le
« premier des législateurs, celui qui eut à conduire
« le peuple le plus inconstant et le plus rebelle, ne
« proposa des peines et des récompenses que pour
« cette vie : je suivrai son exemple, et puisque je
« n'agis que pour le bien des hommes, j'ai droit
« d'agir seul, de ne souffrir aucune concurrence ni
« dans la législation ni dans la morale qui fait le com-
« plément de la législation... » Tel serait le langage
d'un enthousiaste plus vertueux qu'éclairé, et tel
est peut-être celui que plusieurs souverains ont tenu
dans le secret de leurs pensées. Mais un mot suffit
pour y répondre. Qui vous a rendu maîtres, leur
dirai-je, des facultés intellectuelles de vos peuples ?

Qui vous a permis de mettre des bornes à leurs idées,
de leur prescrire même la manière dont ils doivent
se rendre heureux? Souvenez-vous que vous gouvernez des êtres perfectibles. Laissez-les donc s'avancer dans la carrière de la raison. N'arrêtez ni ne
dirigez leurs progrès; mais ne cessez d'avoir l'œil
ouvert sur ces progrès, de les suivre dans leur
marche, et de vous y proportionner sans cesse; ils
vous mèneront plus sûrement à la vérité, et c'est en
elle que vous devez trouver le seul fondement de toute
législation, le principe de tout gouvernement.... Qui
osera donc maintenant élever sa voix contre la liberté
de penser et d'écrire? Qui osera décrier les progrès
de la lumière et de la raison, lorsque la politique, la
morale et la vraie religion doivent les désirer?

Il existe sans doute des principes fondamentaux
qui appartiennent à tous les peuples et à toutes les
législations ; tels sont ceux que nous venons d'énoncer : mais il semble qu'ils soient plus négatifs que
positifs; c'est-à-dire, qu'ils enseignent plutôt ce qu'il
ne faut pas faire que ce qu'il faut faire. Cependant
une grande question se présente, et sollicite toute
notre attention. En effet, s'il est vrai que la perfectibilité de l'homme et le progrès des lumières doivent nous conduire un jour à la plus grande félicité
possible, n'est-il pas naturel de demander quel sera
le gouvernement qui remplira le mieux cet objet?
La réponse est facile : celui qui maintiendra le mieux
la paix intérieure et extérieure. Mais comment sa-

voir, avec quelque exactitude, quelles sont les constitutions politiques qui tendent plus directement à cette fin si désirable ? Les monarchies sont ordinairement plus paisibles au dedans et plus actives au dehors ; le contraire arrive dans les républiques : obligés d'opter entre deux tendances opposées, pour laquelle pencheriez-vous ? Pour la paix extérieure : de la guerre faite au dehors, on ne peut jamais attendre de meilleure issue que la cessation des maux qu'elle a fait naître : de la guerre intérieure sortent souvent des choses vraiment utiles ; les esprits ont fermenté, le pour et le contre a été soutenu et discuté ; et lorsque les hommes ont consumé ce qu'ils avaient d'entêtement, de préjugés, de personnalité, la vérité vient enfin s'asseoir sur les ruines de la controverse. Mais tranchons d'un mot la difficulté, ou plutôt essayons de nous en délivrer, en disant que rien n'est plus frivole que tous ces efforts pour trouver la meilleure forme de gouvernement dont les hommes soient susceptibles. Il ne suffirait pas de l'avoir trouvée ; il faudrait, pour la mettre en exécution, disposer de toutes les circonstances ; il faudrait être maître du monde entier pour former un état à son gré. Que dis-je ! il faudrait plus encore : il faudrait étendre son empire sur les temps passés, effacer les souvenirs et les habitudes ; enfin, tout détruire et tout créer. J'ai vu préconiser l'ancienne constitution de la Suède ; encore quelques lois de la façon de nos politiques spéculateurs, et c'était un gouvernement parfait : ils n'avaient oublié qu'une chose, c'est que la Suède était voisine de la Russie. Tous les regards s'étaient tournés vers les Polonais ; ceux-là, du moins, étaient restés attachés à leur ancienne constitution. Tout le monde sait ce qui est arrivé. Quelle aristocratie barbare que celle de Venise ! elle est proscrite dans tous les livres, dans toutes les conversations ; mais depuis douze cents ans elle subsiste, et le peuple est heureux sous son gouvernement. Non, il n'est pas donné aux hommes de concevoir, de réaliser une idée aussi belle que celle d'un gouvernement parfait ! Le succès justifie souvent celui qu'on avait le plus censuré, et condamne celui qu'on avait le plus préconisé. Dans ce système si compliqué que forment les différens états de l'Europe, leurs forces, leurs situations, leurs intérêts relatifs, de quoi devons-nous nous occuper ? D'améliorer, plutôt que de renverser pour réédifier. Nous osons le dire ; le bonheur des hommes n'est pas si dépendant qu'on le croit de telle ou telle constitution. Il est des bases essentielles de la félicité publique qui sont communes à toutes ; et de même que toutes les religions s'accordent sur la morale, et qu'il n'y en a aucune qui permette le vol et l'assassinat, de même tous les gouvernemens s'accordent à maintenir la propriété des biens et des personnes. C'est là la fin, l'objet de toute législation ; c'est là le terme où l'on doit tendre de toutes parts ; et pourvu qu'on y soit arrivé, il n'importe guère quel chemin on a pris.

Cependant on peut insister et demander comment avec une intention si louable de la part de tous les gouvernemens, il s'en trouve encore de tyranniques et d'oppressifs. On n'alléguera pas les états despotiques, parce que le despotisme n'est pas un gouvernement; mais on me citera des monarchies, des républiques même, qui, par système, tiennent dans l'abaissement et l'oppression les peuples qu'elles ont soumis. Pourquoi, me dira-t-on, les Irlandais n'ont-ils pas les mêmes priviléges que les Anglais; les habitans du Brabant hollandais, que ceux des Provinces-Unies? Pourquoi voit-on en Allemagne, en France, l'obligation du service militaire, le travail pénible des corvées, l'abjection, l'avilissement de différentes classes de citoyens altérer cette propriété si nécessaire des biens et des personnes ?..... Eh! ne voyez-vous pas que tout gouvernement vient de la force? que tous les peuples du monde ayant été en proie à des guerres extérieures ou à des guerres civiles, la force a seule terminé ces débats? Lorsque les efforts ont été balancés, il en est résulté de véritables traités de paix, c'est-à-dire des arrangemens faits à l'avantage de toutes les parties contractantes, qu'elles ont toutes intérêt de maintenir; telles sont les bonnes et sages constitutions : mais quand la force, ne trouvant pas d'obstacles, ou les ayant tous surmontés, a voulu s'assurer ses propres succès, il s'est fait des espèces de pacifications, que je n'appellerai pas des traités, et qui ressemblent plutôt à des capitulations, parce qu'elles ont été dictées par le vainqueur : c'est ainsi que les Anglais après avoir conquis l'Irlande, et après y avoir apaisé plusieurs révoltes, n'ont eu pour objet que d'y dicter des lois conformes à leurs intérêts, et propres à perpétuer l'avantage qu'ils avaient sur elle au moment de la pacification. Il en est arrivé de même à l'égard du Brabant hollandais, du pays de Vaux, etc. Un long intervalle de calme et de tranquillité, une soumission éprouvée, ont changé l'état des choses, sans changer les lois et les constitutions; et tel est le grand obstacle à la félicité publique, *que tout ce qui est participe de ce qui a été.*

C'est une vérité dont les auteurs, tant moralistes que politiques, n'ont pas été assez convaincus. Que de lumières elle eût répandues sur leurs ouvrages! Sans doute ils auraient absous la raison humaine de bien des erreurs qui lui ont été imputées; ils auraient résolu bien des problèmes qui leur ont paru insolubles. J'en citerai quelques exemples, seulement pour avertir le lecteur, et le mettre sur la voie; car on ne peut pas tout dire, et il arrive assez communément que celui qui ne devine rien, n'entend rien non plus.

Pourquoi dans les états purement militaires le peuple est-il plus opprimé qu'ailleurs? C'est que la force conservatrice ayant toujours été dirigée vers l'extérieur, la liberté, la propriété du citoyen, ont consisté en un seul point capital, qui était de ne pas tomber au pouvoir d'une nation voisine ; de sorte que cet intérêt habituel a fait taire tous les autres, et qu'il n'y a eu nuls différends, nuls débats intérieurs, d'où pût sortir une constitution raisonnable, un gouvernement défini et balancé. C'est ainsi qu'un malade ne craint pas la douleur, tant qu'il craint la mort.

Pourquoi les peuples malheureux qui vivent depuis long-temps sous un gouvernement despotique, n'ont-ils pu jusqu'à présent, je ne dis pas obtenir, mais même réclamer la liberté? C'est que les nations esclaves sont toujours timides et ignorantes ; c'est que plus les peuples sont bruts, moins il faut d'individus pour représenter la force qui les régit. Une petite armée, un petit nombre de satellites suffisent pour les contenir. Or, les révolutions de ces états s'étant toujours concentrées dans ces satellites, et la force n'alternant jamais que d'un prince à un autre, ou d'un corps de troupes à un autre, il n'en peut résulter assez d'équilibre pour donner lieu à un traité de paix, ou, si l'on veut, à une constitution.

Pourquoi le pouvoir des rois de France s'est-il toujours augmenté jusqu'à nos jours? c'est que le gouvernement féodal ayant établi une aristocratie barbare, le peuple opprimé eut recours aux rois pour le délivrer de la tyrannie des grands, et qu'alors la couronne représenta cette force nécessaire qui pacifie, qui maintient l'ordre et la police ; c'est encore parce que les plaignans, qui n'étaient que la dernière

classe du peuple, se contentèrent de demander défense et protection, et ne stipulèrent rien pour eux.

D'un autre côté, pourquoi le bas peuple en
France est-il plus pauvre, plus malheureux qu'ailleurs? c'est que nos paysans ne sont que des serfs
affranchis; c'est qu'ils ont la plus grande part possible aux charges publiques et la plus petite dans
l'administration; c'est qu'il existe parmi nous des
priviléges odieux, des distinctions funestes entre propriétaire et propriétaire, qui font retomber sur eux
seuls l'obligation de la milice, la confection des chemins, et toutes les dépenses publiques, comme logement de gens de guerre, maréchaussées, haras, etc.
On a raison, sans doute, de se récrier contre le
poids des impôts et l'arbitraire de leur répartition;
cependant tout cela ne fait pas qu'en France un journalier se contente de gagner quinze sous par jour,
tandis qu'il en demande quarante en Angleterre. La
véritable raison est que le premier se fait payer
comme un homme, et le second comme un citoyen.
Ainsi les malheurs publics viennent bien moins des
erreurs présentes que des erreurs anciennes, et c'est
injustement qu'on se défie de la raison humaine,
dont les progrès auraient un effet plus rapide, s'ils
n'avaient à combattre des habitudes et des préven-
tions, toutes nées, toutes formées dans des temps
d'ignorance. [1]

[1] **Dans** le Ferrarois et dans l'état de Venise, le journalier ne gagne qu'un *paolo* par jour, c'est-à-dire, à peu près

Que résulte-t-il de toutes ces considérations ? c'est que les hommes pour être heureux ont encore plus besoin d'oublier que d'apprendre ; qu'il faut, pour accélérer leurs progrès, laisser s'effacer, s'oblitérer, autant qu'il est possible, toutes les idées anciennes, et s'empresser d'élever l'édifice de la raison sur les ruines de l'opinion. Le seul écueil qui nous reste à éviter, c'est la subtilité, l'abus de la métaphysique en matière de droit public, et même sur toutes sortes d'objets. De nos jours, les questions les plus importantes sur la nature du gouvernement, sur les droits des rois et des peuples ont été agitées. Ici on a voulu faire dériver le gouvernement de l'autorité paternelle, comme si, après la mort du père de famille, il y avait dans la nature une loi qui soumît les frères et les enfans des frères à l'un d'entre eux. Ailleurs, on a imaginé un contrat social ; comme si cet acte supposé pouvait obliger les femmes qui n'y ont aucune part, et les enfans pour qui on a stipulé. Que ne disait-on plutôt que le gouvernement est la force qui maintient la paix

11 sous. En Hollande, où le gouvernement est démocratique, il gagne trois fois autant. Voulez-vous une autre preuve de l'influence que l'opinion exerce sur le prix des salaires ? A Naples, où l'état de domestique est plus méprisé qu'ailleurs, un valet est payé beaucoup moins cher qu'un ouvrier. C'est le contraire à Paris, où les domestiques sont bien traités, et ne sont pas même condamnés à rester toute leur vie dans le même état.

dans la société? qu'il est bon et juste, lorsqu'agissant dans cette vue unique, il n'est que l'expression de la volonté générale, ou du moins de celle du plus grand nombre? En effet, qu'est-ce qu'un contrat s'il n'existe une force pour le faire exécuter, et quelle sera cette force qui décidera entre le gouvernement et le peuple?

Toute constitution ne peut se maintenir que par l'équilibre des forces dans les différentes parties qui la composent, ou par l'intérêt général qu'on trouve à la conserver. Au moment présent, tous les jurisconsultes, tous les politiques les plus habiles se perdent dans la discussion des droits que réclament les Américains. On dit, on répète à ceux-ci : « Vous « êtes établis en vertu de chartes particulières éma- « nées de la couronne, et ces établissemens n'ont « jamais été regardés que comme une émigration « tolérée, quelquefois même encouragée pour l'avan- « tage de la métropole; » mais ils répondent : « Nous « sommes des Anglais, des citoyens; nous avons « porté cette qualité avec nous en passant les mers, « et nous n'avons pas perdu nos premiers droits en « devenant des citoyens plus utiles. » Nul tribunal qui ne fût embarrassé de décider cette question. Mais quoi! la force est en action; elle se compense et se partage; tôt ou tard un traité de paix suivra, et alors les Américains auront une constitution. Dans toute constitution mixte le gouvernement n'est donc que le résultat de l'équilibre des forces. Dans tout

autre cas, c'est l'impression d'une force prépondé-
rante, ce qui constitue plutôt un état de guerre
qu'un gouvernement, ou bien c'est encore l'effet
de l'opinion générale que l'autorité agit pour le bien
de tous. Hobbes avait entrevu ces vérités ; mais quoiqu'il fût penseur et raisonneur profond, son esprit
avait fermenté avec son siècle. Frappé des malheurs
publics et fatigué des guerres civiles, il s'était égaré
dans les conséquences de ses principes. En cherchant toujours l'origine d'une puissance qui ne consiste que dans la force, il crut qu'elle devait être
illimitée, et ne résider que dans les mains d'un seul [1].
Harrington, qui le combattit, raisonna mieux. Il crut
pouvoir placer la force de son gouvernement dans
la multitude, et pénétré de cette idée, que les lois
ne sont rien sans les armes, il imagina une république toute guerrière, où les propriétaires étaient
des soldats, les membres du parlement des capi-
taines, des colonels [2]. Pour nous, moins systéma-
tiques et moins subtils, nous pensons qu'il existe
une véritable puissance dans la raison, et que le
meilleur gouvernement sera celui où elle aura plus
d'influence ; de sorte que si dans la démocratie le
peuple est sujet à agir par saillie et avec autant
d'inconséquence que d'enthousiasme, nous n'hési-
terons pas à lui préférer l'aristocratie ou la monarchie ; et d'un autre côté, s'il est vrai que l'aristo-

[1] Voyez LEVIATHAN et *Tract.* de CIVE.

[2] Voyez l'OCEANA.

cratie soit sujette à dégénérer dans une oligarchie tyrannique, et que la monarchie penche toujours vers le despotisme, nous aurons une nouvelle justification de nos principes, et nous dirons que les constitutions mixtes n'ont tant d'avantage sur les autres, quelque complexes qu'elles paraissent, que par cette seule raison, que, réunissant plus d'équilibres et de contrastes, elles ressemblent plus à un traité de paix, qui est le véritable exemplaire du gouvernement.

Combien nos opinions ne sont-elles donc pas éloignées de celles qu'ont avancées, avec peu de succès à la vérité, certains demi-politiques modernes, qui, séduits comme le philosophe anglais, par de vains sophismes sur l'unité et la plénitude de la puissance, ont osé décrier tous les contre-poids et tous les pouvoirs intermédiaires que le sage Montesquieu avait préconisés? Nous croyons au contraire que l'impression immédiate d'une volonté instantanée, fut-ce celle d'un peuple entier, n'est jamais conforme à la nature essentielle de la législation. Il est inutile sans doute de discuter les idées frivoles sur lesquelles ces systèmes singuliers ont été appuyés. Un despotisme légal dans un individu soumis à toutes les passions, ou dans une multitude plus passionnée encore! La force de l'évidence, parmi des nations qui ont discuté depuis cent ans les questions les plus importantes, sans qu'il en soit encore résulté une opinion générale! Croira-t-on jamais que

de pareilles illusions aient été débitées avec les formes les plus minutieuses et les plus didactiques ?
Qui ne sait au contraire que la législation ne change
presque jamais qu'à l'occasion de quelque crise, de
quelques situations forcées ; qu'alors les craintes et
les espérances sont trop prochaines pour laisser
place à la maturité et à la délibération, de sorte
que l'emploi de la raison est de venir, au bout d'un
long espace de temps, réclamer contre des erreurs
qui ne cessent d'être invincibles que parce qu'elles
cessent d'être intéressantes. Nous ajouterons même
que telle est l'importance, la nécessité des contre-
poids dans le gouvernement, que nous aimerions
mieux vivre dans une monarchie où ils seraient bien
ménagés et toujours en activité, que sous un gouvernement démocratique, où la volonté du plus
grand nombre aurait un effet prompt et immédiat.
En effet, si vous supposez une démocratie où les
rangs et les fortunes soient rigoureusement pareils,
il n'y a pas besoin de gouvernement, chaque citoyen
n'ayant rien à envier ni à prendre à son voisin. Mais
comme cet état de choses est impossible, ou peut
ne pas durer, il arrivera que la propriété sera bientôt attaquée, que les riches seront à la merci de
la multitude jusqu'à ce qu'ils se soient attaché des
clients, et qu'ils puissent partager le pouvoir ; mais
alors il y aura déjà un contraste, un équilibre, ce
sera du moins une espèce d'oligarchie ou d'optimatie'
opposée à la multitude ; et si l'on vient à faire quel-

que convention, quelque compromis, il y aura dès-
lors mélange d'aristocratie et de démocratie, équilibre
de pouvoir, surveillance mutuelle ; enfin, un gouvernement mixte. Or, comme il est bien sûr qu'aucun
homme raisonnable et éclairé ne préférera jamais le
despotisme, quand même il s'intitulerait despotisme
légal ou despotisme de l'évidence, il nous paraît
suffisamment prouvé que la plénitude du pouvoir,
soit dans un seul homme, soit dans l'assemblée du
peuple, ne peut jamais former une constitution politique, et que tout bon gouvernement représen-
tera toujours un traité de paix, avec un équilibre
de forces nécessaire pour en maintenir l'exécution.
Que s'il arrive quelquefois que les forces de contre-
poids ne soient pas sensibles et apparentes, elles
n'en existent pas moins dans le fait. Souvent elles
ne consistent que dans les opinions, dans les habitudes, dans les richesses, dans les besoins mutuels.
Souvent même elles paraissent en plus grand nombre
d'un côté que de l'autre ; mais, en moral comme en
physique, un équilibre rigoureux est difficile à trouver ; et jusqu'à ce que les balances soient parfaitement compensées, elles doivent toujours osciller.

Peut-être ai-je trop insisté sur ces réflexions ; peut-
être paraîtrai-je avoir encore échappé cette fois-ci
à ces lecteurs empressés de trouver des opinions
toutes faites, des opinions bien tranchantes, bien
prononcées, qu'on puisse rejeter ou adopter d'une
façon péremptoire. Ils se plaindront sans doute de

ce que, dans un ouvrage intitulé *De la Félicité pu-blique*, je n'ai pas indiqué les moyens de rendre les peuples heureux dans toutes les situations, dans tous les cas. Hélas ! j'avoue que je n'ai pas rempli leur attente ; mais j'ai dit ce que je sais, peut-être même plus que je ne sais ; car, penser, conjecturer, croire même, ce n'est pas encore là *savoir*. Cependant si l'on veut résumer les idées que j'ai plutôt semées que déduites dans ce chapitre, on y trouvera :

1°. Que la nature semble avoir placé le bonheur de tous les êtres dans les principes de leur conservation et de leur multiplication.

2°. Que l'homme par sa perfectibilité naturelle s'est dérobé à cette loi commune, et qu'ayant bientôt trouvé trop de facilité à contenter ses appétits, il a été exposé à l'ennui et aux besoins factices.

3°. Qu'il paraît cependant que le meilleur moyen de le rendre heureux est de restituer à son égard le plan général de la nature, et de rétablir l'équilibre entre l'activité et la jouissance.

4°. Qu'une autre conséquence de la perfectibilité de l'espèce humaine a été l'inégalité des progrès, qui a établi une grande différence d'homme à homme, de peuple à peuple, et qui a donné naissance à la guerre et à l'oppression.

5°. Que le remède à cet inconvénient n'est pas de ramener l'homme à un état d'ignorance et de simplicité dont il sortira toujours, mais de hâter ses progrès le plus qu'il est possible ; parce que c'est au terme seul que peut se trouver l'égalité.

6°. Que la guerre ayant été le premier effet de l'inégalité des forces, elle a été le principe de tous les établissemens politiques, et que c'est à elle qu'il faut rapporter les premiers rudimens des sociétés et des gouvernemens.

7°. Que si l'attaque et la défense ont été l'objet des premières associations, et la pacification intérieure et extérieure, celui des premières lois, il en résulte que toutes les constitutions politiques doivent être regardées comme des traités de paix.

8°. Que les meilleurs gouvernemens sont ceux qui, offrant le plus de contre-poids, peuvent être comparés à des traités entre puissances égales, après lesquels il reste des forces et des intérêts suffisans pour les maintenir.

9°. Que le gouvernement des peuples subjugués et opprimés ne représente qu'une espèce de capitulation que le plus fort a accordée au plus faible ; que ce gouvernement devient vicieux, lorsque les circonstances ont changé, et qu'il est à propos que la législation change avec elles.

10°. Que c'est une vérité importante, *que tout ce qui est participe de ce qui a été :* de sorte que la plupart de nos régimes modernes rapportant leur origine à des siècles barbares et à des époques malheureuses, où la violence et l'usurpation exerçaient leur empire, il est nécessaire que les idées anciennes s'effacent, et que la raison prévale enfin sur les préjugés et les habitudes.

11°. Que les malheurs de l'humanité doivent bien moins être imputés à l'insuffisance ou à l'abus de la raison, qu'à l'ignorance des siècles passés, dans lesquels se sont formés la plupart des habitudes et des principes qui nous gouvernent encore.

12°. Qu'il y a donc tout à espérer du progrès des lumières; qu'elles ont amélioré et qu'elles améliorent journellement le sort des hommes; enfin, que loin d'avoir à envier les siècles passés, nous devons nous regarder comme beaucoup plus heureux que les anciens, vérité qui a été l'objet de cet ouvrage, dont le véritable titre est, nous le répétons : *Considérations sur le sort des hommes dans les différentes époques de l'Histoire.*

APPENDICE

SUR

LA DETTE PUBLIQUE.

Il y a déjà près d'un siècle que la France, l'Angleterre et la Hollande s'étant opiniâtrées à des guerres dispendieuses, ceux qui gouvernaient ces nations ont été obligés de recourir à des emprunts considérables. Je dis ceux qui les gouvernaient, parce que si elles avaient discuté elles-mêmes leurs intérêts, elles n'auraient eu aucune raison de contracter des dettes. En effet, comme elles possédaient presque toutes les richesses de l'Europe, elles jouaient en même temps les rôles de prêteurs et d'emprunteurs; de sorte que tout ce mouvement d'argent n'était qu'un mouvement intestin. Il leur eût donc été facile de s'imposer sur elles-mêmes une contribution égale aux sommes qu'elles ne levaient que par emprunt. Mais, d'un côté, Guillaume iii aurait eu trop de peine à persuader aux Anglais (et surtout aux Torys) de sacrifier la plus grande partie de leur fortune à l'abaissement de Louis xiv; et de l'autre, Louis xiv, tout absolu qu'il était, n'aurait jamais pu disposer arbitrairement du bien de ses sujets pour soutenir des guerres que son ambition seule lui avait attirées (a). Pour les Hollandais, quoiqu'une vengeance particulière, un intérêt plus immédiat les animât, il était encore difficile d'en obtenir

(a) *Il n'avait qu'à imposer la moitié des taxes qu'on a payées depuis lui.*

des subsides considérables. Ces riches commerçans, qui formaient la meilleure partie de la république, voyaient avec trop de regret les fruits d'une longue et pénible industrie dévorés par des Allemands et des Espagnols. Nous lisons même dans les négociations du comte d'Avaux que la province de Hollande fut long-temps opposée à la guerre, et qu'elle inclinait plutôt pour la France, qu'elle ne craignait que comme un voisin dangereux, que pour le prince d'Orange, qu'elle redoutait comme un maître ambitieux. Ces situations embarrassantes obligèrent de chercher les moyens les plus doux; il fallait éviter de faire sentir aux peuples le fardeau qu'on leur imposait : on appela, pour ainsi dire, la postérité à son secours, et on la chargea de tout le poids qu'on voulait épargner à la génération présente. Les emprunts furent donc le fruit de la faiblesse du gouvernement, ou d'un certain respect pour les propriétés, qui sera toujours nécessaire, tant que les guerres n'auront pas pour objet ou la défense des foyers, ou la vengeance de ces insultes cruelles qui, élevant un cri général, précipitent les peuples dans la guerre. [1]

Qu'il soit ruineux de faire avec de grands frais des guerres inutiles, c'est ce que personne ne révoquera en doute. Toute nation qui emprunte pour faire la guerre travaille donc à sa propre ruine (b). Mais de quelle façon cette ruine

[1] Lors de la ligue de Cambrai, la république de Venise ne fut pas obligée de recourir à des emprunts, quoiqu'elle eût à se défendre contre tant de puissances réunies. On se soumit à une espèce de taxe d'aisés, et chacun contribua selon ses moyens. C'est que le danger était réel et pressant; c'est que les Vénitiens aimaient leur gouvernement, et que chaque citoyen aurait tout sacrifié pour le conserver. De même, en 1672, la Hollande n'eut pas recours à des emprunts pour mettre des armées sur pied. Ils n'eurent lieu que lorsque d'autres intérêts furent compromis, et que la guerre devint opiniâtre et inutile.

(b) *Bravo!*

s'opère-t-elle? Les emprunts sont-ils onéreux, seulement en
ce qu'ils représentent une dépense excessive, ou sont-ils
pernicieux par eux-mêmes en ce qu'ils perpétuent les charges de l'état? C'est ce que nous ne pouvons approfondir
qu'en remontant à un principe général, que nous avons
énoncé au commencement de cet ouvrage.

Toutes les richesses, celles des états comme celles des
particuliers, ne sont fondées que sur un bienfait de la nature, qui a permis à l'homme d'obtenir, par un travail
modique, une quantité de productions fort au dessus de
ses besoins personnels. Un seul homme, en labourant un
champ, peut se procurer assez de blé pour nourrir dix de
ses semblables; un seul homme, en cultivant une vigne,
peut en tirer dix muids de vin, et ainsi du reste : de sorte
que si la terre avait été abandonnée à l'industrie humaine,
il serait arrivé que chaque individu, après s'être assuré sa
propre subsistance, aurait encore cherché dans l'agriculture
des commodités et des jouissances; soit qu'il eût ajouté à la
culture des blés celle du chanvre, des légumes, des arbres
fruitiers, etc.; soit que, ne consultant que la nature du sol
et la facilité des échanges, il se fût efforcé d'obtenir la plus
grande production possible d'une seule denrée, dans l'espérance de s'en procurer d'autres par le débit de son superflu. Dans ce cas, les jouissances des hommes n'auraient trouvé
de limites que dans l'accroissement de la population. Mais
l'étendue du droit de propriété a bientôt interverti cet ordre
naturel : celui qui a pu réunir de vastes possessions s'est
trouvé, il est vrai, dans l'obligation d'alimenter les ouvriers
qu'il employait à y faire naître différentes productions; mais
tout ce que ce travail a produit d'excédant est resté à sa
disposition; de façon que ses efforts réunis ont servi à la
subsistance de tous et à la jouissance d'un seul. Cependant
cette jouissance ne peut encore s'obtenir qu'à la faveur du

travail. Si le plus riche propriétaire veut avoir des meubles, des pendules, des tableaux, il faut qu'il paie des tapissiers, des horlogers, des peintres; et c'est à quoi il emploiera l'excédant des subsistances que ses cultivateurs auront fait naître; car il importe peu que ces ouvriers ou artistes reçoivent le prix de leurs ouvrages à mesure qu'ils les fournissent, ou qu'ils soient payés annuellement par celui qui les fait travailler. Supposons donc qu'un riche propriétaire ait confié à cent cultivateurs le soin de préparer la subsistance de 900 personnes qu'il destine à lui procurer toute sorte de jouissances de pur agrément : si ce propriétaire, si cet homme riche vient à avoir une querelle avec un de ses voisins; s'il est obligé de lui déclarer la guerre, que pensez-vous qu'il fasse? Rien de plus simple, me répondrez-vous : il laissera les cultivateurs à leurs ouvrages habituels, et il choisira parmi les autres personnes qu'il tient à ses gages un certain nombre d'hommes qu'il emp'oiera, soit à défendre ses possessions, soit à attaquer celles de son ennemi. Tant que cette guerre durera, il se privera de quelque plaisir, de quelque jouissance; mais elle ne sera pas plus tôt terminée, qu'il se trouvera dans le même état où il était auparavant; c'est-à-dire tout aussi riche, tout aussi à portée de se procurer des jouissances par le travail d'autrui.

Supposons maintenant que notre riche possesseur se soit conduit tout autrement, et que tenant, par erreur ou par faiblesse, à tous ses amusemens qu'il aura pris pour du bonheur, ou à son faste qu'il aura pris pour de la jouissance, il ait préféré d'envoyer à la guerre ces hommes mêmes dont le travail servait à le nourrir : supposons qu'il ait choisi cinquante laboureurs pour en former sa garde, qu'il ait employé les attelages de ses charrues à traîner son artillerie, qu'il ait fait de ses fermes des châteaux forts, etc. voici, selon toute apparence, ce qui sera arrivé : la première année il aura conservé ses chevaux de chasse, ses officiers de bouche, ses artistes, parce que les cinquante cultivateurs qui seront restés à leurs travaux, auront fait tous leurs efforts pour suffire à leur tâche et à celle de leurs camarades qu'on leur a enlevés; la seconde année, ces efforts ne pouvant plus se répéter, et ayant même épuisé leurs forces, bien loin de pouvoir suffire à ce travail excessif, chaque homme ne sera même plus en état de faire ce qu'il faisait autrefois : la culture sera négligée, les terres mal labourées, mal soignées; de sorte que la troisième année les subsistances ne se trouvant plus les mêmes, le propriétaire n'aura plus de quoi entretenir les ministres de son luxe ou de ses plaisirs, lesquels ne tarderont pas à être mécontens et à s'éloigner : enfin, pour peu que la guerre dure encore, il ne lui restera plus ni richesses, ni jouissances, et les maux qu'elle aura entraînés seront irréparables.

Après avoir ainsi placé les choses sous le point de vue le plus clair et le plus sensible, que nous reste-t-il à faire désormais, sinon à étendre nos idées, en appliquant cette hypothèse à deux nations, de forces à peu près égales, qui se trouveraient engagées dans une guerre indispensable? Voici, n'en doutons pas, le raisonnement que la plus éclairée des deux pourrait faire : « Les choses sont arrangées de « telle façon, qu'un petit nombre d'entre nous, un dixième « à peu près, suffit pour nourrir tout le reste. Les neuf « autres dixièmes n'ont guère de moyens d'obtenir leur part « de ces subsistances, qu'en offrant des objets d'échange, « qu'en provoquant les désirs du cultivateur et du proprié- « taire. Ce sont donc les dépenses de cette classe qui nour- « rissent l'autre, il n'importe lesquelles : ce qui est très vrai « et très important, c'est que dans l'état où sont les choses, « il faut pour que tout le monde subsiste, qu'il y ait tou- « jours la même quantité de dépenses. Or, c'est ce qui arri-

« vera pendant la guerre : car si nous allons disposer d'une
« partie des subsistances, c'est aussi pour les répandre, et
« au lieu que vous aviez coutume de les donner à des hom-
« mes qui vous brodaient des habits, qui lambrissaient vos
« appartemens, qui vous amusaient par leurs talens (c),
« nous les distribuerons parmi des hommes qui garderont
« nos frontières, qui fortifieront nos places, qui fabrique-
« ront nos armes, etc. Soyez donc bien tranquilles : la même
« quantité de dépenses existera toujours, les mêmes sour-
« ces de travail seront ouvertes; ainsi tous ceux qui n'auront
« plus d'ouvrage dans leur profession trouveront un nou-
« vel emploi (d) dans les différentes ressources qu'on vient
« d'offrir à la force et à l'industrie. »

J'avoue que d'après un pareil exposé il serait difficile de
penser que la guerre fût ruineuse pour le peuple. Elle serait
pourtant un mal : car les habits, les meubles, les lambris
font plaisir à ceux qui les paient, et la guerre est une dépense qui ne fait plaisir à personne. Mais enfin elle ne pri-
verait personne des moyens de subsistance (e), et si elle
était momentanée, la circulation du travail reprendrait bientôt ses premières routes, et la nation aurait pu dépenser
sans s'obérer. Mais il en arrive autrement. Cette possession
d'un bien-fonds, cette faculté d'employer indifféremment
le travail de ceux qu'on fait subsister, à toutes les choses
qui nous sont agréables, a reçu depuis long-temps le nom
de propriété. Nous n'examinerons pas ici comment l'idée
de propriété s'est formée; nous dirons seulement qu'en général, et surtout dans l'état présent de la société, elle a été
très utile au genre humain. Nous sommes donc bien loin de
la décréditer; mais nous observerons que le luxe, n'étant

(c) *Oui; mais le peintre pourra-t-il faire un fusil?*
(d) *Non.*
(e) *Il faudra donc que les tailleurs se fassent soldats?*

que l'usage (*f*) de la propriété, est devenu propriété lui-
même, ou, pour mieux dire, une sorte de droit; de façon
que lorsqu'il a fallu subvenir aux besoins de la guerre, on
n'a pas osé déplacer les richesses en changeant les objets
de travail. Il est arrivé de là qu'en même temps qu'on était
obligé d'employer un grand nombre d'hommes à de nouvelles professions, les riches ont conservé le privilége d'a-
cheter le travail du peuple concurremment avec l'état. Le
luxe, la magnificence, le plaisir, ont également conservé la
plus grande partie de leurs agens, et le gouvernement ayant
été obligé d'acheter le travail des petits, aux dépens des petits, ce travail a été reporté en surcharge sur les cultivateurs et sur tous les artisans qui concourent avec eux à la
production ou à la préparation des subsistances. Ainsi les
nations ont été écrasées, parce que le poids qui devait être
partagé entre tous, n'a été supporté que par les classes de
citoyens les plus utiles à l'état. Ainsi la guerre a augmenté
le travail général, ce qui est déjà un mal; et elle l'a augmenté d'une manière inégale et oppressive, ce qui est un
plus grand mal encore. Peut-être cet inconvénient aurait-il
toujours été difficile à prévenir; car il faut observer que
dans toutes les sociétés industrieuses ou commerçantes,
chaque homme n'a guère qu'une manière de subsister; c'est
ce qu'on appelle son art, sa profession. Chaque métier fait
une classe à part, une société particulière dans la société
générale, un état dans l'état. Or, les hommes ne peuvent
pas aisément changer de profession; ce sont des chenilles
attachées à une feuille; si l'arbre sèche, elles meurent avec
lui. Voilà ce qui fait que dans les guerres malheureuses on
voit souvent vingt mille manufacturiers mourir de faim,
tandis que vingt mille soldats manquent au complet des
armées, que les arsenaux sont déserts, et que les armemens

(*f*) *Usage de propriété, ou plutôt abus.*

languissent faute de bras (*g*). Ajoutez à cela que le droit de
propriété et l'inégalité des fortunes ayant établi une grande
concurrence entre ceux qui demandent des subsistances
pour prix de leur industrie, concurrence d'autant plus
grande de leur part, que le besoin de subsister est plus pressant que celui de jouir et de s'amuser; il est arrivé que le
travail a toujours approché de trop près le niveau des
forces de l'ouvrier; de manière que cette classe laborieuse
n'a presque point de travail *disponible*, et que l'état ne
peut lui en demander sans l'écraser. Considérez encore la
disproportion des résistances, la patience du pauvre, le
crédit du riche, la disposition de tout administrateur à préférer les moyens faciles aux moyens utiles, et vous vous
expliquerez bientôt comment les guerres ruinent aisément
les états qu'elles ne devraient seulement pas affaiblir. (*h*)

Voyons maintenant comment les emprunts diminuent un
peu cet inconvénient : je suppose qu'un état ait besoin d'une
quantité de travail représentée par la somme de 3oo millions : je dis une quantité de travail, parce qu'il ne faut
pas perdre de vue que toute dépense représente un travail
imposé sur une nation, puisqu'il est égal de lever une
somme considérable ou d'exiger des recrues, des remontes,
des vivres, des armes et des ouvriers de toute espèce pour
le service d'une armée; or, nous venons d'observer qu'une
pareille somme ne peut pas être levée uniquement sur les
gens riches, ni le travail qu'elle représente imposé uniquement sur les agens du luxe, sans attaquer la propriété et
sans causer les plus grandes convulsions par des changemens subits dans les moyens de subsister : on cherche donc

(*g*) *Mauvaise administration, car tout homme peut être pionnier, voi-
turier, vivandier.*

(*h*) *Elles les affaiblissent nécessairement par les maladies, morts,
désertions, dévastations.*

a adoucir toutes ces crises, en imposant pour le moment une somme modique, qui ne représente que l'intérêt d'une somme plus considérable qu'on emprunte. Mais tout emprunt représente une dépense; si l'état a emprunté 300 millions, il a dépensé 300 millions en travaux (i), et s'il a assez bien payé ses agens pour que les autres classes aient reflué sur celle-là, le désordre n'a pas été très grand. La même quantité de travail a distribué la même quantité de subsistances; tout le monde a vécu. Le mal est donc bien moins considérable que si tout le travail nécessaire au soutien de la guerre avait été exigé avec rigueur, et réparti avec inégalité : ajoutez à ces considérations que l'emprunt dans le cas des grandes dépenses, a cet avantage sur l'imposition, qu'il n'attire à lui que les sommes dont chacun peut disposer, sans retrancher de ses dépenses habituelles; au lieu que l'imposition s'empare souvent du nécessaire. Que dans un cas urgent on exige un quart du revenu net, ou si l'on veut, cinq vingtièmes, que je suppose monter à 200 millions, il est sûr que chaque propriétaire sera obligé de diminuer sa dépense d'un quart; et c'est autant de moyen de subsistance enlevé au peuple. Cette diminution excéderait même la proportion avec les sommes exigées; car des impôts si exorbitans ne manquent pas de jeter la consternation dans tous les esprits, et de resserrer l'argent dans toutes les bourses. Il n'en est pas de même de l'emprunt, qui ne prenant rien, ou du moins très peu de chose sur les dépenses habituelles, met encore en mouvement l'argent que les capitalistes tenaient en réserve.

Maintenant, supposons que la guerre s'étant prolongée, le gouvernement se soit vu obligé de multiplier ses ressources, et qu'enfin la paix n'ait été conclue qu'après qu'il aura emprunté un milliard. Il s'agit d'apprécier quel est

(i) *Oui; mais si les ennemis ont pris vos travaux !*

désormais l'état de la nation : car alors elle est chargée d'un arrérage de cinquante millions, et il faut en conséquence que la contribution annuelle soit augmentée d'une pareille somme. Mais si toute imposition doit représenter un travail fourni par les particuliers à l'état, je demande à présent si la quantité de ce travail est augmentée? si dans le fait cette contribution n'est pas idéale (*k*)? et enfin, si lorsque le gouvernement reçoit d'une main pour rendre de l'autre, la surcharge est plus réelle qu'elle ne l'est à Amsterdam, lorsque la banque fait une navette perpétuelle de paiement et de recette? Mais, me direz-vous, si dans l'obligation de payer l'arrérage de la dette, l'état prend le dixième du revenu des propriétaires, ce dixième ne représente-t-il pas le travail qu'ils auraient pu payer avec une certaine quantité de subsistances, dont leurs mercenaires se trouvent frustrés à leur tour? Je répondrai que dans cette hypothèse il n'y a point de diminution réelle, mais seulement un déplacement de revenu net : que s'il arrive que mille propriétaires aient cent millions de revenu net, moins dix; mille autres propriétaires qui possèdent encore des contrats, ont cent millions de revenu, plus dix; que ceux-ci commandent plus de travaux qu'ils ne feraient s'ils n'avaient point d'effets en papier (*l*), de même que les autres en commandent moins qu'ils ne feraient s'ils n'étaient pas obligés de payer le dixième; enfin, que suivant ce calcul, la quantité de travail reste toujours la même, puisque les besoins de l'état n'en réclament pas plus que par le passé; et voilà la véritable raison pour laquelle les nations bien gouvernées restent encore dans l'état le plus florissant (*m*) en sortant d'une

---

(*k*) *Non, sans doute. Le cultivateur paye davantage, le munitionnaire, l'entrepreneur, le trésorier, jouissent ; le corps de l'état souffre.*

(*l*) *Et ceux qui se bornent à amasser!*

(*m*) *Ah ! le plus!*

guerre longue et dispendieuse. Voilà pourquoi les Anglais sont encore riches et puissans, et continuent de dépenser ou de consommer autant qu'avant la guerre. [1] (n)

Avant que d'étendre plus loin l'application de ces principes, il ne faut pas se dissimuler qu'il est des circonstances qui les rendent susceptibles de quelque restriction. Nous avons supposé jusqu'ici que l'état n'a emprunté que des sujets; mais quoique la plus grande partie des richesses se trouve chez les nations qui ont coutume de recourir à ces expédiens, on ne peut disconvenir qu'au moment où elles ouvrent des emprunts, il ne leur vienne des sommes considérables de la part de l'étranger. C'est encore pis si ces nations riches et puissantes ne sont pas toutes en guerre dans le même moment. Car celle qui aura conservé la neutralité aura certainement beaucoup de richesses, et manquera de débouchés pour en faire usage. Elle versera donc de grandes sommes dans les fonds des nations belligérantes [2]. Or, comme nous avons déjà établi que tout argent monnayé est une créance sur le travail d'autrui, et que toute dépense réprésente un travail, il n'est pas douteux que l'argent exporté tous les ans chez l'étranger pour le paiement de ces arrérages, représente un travail annuel dans la nation qui emprunte, travail stérile et tributaire de sa part.

[1] Il faut avouer que dans le cas où le renversement des arrérages compenserait la somme levée par l'imposition sur tous les propriétaires d'un état, il en résulterait encore qu'ils auraient de moins les capitaux qu'ils avaient placés dans les fonds publics. Mais qu'est-ce que cela prouverait, sinon qu'ils auraient fourni aux dépenses de l'état, ce qui est juste et naturel?

(n) *C'est qu'ils ont augmenté leur commerce à nos dépens.*

[2] C'est ce qui est arrivé aux Hollandais, qui possèdent à présent une grande partie de nos meilleurs fonds, et surtout de nos rentes viagères.

Éclaircissons encore cette matière par un exemple. Hambourg fait la guerre à Dantzig ; Hambourg a soixante mille
habitans, dont les uns vivent dans l'aisance, et dont les
autres cherchent leur subsistance dans le travail. Le conseil
de cette république pourrait annoncer que la classe de citoyens qui travaillent aux choses de nécessité absolue serait
la seule qui continuerait ses ouvrages ; que tous les autres
ouvriers, artisans, etc. etc. qui ne sont que les agens du
plaisir ou du luxe, seraient employés au service de l'armée ;
mais que pour les faire subsister on s'emparerait de tout
le superflu des riches, c'est-à-dire de tout ce qu'ils dépen-
seraient pour des objets de luxe et d'amusement ; ce qui
serait encore plus simplifié sous la dénomination d'une
taxe générale sur l'aisance. Mais que d'obstacles s'opposent
à une pareille résolution ? L'union ne règne guère dans les
républiques que lorsque les périls sont pressans. La forme
du gouvernement, les magistrats actuels ont toujours des
ennemis. A quels dangers ne s'exposera-t-on pas, si l'on
renverse ainsi toutes les fortunes, si l'on attaque toutes les
propriétés ? Et puis ce luxe, cette aisance, encourageaient
certaines classes d'artisans nécessaires à la prospérité de ce
petit état. Suspendre tout à coup leurs occupations, les
priver de leurs profits habituels, c'est rompre les liens qui
les attachent à la patrie. D'un autre côté, si l'on partage le
poids entre tous les sujets, une imposition générale cau-
sera, à la vérité, moins de murmures, et d'ailleurs les
plaintes des foibles ne seront pas inquiétantes ; mais ces
dernières classes que vous imposez n'ont ni travail, ni subsistances disponibles ; et lorsque vous leur demandez de l'argent, vous exigez qu'elles fassent une épargne sur leur travail ou sur leurs subsistances. Cependant l'ennemi approche,
le moment presse ! On imagine un expédient. On s'est convaincu qu'on ne pouvait guère épargner qu'un sixième sur

le travail général, ce qui peut représenter la solde de dix
mille hommes de troupes : mais il en faut le triple au moins....
Eh bien ! la somme nécessaire à l'entretien de cet excédant,
on l'empruntera de la ville de Brême, et soit qu'elle prête de
l'argent qui représente des subsistances, ou des subsistances
qui représentent un travail, les subsides n'ayant pas changé
de nature, les magistrats de Hambourg raisonneront ainsi :
« Si nous pouvons faire la paix après la campagne, nous
« conserverons encore trois ans l'état de gêne où nous nous
« sommes mis cette année-ci : nous continuerons d'épargner
« le sixième du travail public, ou la solde de dix mille hom-
« mes, pour nous acquitter envers nos voisins. Cette charge
« sera plus longue ; mais moins pesante, elle sera portée sans
« murmure : nous aurons sauvé l'état, le gouvernement et
« nous-mêmes, ce qui est encore plus intéressant. » [1] (o)

Je ne parle pas de l'avantage qu'on fait au prêteur ; avantage qui augmente ou prolonge encore un peu l'embarras du
débiteur, mais qui est compensé par ceux que ce dernier a été
à portée d'obtenir à la guerre ; le lecteur a dû me prévenir
sur cette circonstance : mais si les riches particuliers de la
ville, voyant que leur fortune a été épargnée, et que l'état
accorde un avantage considérable à ceux dont il emprunte
les secours, se décident, par intérêt, à ce qu'ils auraient
dû faire par esprit de patriotisme ; s'ils économisent sur
leurs jouissances actuelles, c'est-à-dire sur le travail qu'ils
soudoyent, pour prêter eux-mêmes ce travail au gouvernement ; si les sommes qui le représentent sont égales à la
moitié de celles que nous avons supposé avoir été four-

[1] Une proposition à peu près pareille fut faite aux Athéniens
par Xénophon. Voyez *Discours sur l'amélioration des revenus de la
république.*

(o) *Songez que vous parlez de villes qui subsistent uniquement par le
commerce. Il y a ici peu de travail des mains.*

nie; par la ville de Brême, Hambourg n'est plus redevable
à l'étranger que du travail de dix mille hommes. Enfin, si
les citoyens de cette ville ont fourni les quatre cinquièmes
de la somme empruntée, l'état ne reste plus débiteur que
du travail de quatre mille hommes. Quant à l'intérêt et aux
remboursemens qu'il doit à ses propres sujets, on voit bien
que cette charge n'est qu'idéale; car il faut bien qu'il s'en
procure la valeur d'une façon ou de l'autre. Or, il se trouve
qu'il la reprend à peu près sur ceux même qui la reçoivent; je dis à peu près, parce que tous les gens aisés n'ont
pas prêté des fonds; mais cette petite inégalité est bien
moins importante pour le public que le bonheur du peuple,
lequel ne perdra rien toutes les fois qu'on n'augmentera pas
son travail, et qu'on ne diminuera point ses subsistances.
Que serait-ce si les plus riches Hambourgeois avaient dans
leurs coffres une certaine quantité d'argent comptant, c'est-
à-dire des créances sur le travail des étrangers [1] ? Alors
ces citoyens, en portant leur argent au gouvernement, lui
donneraient les moyens de soutenir la guerre, sans rien
prendre sur le travail du peuple, soit qu'on employât cette
somme à louer des soldats, soit qu'on s'en servît pour acheter des armes, des subsistances, etc. Il est vrai que l'état
aurait toujours fait des dépenses, mais il aurait fait un bon

---

[1] Je répéterai ici qu'on ne doit pas être surpris si j'emploie
l'expression de travail, de préférence à celle de denrée ou d'argent. C'est le travail qui met seul le prix aux denrées. L'eau du
ciel et des fleuves ne se vend pas, parce qu'elle ne représente aucun travail. Ainsi, toute chose vénale représente un travail, et n'a
de valeur que celle du travail qu'elle a exigé. Il n'est pas besoin
d'avertir que toutes les fois qu'il sera question du travail de mille
hommes, du travail de dix mille hommes, c'est le travail annuel de
mille hommes ou de dix mille hommes qu'il faut entendre. (*p*)

(*p*) *Non pas dans les pays où la principale richesse vient du commerce.*

marché; et si toutes les fois que la république se serait co-
tisée pour payer une indemnité aux riches, c'est-à-dire
l'intérêt de leur argent, ceux-ci, en le recevant par petites
sommes et successivement, devenaient plus enclins à le dépenser, l'état aurait fait la guerre, sans que dans le fait il
lui en eût rien coûté. Il est vrai qu'il aurait aussi une ressource de moins; mais que ne peut pas reproduire une
longue paix, un commerce florissant et une bonne administration?

J'insiste sur ces réflexions, parce qu'il me paraît que cette
matière n'a jamais été bien débrouillée, et qu'on a toujours
confondu les effets de la dette avec ceux de la dépense.
M. Hume [1], ce philosophe si inaccessible à tous les préjugés, cet auteur à qui j'offre avec tant de plaisir l'hommage
de l'estime et de l'amitié, me paraît avoir condamné avec
trop de sévérité les argumens par lesquels on s'efforça de
rassurer l'Angleterre, lorsque les Davenant et les Pulteney (q) attaquèrent le gouvernement des Whigs. Peut-être
un penchant naturel pour les Torys, cette espèce d'attrait
qui trahit quelquefois le philosophe sceptique en décelant
son opinion secrète, a-t-il altéré pour un moment l'exactitude de sa balance. Il se contente de réduire les choses à
l'absurde, en supposant qu'il n'y a point de terme aux
emprunts, et que l'état doit tout le revenu des particuliers;
mais j'observerai d'abord qu'en Angleterre, le revenu des
terres étant de plus de 4oo millions (r), et cette puissance
ne devant à présent que 12o millions d'arrérages, il faudrait pour que pareille chose arrivât, qu'elle eût trois fois
autant de guerre à soutenir qu'elle en a éprouvé depuis 1688.

[1] Voyez *Essays on credit public, on taxes*, etc.

(q) *Davenant ni Pulteney n'étaient torys.*

(r) *De nos livres.*

Je demanderai ensuite contre quelles nations ces guerres auront lieu. Si c'est contre des états qui n'ont point de dettes, et qui ne sont pas obligés d'emprunter, je conviens que le cas sera très embarrassant. Mais si c'était contre la France et contre la Hollande, il me semble que les choses seraient pour le moins au pair, et je comparerais volontiers ces puissances à des joueurs de paume qui auraient une jambe attachée; la partie serait moins vive, mais toujours égale. Si l'on m'objectait l'embarras réel où se trouvent les puissances obérées; sans repéter encore que cet embarras est dû en grande partie à la situation critique où ceux qui gouvernent se sont trouvés relativement à ceux qui sont gouvernés, je répondrais seulement que toute nation qui fait la guerre avec de grandes armées, de grandes flottes, et, pour tout dire en un mot, avec de grandes dépenses, sera bientôt ruinée, si elle n'en est dédommagée par le pillage. Or, le pillage n'a plus lieu depuis que tous les pays qu'on subjugue se soumettent par capitulation, depuis qu'on n'enlève plus les bestiaux, et qu'on ne réduit plus les peuples en captivité. (s)

Loin donc d'attribuer la situation critique de plusieurs puissances aux dettes qu'elles ont contractées, je regarderai comme un problème l'état florissant où elles se trouvent encore après les guerres opiniâtres ou ridicules qu'elles soutiennent depuis long-temps. Et pourquoi s'en prendre à la dette de ce qu'on peut mettre sur le compte de la dépense (t)? Ce jeune homme n'est point ruiné pour avoir emprunté cent mille écus, c'est pour les avoir dissipés. L'Angleterre, en 80 ans, a dépensé trois milliards au delà de ses revenus; ces trois milliards représentent un travail (u) qui

____

(s) *Les prises de vaisseaux et les succès dans les Indes ont valu plus que des pillages.*

(t) *Dites des pertes.*　　　　　　(u) *Et un commerce.*

aurait pu être employé plus utilement au défrichement d'une grande quantité de landes, ou à l'encouragement de l'agriculture en Écosse et en Irlande. J'avoue que je trouverais difficilement d'autres objets que la guerre ait fait négliger; car cette heureuse contrée offre partout l'image de la prospérité : population, agriculture, manufactures, grands chemins, établissemens magnifiques, rien ne parait y manquer, et c'est un argument terrible entre les mains des sceptiques en politique. Mais il faut observer : 1°. Que la situation de ce pays est très favorable en tout point; 2°. que l'excellence de son gouvernement et la sagesse de son administration ont dû triompher de beaucoup d'obstacles : car telles sont nos erreurs en politique, telles sont les suites d'une mauvaise morale et d'une mauvaise législation, que toutes les nations du monde, si l'on excepte les Chinois, sont infiniment au dessous du degré de prospérité auquel elles peuvent atteindre; 3°. que cette prospérité de nos voisins ne doit pas être regardée comme le partage de tout l'empire britannique, mais de la seule Angleterre, l'Écosse étant encore, en grande partie, inculte ou déserte, et les Irlandais (x) n'ayant guère été jusqu'ici que les ilotes des Anglais. Je sais que cette politique est mauvaise, de fonder ses richesses sur l'exclusion, et de prétendre soutenir un peuple aux dépens de l'autre; mais elle peut offrir quelques avantages illusoires et momentanés. Enfin, puisqu'il faut trouver chez les Anglais les traces de leurs erreurs, et les suites de leurs dépenses excessives, je pense que c'est en Écosse et en Irlande qu'il faut les chercher. Si les taxes eussent été moins fortes, on n'eût pas été obligé de gêner l'importation des denrées irlandaises pour soutenir les fermages en Angleterre; et si le commerce eût été moins chargé par les

(x) *Les Irlandais commencent à prospérer et à travailler, les Écossais aussi.*

douanes et les droits de consommation, on n'aurait eu aucune raison de redouter la concurrence de cette île voisine.
On eût aussi donné plus d'attention à l'Écosse, et les richesses également répandues dans les trois royaumes auraient multiplié le commerce à Cork comme à Londres, à
Édimbourg comme à Cork.... Mais, si pendant la dernière
guerre l'Irlande a prospéré ; si son agriculture, son commerce, sa population, ont augmenté.... Alors il faudra répondre que les expéditions maritimes ont enrichi ce pays,
qui fournit aux armemens des vaisseaux et au commerce de
l'Amérique. Mais si l'Angleterre n'a pas souffert de cette
préférence locale, si.... Hâtons-nous de revenir à nos principes, car nous nous sommes embarqués dans une discussion un peu ingrate, et répétons qu'une bonne administration répare bien des malheurs et couvre bien des inconvéniens.

Les faits sont toujours bien gênans, bien incommodes
pour les gens à système, pour les politiques métaphysi-
ciens : en voici qui peuvent former une nouvelle objection
contre leurs principes. Un grand prince, un héros cou-
ronné, en commençant son règne glorieux a trouvé une économie tout établie, et une épargne considérable, qu'il a
encore augmentée depuis ; ses nombreuse victoires n'ont
jamais été achetées par des impositions exorbitantes ; il n'a
point emprunté ; on assure même qu'il n'a pas dissipé dans
la dernière guerre tout l'argent qu'il avait en réserve ; la
paix étant rétablie, il a rétabli aussi l'économie dans ses dépenses ; il s'est occupé à remplacer les sommes qu'il avait
tirées de son épargne ; il a complété son trésor, et cependant ses sujets sont tombés dans la misère (y) ; l'argent a
disparu, le commerce a langui (z), la circulation s'est ar-

(y) *Ils y ont toujours été.*

(z) *Il n'y a jamais eu de commerce.*

rêtée, et la paix a été plus désastreuse que la guerre. Sans
doute que le génie puissant qui préside à cet état, n'a besoin que de ses propres ressources pour remédier à ces
inconvéniens passagers ; mais ne pouvons-nous pas profiter
de cette occasion pour nous excuser de n'être point de l'avis
de M. Hume, qui paraît pencher pour l'établissement d'un
trésor public ? Nous croyons qu'il n'est point de sommes
disponibles pour l'état qui n'en augmentassent les richesses,
si elles étaient dépensées utilement. Un canal, un port de
mer, un grand chemin, un défrichement, valent cent fois
mieux que 10 millions dans un coffre (aa). Et puis, l'expérience nous apprend que les trésors amassés par une administration économe sont bientôt dissipés par une administration prodigue. Charles v avait un trésor considérable :
il devint la proie du duc d'Anjou. Henri iv avait amassé plus
de 20 millions, qui en feraient plus de 5o de nos jours : ils
ne servirent qu'à enrichir des Italiens et quelques seigneurs
avares et factieux.

Or, si les trésors ne sont pas avantageux pour les nations, il faut donc qu'il arrive de deux choses l'une : ou
qu'elles fassent la guerre sur une légère augmentation de
leurs impositions, ou que les besoins devenant trop pressans, elles soient obligées d'emprunter. Mais dans le premier cas, la guerre n'est pas fort ruineuse ; et dans le second, ce sont les besoins réels et l'importance de la guerre
elle-même qu'il faut consulter. Ainsi il résulte de toutes ces
réflexions que les guerres qui se font avec des dépenses modérées, sont beaucoup moins fâcheuses pour les peuples
que celles dont les frais excèdent leurs moyens, ce qui se
réduit encore à dire que la guerre est plus ruineuse quand
on est battu, ou qu'on fait une partie inégale ; toutes choses

(aa) *Mais si ces dix millions produisent, on pourra faire deux canaux.*

qui n'ont rien de commun avec la question de la dette et
des emprunts. (*bb*)

Maintenant que nous avons développé la nature de la
dette et son influence sur la (*cc*) félicité des peuples, il est
temps d'avertir le lecteur que nous avons placé les choses
dans leur jour le plus favorable. Nous croyons, il est vrai,
avoir prouvé que les inconvéniens de l'emprunt sont les
mêmes que ceux de la dépense (*dd*); mais nous ne devons
pas dissimuler que la nécessité de suivre, sans interruption,
la chaîne de nos idées nous a fait omettre quelques parti-
cularités assez importantes. Par exemple, nous avons supposé que le gouvernement, devant rendre annuellement à
différens particuliers ce qu'il a levé pour payer les arrérages de la dette, la somme des revenus n'avait pas changé,
et que par la même raison, la somme des dépenses, ainsi
que celle du travail, étaient toujours restées les mêmes (*ee*).
Nous ne désavouons pas cette assertion; mais nous devons
considérer que ce déplacement de revenus et de dépenses
est sujet à plusieurs inconvéniens. 1°. Il suppose des recou-
vremens et des payemens qui demandent toujours quelques
frais, soit qu'il s'agisse de lever des contributions, soit
qu'il faille remplir des caisses, les garder et les ouvrir. **Or,**
tous ces frais sont une dépense qui représente un travail et
un travail stérile, puisqu'il ne produit ni subsistance ni jouissance. 2°. En admettant même que ces dépenses, étant imposées sur un revenu territorial et en particulier sur le
revenu net des propriétaires, n'exigent que peu de frais de
perception, et ne portent aucun dommage à l'agriculture

(*bb*) *Que sont donc les dettes contractées dans une guerre malheureuse?*

(*cc*) *Avant le mot* félicité *est écrit* in (*infélicité*).

(*dd*) *Mais non pas que ceux de la perte.*

(*ee*) *Et les pertes, les pertes!*

et au commerce, il restera toujours un grand inconvénient : c'est la séparation du revenu et de la propriété
foncière.

Je suppose que tous les prêteurs ayant été propriétaires,
les fonds publics, les contrats soient également partagés
entre ces derniers, en sorte que quiconque payerait annuellement mille livres de plus pour l'arrérage de la dette, serait possesseur d'un contrat portant mille livres de rente (*ff*).
Il en résulterait toujours un mal, parce que toute diminution sur le produit d'une propriété tend à diminuer, à son
tour, l'affection du propriétaire, et à éloigner les entreprises dispendieuses, mais utiles, comme les bâtimens, les
défrichemens, etc. D'un autre côté, il arrive qu'on s'attache
naturellement à la source de ses revenus, qu'on abandonne
les campagnes pour la capitale, et qu'on se livre plus volontiers à une vie oiseuse et inutile. L'inégalité dans le partage
des effets publics redouble tous ces inconvéniens : car tandis qu'un propriétaire de 20 mille livres de rente en fonds
de terre, possède encore jusqu'à 5o mille livres de revenus
en contrats, tel qui n'a que 10 mille livres de rentes également en biens-fonds, paie le cinquième de son revenu, et
ne possède point de papiers. Je ne dirai pas que la facilité
de placer son capital dans les fonds publics détourne l'argent du commerce, et l'éloigne de tous les emplois utiles :
car ceux qui ont tant répété ce lieu commun, n'ont pas fait
attention que lorsqu'un homme achète un contrat, il y en a
un autre qui vend un contrat, et que si l'acheteur ne place
pas son argent dans le commerce, le vendeur n'a peut-être
aliéné son effet que pour en faire cet usage (*gg*). Si l'état
ouvre un nouvel emprunt, le cas sera différent ; mais alors

(*ff*) *Au contraire, il aurait mille livres de moins.*

(*gg*) *Oui, mais c'est probablement pour payer ses dettes.*

cet inconvénient est une suite de la dépense actuelle du gouvernement, et non pas une conséquence de la dette anciennement contractée. Ce que j'oserai assurer, c'est que le
peuple, ou plutôt les propriétaires, qui dans les sociétés
modernes doivent seuls représenter la nation, ne peuvent
manquer de s'affoiblir considérablement toutes les fois qu'ils
troqueront des propriétés foncières contre ces possessions
incertaines, toujours dans la main du gouvernement (*hh*).
Soit que ce gouvernement porte le nom de *monarchie* ou
d'*aristocratie*, ils doivent tomber tôt ou tard dans la dé-
pendance. Ce que je dirai encore, c'est que si malheureusement les effets publics sont tellement multipliés, que
connaître leur valeur, suivre leurs changemens, gouverner
soi-même ces variations, soit devenu un art obscur et difficile, il s'établira une espèce de commerce stérile, appelé
agiotage; commerce qui ne réussit jamais qu'aux dépens
des propriétaires, toujours dupes des gens à argent; mais
j'observerai aussi que tous ces nouveaux inconvéniens doivent être plutôt imputés aux fautes du gouvernement qu'à
la dette en elle-même, et je répéterai encore que si on veut
remonter à leur source, on les attribuera encore moins à
l'ignorance qu'à la foiblesse des ministres, de façon qu'en
dernière analyse on trouvera, au lieu des vices inhérens
aux emprunts, ceux qui naissent des guerres entreprises
contre le vœu des peuples, ou qui sont la suite nécessaire de toute prévarication dans l'exercice de l'autorité
publique.

Entraînés dans ces longues discussions, peut-être trop
sèches et trop ennuyeuses pour la plupart de nos lecteurs,
nous ne devons pas oublier que notre objet principal est
d'examiner quelle est l'influence d'une dette publique sur le

(*hh*) Vrai.

bonheur (ii) des peuples. Nous avons essayé de diminuer l'opinion effrayante qu'on en conçoit assez généralement : voici une nouvelle façon de l'apprécier. Si la dette est essentiellement un mal comme dette, et non pas seulement comme représentant une dépense, le premier soin de tout gouvernement doit être de la rembourser le plus tôt qu'il pourra. Tâchons donc de nous assurer si une pareille opération est toujours la plus avantageuse; et, pour y parvenir plus tôt, imaginons un état qui ait emprunté précédemment une somme égale au travail de cent mille hommes, pour l'arrérage de laquelle il rend annuellement celui de cinq mille hommes : supposons encore qu'une sage économie, soit dans l'entretien des troupes, soit dans les dépenses de la cour, lui permette d'épargner annuellement une somme représentant le travail de dix mille individus : quel usage fera-t-il de cette épargue? S'en servira-t-il pour diminuer le fardeau général du peuple, en remettant annuellement sur les impositions une somme correspondante à cette épargne, ou bien l'emploiera-t-il au remboursement progressif de la dette publique? D'un côté, la dette, en diminuant peu à peu, finira par s'éteindre entièrement, et le peuple se trouvera à la fin libéré de toute la contribution qui fournissait aux arrérages de cette dette. De l'autre il peut se faire que les taxes étant excessives ou mal réparties, la nation ait un besoin plus pressant d'un prompt soulagement : il peut se faire encore que les frais de certaines impositions étant beaucoup trop considérables, l'anéantissement de ces impositions soit l'opération la plus nécessaire; ce qui réduit le problème à ces deux questions : *Le peuple a-t-il besoin d'un allégement immédiat? Le remboursement ne sera-t-il pas plus onéreux que la dette?*

Première question. *Le peuple a-t-il besoin d'un allége-*

(ii) *Malheur.*

ment immédiat? c'est ce qu'il est important de considérer:
car en supposant qu'un état chargé d'une dette de deux cents
millions (*kk*), pour laquelle il paie cinq pour cent d'arrérages, veuille rembourser annuellement le dixième de cette
somme, il est clair que dans la première année il n'allége-
rait le fardeau public que d'un million; diminution bien
légère, et qui serait à peine aperçue. Mais si la contribution est trop forte pour le peuple, si elle excède ses moyens,
si elle le détourne des travaux d'amélioration; si elle le
prive du repos qui lui est nécessaire, etc. etc. ne vaut-il
pas mieux lui remettre annuellement la somme entière de
vingt millions, que de se contenter d'en remettre seulement l'arrérage, qui n'en fait que la vingtième partie? Vous
me direz que les sommes remboursées cessant de représenter un travail stérile, comme celui qui sert à l'entretien des
armées ou au faste des cours, elles passent bientôt des propriétaires des fonds à la classe laborieuse qui pourra augmenter le prix de son travail, ou diminuer quelques heures
de ses journées : mais ces retours sont-ils assez rapides et
assez immédiats, surtout lorsqu'ils doivent avoir pour vé-
hicules l'argent monnayé ou les papiers - monnaies qui
prêtent à tant de spéculations et de manœuvres différentes?
D'ailleurs, si en allégeant le fardeau du peuple, en facilitant le commerce, en perfectionnant l'agriculture, vous par-
venez à donner aux denrées la plus grande valeur possible,
vous diminuerez véritablement le capital de votre dette;
car alors l'argent n'aura plus le même prix qu'il avait auparavant: cent millions que vous devrez encore dans un temps
de prospérité, ne représenteront plus la même somme que
vous aurez empruntée dans un temps de détresse. Nouvelle
manière d'envisager cet objet dont il résulte également que

(*kk*) *Dans la première édition le calcul était tout autre, et Voltaire
avait écrit en marge :* Le calcul me paraît faux.

si le peuple est surchargé, il faut mieux remettre des impositions que rembourser la dette.

Seconde question. *Le remboursement ne sera-t-il pas plus
onéreux que la dette?* Cet examen est très intéressant; car
si pour rembourser annuellement une somme de dix millions vous êtes obligé d'en lever une de douze sur le peuple,
vous ferez certainement un très mauvais marché. Prenons
un exemple à portée de nous. On lève en France un impôt
sur les boissons qui porte le nom d'*aides*. Cet impôt coûte
20 pour cent de perception, et rapport au roi autour de
3o millions. Or, je demande si lorsqu'en 1764 on forma un
fonds d'amortissement de 20 millions, il n'aurait pas mieux
valu diminuer les droits d'aides, ou, pour mieux dire, les
changer en un simple impôt territorial, qui, produisant encore un certain revenu, aurait facilité la conversion de la
gabelle (*ll*) dans une taxe répartie au marc la livre de la
taille ou du vingtième? Je sais qu'on peut difficilement raisonner d'après ce remboursement illusoire qui exigeait d'autres ressources; mais ces ressources ne les aurait-on pas
trouvées plus aisément en améliorant le sort des campagnes, qu'en se bornant à un simple virement de parties,
plus digne d'un agioteur que d'un ministre? Enfin, j'ajou-
terai à ces différentes considérations, que dans la supposition même que les impositions sont réparties avec sagesse
et perçues avec économie, il faudrait encore, avant de songer à rembourser, s'informer bien exactement, s'il n'existe
pas d'emploi d'argent plus pressé. Quand la France aurait
aboli les droits d'aides et de gabelle, je regarderais encore
les canaux de communication entre la Somme et l'Escaut,
entre la Moselle, la Meuse et la Marne, entre la Saône et
la Seine, comme des opérations plus utiles qu'un rembour-

(*ll*) *Après les avoir supprimés on les aurait rétablis.*

sement de 60 millions (*mm*). J'en dirais autant de la perfection des grands chemins, de la construction des ponts, du desséchement des marais, du défrichement des landes, etc. Il ne faut pas oublier non plus que le remboursement des dettes dispose tous les gouvernemens à la guerre, tandis que les dépenses utiles rendent la paix avantageuse, sans en abréger la durée.

Après avoir envisagé l'objet par tant de faces différentes, tout lecteur impartial doit convenir avec nous qu'à quelques inconvéniens près, que nous avons énoncés, la dette publique n'est pas une plaie si grande qu'on se l'imagine; qu'elle n'est un mal réel qu'autant qu'elle représente des dépenses excessives; enfin, que son remboursement n'est pas d'une nécessité absolue, ni même l'objet le plus important d'une bonne administration. Peut-être n'aura-t-il pas regret à l'application qu'il aura été obligé de nous donner, s'il peut se convaincre que les malheurs de ses concitoyens, je dis plus, ceux de ses semblables (car l'humanité ne connait pas les limites des empires), ne sont pas proportionnels à ces dettes énormes dont la masse parait si accablante au premier coup d'œil. L'emploi de panégyriste des rois a été justement avili; mais celui de consolateur des peuples doit être chéri et estimé, surtout si en leur montrant leurs espérances, on ne leur dissimule pas leurs dangers; si l'on ne cherche point à leur inspirer une fausse sécurité, et si toutes les fois qu'on veut diminuer l'opinion qu'ils ont de leurs maux, on a soin de leur prouver en même temps qu'ils peuvent être beaucoup mieux. Une telle persuasion, une pareille disposition des esprits me parait la plus favorable à toutes sortes de progrès. Elle est également éloignée du mécontentement chagrin qui désespère de tout, et de la

_____

(*mm*) *Oui; mais ces canaux produiront à coup sûr des dettes nouvelles, et seront abandonnés.*

vaine confiance qui ne doute de rien. Laissons à ceux qui sont appelés aux soins pénibles du gouvernement à calculer toutes les circonstances morales qui doivent modifier les principes généraux; mais puisque dans notre loisir nous avons cru pouvoir développer ces principes, essayons du moins de fournir toute notre carrière en montrant leurs conséquences; et soit qu'on veuille nous réfuter ou nous applaudir, épargnons à nos censeurs et à nos approbateurs la peine de chercher le résultat de nos opinions.

Ce n'est pas inutilement que nous avons apprécié en travail public toutes les contributions des peuples, toutes les dépenses du gouvernement. Il en résulte, que dans la forme actuelle des sociétés, tout travail représente des subsistances pour une partie des citoyens, et des jouissances pour l'autre; que toute disposition qui trouble ce commerce, attaque directement le bonheur des nations; que toute dépense publique est absolument dans ce cas-là, et que, par conséquent, elle doit toujours être regardée comme un *minimum (nn)*, c'est-à-dire qu'elle doit toujours être la plus petite qu'il est possible. Nous avons dit plus haut que la sûreté et la conservation servaient de limites naturelles à cette économie : c'est donc à ceux qui gouvernent à bien connaître ces limites, et à prendre toutes leurs précautions pour n'être jamais en-deçà ni au-delà. Le nombre des soldats et des forteresses est de toutes les dépenses celle qui frappe (oo) le plus les habitans des capitales. Cependant s'ils pensaient que les puissances ne peuvent guère désarmer que de concert, et s'ils se rappelaient les conséquences terribles qui ont suivi quelquefois la perte d'une bataille ou la prise d'une ville, ils seraient plus modérés dans leur

(nn) *Elle peut être de plusieurs millions ; cela n'est pas minime.*

(oo) *Alarme.*

censure, et ils ne voudraient pas qu'un père du famille, obligé de faire quelques retranchemens dans sa maison, commençât par renvoyer son portier. Ces erreurs, si communes parmi nous, ne peuvent venir que de l'habitude que nous avons prise de distinguer le souverain d'avec l'état. C'est le souverain qui paie les troupes : on en conclut que cette dépense vient de lui, et c'est celle-là qu'on veut attaquer la première. Mais je demande si 3o mille moines sont moins à charge ou plus utiles à l'état que 3o mille soldats [1]. Arrangez-vous comme vous voudrez, il faut pour entretenir les uns et les autres, ou qu'il y ait une augmentation de travail dans la classe cultivatrice et industrieuse, ou une diminution de jouissances dans celle qui fournit les subsistances. Sans entrer dans aucune discussion théologique, on peut assurer qu'il est des peuples chez lesquels le clergé se trouve réduit aux évêques, aux curés et aux vicaires. Il en est même qui n'ont d'autres ecclésiastiques que des pasteurs. Ces peuples peuvent errer sur le dogme; mais il n'en est pas moins vrai qu'il y a parmi eux autant de foi et plus de mœurs que chez quelques nations inondées de prêtres et de moines. Si dans quelqu'une de ces nations le nombre de ces hommes inutiles montait encore à 3o mille personnes, je dis que la réforme de 3o mille moines, ou celle de 3o mille soldats soulagerait également le peuple relativement aux contributions, c'est-à-dire aux épargnes à faire sur les jouissances et sur les subsistances. Je laisse maintenant à décider quelle est la plus utile : mais je crois pouvoir, à tout hasard, rassurer les militaires.

Je ne répéterai pas ici ce qui a été dit si souvent sur le

---

[1] On a vu plus haut que le nombre des moines ne monte pas à présent à 3o mille; mais les religieuses qui ne sont ni hospitalières ni chargées de l'éducation sont un fardeau public comme les moines.

célibat des ecclésiastiques, et surtout sur celui des moines.
J'écris pour des lecteurs instruits, et plus instruits que moi.
J'offre mes idées à la plupart d'entre eux, comme je le ferais en conversant avec des gens d'esprit; et je ne me sers
de la voie de l'impression que pour étendre un commerce
qui a toujours fait le bonheur de ma vie : dans ce commerce, chacun ne doit offrir que celles de ses idées qui
doivent être neuves pour les autres. En voici une qui me
paraît être de ce genre. Je crois que de tous les religieux,
les moins onéreux à l'état, ce sont ceux contre lesquels on
a le plus crié, c'est-à-dire les plus riches d'entre eux. Les
Bénédictins (*pp*), les Prémontrés, les Bernardins sont en
bien plus petit nombre que les Franciscains et tous les mendians. On peut les regarder comme une société de propriétaires qui, usant modérément de leur revenu net, en rever-
sent une partie en avances et en améliorations. Un auteur
célèbre a déjà fait l'éloge de la culture des moines; mais
nous différons beaucoup dans nos résultats, parce qu'il a
regardé comme une justification de tous les moines ce qui
n'était que l'excuse de quelques-uns. M. Hume a pensé aussi
qu'on avait peut-être trop exagéré le *deficit* que ces religieux
avaient causé dans la population. A la place des grosses
abbayes, il suppose des châteaux habités par des seigneurs
riches et fastueux, et il voit ces propriétaires prodigues
dépenser leurs revenus en chiens, en chevaux, en valets
inutiles. Mais qui pourra comparer le faste des châteaux à
celui des abbayes (*qq*)? D'ailleurs, c'est bien plus par leur
nombre que par leurs richesses que les moines nuisent à la
société. On connaît et l'on méprise assez ces mendians qui
n'ont pour ressources que leur impudence, et pour capital

(*pp*) *Les Chartreux.*

(*qq*) *Le faste des châteaux est bien plus solide. Tout grand couvent a
un trésor; les grands seigneurs empruntent.*

que la superstition ; mais on ne se fait pas une idée de la
contribution immense qu'ils lèvent dans les campagnes.
Qu'un souverain embarrassé de payer ses troupes envoie
trente mille hommes dans le plat pays, en ordonnant aux
chefs de cette milice de la faire entretenir par le peuple, de
la manière la plus douce qui soit possible : quel cri ne s'élè-
vera pas contre cet arrangement, très vicieux en effet,
mais beaucoup moins encore que la permission qu'on laisse
aux moines d'abuser de la crédulité publique! Tolérance
pernicieuse qui ne leur donne, à la vérité, aucune force
coactive, mais qui leur laissant une arme terrible contre le
simple et l'ignorant, équivaut à un ordre d'opprimer le
faible, et de respecter le fort.

Maintenant revenons sur nos pas, et voyons si tout le
mérite des riches abbayes ne se borne pas à être moins per-
nicieuses à l'état que cette fourmilière de mendians dont il
est infecté. On a dit que les moines étaient meilleurs propriétaires que les gentilshommes : mais pourquoi les gentilshommes sont-ils pauvres ? C'est que le clergé et les moines
se sont emparés de toutes les richesses. Il vaudrait autant
dire que les financiers sont plus utiles à l'état que les petits
tenanciers, car leurs terres sont certainement mieux cultivées. On fait beaucoup de bruit de cette portion de revenus
que les religieux emploient à l'amélioration de leurs fonds :
mais a-t-on bien calculé si toutes ces améliorations ont été
le fruit de leurs épargnes? A-t-on tenu compte de toutes
ces oblations, de tous ces legs en argent comptant qui
dépouillaient la succession des particuliers, et dégradaient
ainsi leurs proprietés, pour fournir aux abbayes de quoi
faire des murs, des fossés et des plantations? Je suis persuadé que si mes pères avaient distribué des pardons et
reçu des offrandes, les terres de ma famille seraient aussi
bien cultivées que celles d'aucune abbaye.

Voici une objection qui n'a pas de réplique. Voulez-vous opposer les abus aux abus, mettez en parallèle avec les dépenses de quelques particuliers dissipateurs, les capitaux immenses que les abbayes ont employés en bâtimens, et qu'elles dépensent encore journellement dans l'entretien de ces édifices. Que de fermes n'aurait-on pas bâties autrefois avec les sommes qu'ont coûté et qu'exigent encore les bâtimens de Citeaux, de Clairvaux, de Prémontré, et de Saint-Bertin, de Saint-Éloi, de Saint-Denis, etc. ! Vous êtes étonnés de la pauvreté que vos ancêtres vous ont transmise : esclaves plus abjects que les Égyptiens, vous avez employé votre labeur à construire des pyramides, tandis que le Nil ne fertilisait pas vos terres : vous vous êtes fabriqué de pauvres cabanes, vous avez dormi sous le chaume, tandis que vous éleviez jusqu'aux nues les asiles d'un Dieu qui voulut naître dans une étable, et que vous logiez sous des voûtes dorées les successeurs d'un pêcheur et d'un changeur, ou plutôt ceux de quelques solitaires qui vivaient dans des antres sauvages, et habitaient le creux des rochers....

On allègue en faveur des moines la volonté du fondateur, la longue possession, la prescription : mais qui d'entre nous ne peut pas se regarder comme un héritier spolié par les ecclésiastiques? Vous parlez de prescription : il y en a, sans doute, de particulier à particulier; mais peut-il y en avoir d'une classe de citoyens à une autre? peut-il en exister contre le bien public?

Dans le développement de nos principes abstraits, nous avons vu que nulle épargne ne peut être vraiment avantageuse à l'état, que celle qui diminue le nombre des hommes inutiles entretenus aux dépens des hommes productifs et industrieux. Si nous faisons l'application de ces principes à quelques nations modernes, à la France, par exemple,

nous trouverons que sa situation actuelle et ses besoins
pressans obligent journellement d'attaquer la propriété. Or,
laquelle sera la plus sacrée de celle qui est alléguée par
l'homme oisif et inutile qui a renoncé au monde, qui ne
donne point d'enfans à l'état, qui n'entre dans aucune ca-
tégorie de l'ordre civil, et qui disparaît, enfin, de dessus
la terre, sans y laisser de vestige, ou de celle que réclame
ce citoyen cultivateur et industrieux qui servit le prince et
l'état, et qui, comptant sur la foi publique, prit une femme
et éleva des enfans sur cette confiance qui ne doit jamais
être déçue? Je suppose que la diminution des revenus ecclésiastiques puisse être regardée comme une banqueroute;
mais toute imposition qui consomme une trop grande partie des revenus, qui avilit, qui fait tomber les fonds, n'est-
elle pas une banqueroute faite aux citoyens? Et ces papiers, ces contrats garantis par les enregistremens, ne
sont-ils pas aussi des propriétés? Voilà ce qu'il faut respecter. Vous craignez d'attaquer les moines? Et qui dépouil-
lerez-vous? Des hommes qui n'ont jamais usé des richesses (*rr*) qu'ils s'efforcent de conserver; des hommes qui
préfèrent la liberté à ces vaines propriétés dont ils ne
peuvent disposer, et qu'ils voient tous les jours convertir
en un faste inutile. (*ss*)

N'en doutons point, nos opinions ont changé. Ne luttons
plus contre un courant qui nous entraîne, mais qui nous
conduit au port. Ce ne sera pas l'irréligion, mais la saine
politique qui ouvrira les cloîtres. Ce ne sera pas la cupidité
qui profitera de leurs dépouilles, mais le pauvre peuple,
les cultivateurs, les artisans; et loin que les mœurs perdent
à la ruine des préjugés, le clergé, les évêques, les curés,

(*rr*) *Un peu obscur.*

(*ss*) *Nos moines n'ont point tant de faste; ils vont au solide.*

les vrais ministres de la morale et de la vertu reprendront
le rang et la considération qui leur sont dus. Tous les fana-
tiques, qui soutiennent d'anciennes superstitions, tous les
hypocrites, qui cherchent la considération en défendant de
vieilles maximes, se dévouent donc inutilement à l'exécra-
tion des gens de bien, en s'efforçant de retarder une révolution qui arrivera malgré leurs efforts. *Amen.*

FIN.

TABLE DES CHAPITRES

CONTENUS DANS CE VOLUME.

TROISIÈME SECTION,

OU L'ON TRAITE DU SORT DE L'HUMANITÉ PARMI LES NATIONS MODERNES.

FIN DE LA TABLE DES CHAPITRES.

TABLE DES MATIÈRES

A.

B.

C.

D.

E.

F.

G.

H.

L.

M.

ment à substituer aux couvens de religieuses, 171, 172.

MONTESQUIEU a prouvé dans l'*Esprit des lois* l'influence de la législation et de la morale sur le bonheur des peuples, 224.

N.

Nation. Celles qui habitent un climat rigoureux doivent être regardées comme des peuples fugitifs, 4.

Nature. La difficulté de connaître parfaitement et son plan général et l'harmonie de ses lois, 237. Loi générale qu'elle impose aux hommes, *ibid*. L'homme, par sa perfectibilité, s'est dérobé à la loi commune de la nature, 284.

Noblesse. Différence entre la noblesse en France et les gentilshommes en Angleterre, 41, 42. Elle perdit de son crédit lorsque le *tiers-état* fut appelé dans les assemblées de la nation, 45. Elle souffre un nouvel échec en France par l'établissement des parlemens, 46. Raisons plausibles de la rendre vénale. Exemples de Rome, de Venise et de Gênes, 263, 264.

Noblesse. (l'auteur des *Lettres sur la*) Opinion sur l'origine de la servitude parmi les Gaulois, 14. Que plusieurs Romains ou Gaulois eurent le titre de *convives du roi*, 16.

O.

Omrahs. Grands vassaux du Mogol ainsi que les rajahs et les nababs, 22.

P.

Paix. Ses avantages pour le progrès de la raison et de la philosophie, 93, 94. Le principe général du bonheur des peuples, 191. Le calme qu'elle fait naître est ordinairement troublé par les murmures intérieurs, et pourquoi, 193 et suiv. C'est dans les temps heureux que les nations sont intérieurement agitées, *ibid*. Différence entre la paix d'Aix-la-Chapelle et celle de 1762, 268.

Paix du Seigneur admise en France, 36. Ce que c'est, 37.

Pape a été pendant long-temps une espèce d'*autocrate* ou monarque universel, 74. M. de Voltaire et Bodin cités à ce sujet, 74, 75.

Parlement établi par Philippe-le-Bel, 44. Abaisse le pouvoir de la noblesse, 46. Cherche à exclure le clergé des conseils, *ibid*. Origine de l'antipathie entre ces deux corps, *ibid*. Différence qu'il y a entre les champs de Mai, les états-généraux et les parlemens actuels, 47.

PASQUIER fait peu de cas des états-généraux, 44, 45.

PELOUTIER. Son histoire des Celtes, citée sur le mot *kerl*, 19.

Peuples. Tous les peuples de